高等职业教育系列教材

汽车电路识图与检修

主 编 李 明
副主编 刘春恰
参 编 张 文

机械工业出版社

汽车电路故障包括两种情况：器件损坏（件坏）和线路损坏（线坏）。线坏的情况分为断路和短路两种故障，它们是汽车电路故障的根源。本书以汽车电路的基础模型的五大构成部分为主线，分别对电源、接插件、开关、负载和导线进行分析，将技能点逐一量化，达到以识图指导检修的目的。同时规范汽车电路常用符号标识，进一步达到能在无图、无资料的情况下对汽车局部电路进行测绘、排除故障的更高技能。

本书既可作为高职高专院校汽车相关专业的学生教材，也可供汽车维修人员自学。

本书配有授课电子课件，需要的教师可登录 www.cmpedu.com 免费注册，审核通过后下载，或联系编辑索取（微信：15910938545，电话：010- 88379739）。

图书在版编目（CIP）数据

汽车电路识图与检修/李明主编．—北京：机械工业出版社，2017.10 (2023.9重印)

高等职业教育系列教材

ISBN 978-7-111-59215-0

Ⅰ．①汽… Ⅱ．①李… Ⅲ．①汽车-电气设备-电路图-识图-高等职业教育-教材②汽车-电气设备-车辆检修-高等职业教育-教材 Ⅳ．①U463.620.2②U472.41

中国版本图书馆 CIP 数据核字（2018）第 038889 号

机械工业出版社（北京市百万庄大街22号　邮政编码100037）
策划编辑：王　颖　责任编辑：王　颖
责任校对：张　征　责任印制：常天培
固安县铭成印刷有限公司印刷
2023 年 9 月第 1 版第 6 次印刷
184mm×260mm・14.25 印张・379 千字
标准书号：ISBN 978 - 7 - 111 - 59215 - 0
定价：45.00 元

凡购本书，如有缺页、倒页、脱页，由本社发行部调换

电话服务　　　　　　　　　网络服务
服务咨询热线：010-88379833　机 工 官 网：www.cmpbook.com
读者购书热线：010-88379649　机 工 官 博：weibo.com/cmp1952
　　　　　　　　　　　　　　教育服务网：www.cmpedu.com
封面无防伪标均为盗版　　金　书　网：www.golden-book.com

高等职业教育系列教材
电子类专业编委会成员名单

主　　任　曹建林

副 主 任　（按姓氏笔画排序）

于宝明　王钧铭　任德齐　华永平　刘　松　孙　萍
孙学耕　杨元挺　杨欣斌　吴元凯　吴雪纯　张中洲
张福强　俞　宁　郭　勇　曹　毅　梁永生　董维佳
蒋蒙安　程远东

委　　员　（按姓氏笔画排序）

丁慧洁　王卫兵　王树忠　王新新　牛百齐　吉雪峰
朱小祥　庄海军　关景新　孙　刚　李菊芳　李朝林
李福军　杨打生　杨国华　肖晓琳　何丽梅　余　华
汪赵强　张静之　陈　良　陈子聪　陈东群　陈必群
陈晓文　邵　瑛　季顺宁　郑志勇　赵航涛　赵新宽
胡　钢　胡克满　闫立新　姚建永　聂开俊　贾正松
夏玉果　夏西泉　高　波　高　健　郭　兵　郭雄艺
陶亚雄　黄永定　黄瑞梅　章大钧　商红桃　彭　勇
董春利　程智宾　曾晓宏　詹新生　廉亚因　蔡建军
谭克清　戴红霞　魏　巍　瞿文影

秘书长　胡毓坚

出版说明

《国家职业教育改革实施方案》(又称"职教20条")指出:到2022年,职业院校教学条件基本达标,一大批普通本科高等学校向应用型转变,建设50所高水平高等职业学校和150个骨干专业(群);建成覆盖大部分行业领域、具有国际先进水平的中国职业教育标准体系;从2019年开始,在职业院校、应用型本科高校启动"学历证书+若干职业技能等级证书"制度试点(即1+X证书制度试点)工作。在此背景下,机械工业出版社组织国内80余所职业院校(其中大部分院校入选"双高"计划)的院校领导和骨干教师展开专业和课程建设研讨,以适应新时代职业教育发展要求和教学需求为目标,规划并出版了"高等职业教育系列教材"丛书。

该系列教材以岗位需求为导向,涵盖计算机、电子、自动化和机电等专业,由院校和企业合作开发,多由具有丰富教学经验和实践经验的"双师型"教师编写,并邀请专家审定大纲和审读书稿,致力于打造充分适应新时代职业教育教学模式、满足职业院校教学改革和专业建设需求、体现工学结合特点的精品化教材。

归纳起来,本系列教材具有以下特点:

1) 充分体现规划性和系统性。系列教材由机械工业出版社发起,定期组织相关领域专家、院校领导、骨干教师和企业代表召开编委会年会和专业研讨会,在研究专业和课程建设的基础上,规划教材选题,审定教材大纲,组织人员编写,并经专家审核后出版。整个教材开发过程以质量为先,严谨高效,为建立高质量、高水平的专业教材体系奠定了基础。

2) 工学结合,围绕学生职业技能设计教材内容和编写形式。基础课程教材在保持扎实理论基础的同时,增加实训、习题、知识拓展以及立体化配套资源;专业课程教材突出理论和实践相统一,注重以企业真实生产项目、典型工作任务、案例等为载体组织教学单元,采用项目导向、任务驱动等编写模式,强调实践性。

3) 教材内容科学先进,教材编排表现力强。系列教材紧随技术和经济的发展而更新,及时将新知识、新技术、新工艺和新案例等引入教材;同时注重吸收最新的教学理念,并积极支持新专业的教材建设。教材编排注重图、文、表并茂,生动活泼,形式新颖;名称、名词、术语等均符合国家有关技术质量标准和规范。

4) 注重立体化资源建设。系列教材针对部分课程特点,力求通过随书二维码等形式,将教学视频、仿真动画、案例拓展、习题试卷及解答等教学资源融入教材中,使学生的学习课上课下相结合,为高素质技能型人才的培养提供更多的教学手段。

由于我国高等职业教育改革和发展的速度很快,加之我们的水平和经验有限,因此在教材的编写和出版过程中难免出现疏漏。恳请使用本系列教材的师生及时向我们反馈相关信息,以利于我们今后不断提高教材的出版质量,为广大师生提供更多、更适用的教材。

机械工业出版社

前　言

汽车故障包括机械故障与电路故障两类，汽车电路故障包括两种情况：器件损坏（件坏）和线路损坏（线坏）。件坏的情况分为硬件故障和软件故障两种。线坏的情况分为断路和短路两种。

本书讨论的范围属于线坏，即对于不同单元电路可能出现的断路和短路故障进行检测与维修，同时也包括对于可分解器件内部出现的断路和短路故障。对于件坏的判定则采取推知的方法，即在确认器件外部不存在任何线路故障的前提下，推测判定该器件损坏。这种由表及里的检测方式属于传统的电器分析，这个领域就好比是医院的外科，要求汽车"医生"对检测工具的运用做到熟练而精准，属于传统汽车维修技能。

现代汽车"医生"还要掌握波形检测与数据流分析技能，这种由内及外的检测方式属于电控分析，这个领域就好比是医院的内科，对于"病人"（比如发动机或变速器故障）尽量在不"开刀"（拆解）的情况下进行诊断。本书介绍的分析方法属于电器领域而不包括电控领域。因此对于传感器特性与波形、控制单元的软件设置、器件的校调与匹配等相关知识并不在本书中涉及。这样做的目的是为了保持传统电器分析思路的完整性与单纯性，而并非轻视电控分析手段。

本书以汽车电路的基础模型的五大构成部分为主线，分别对电源、接插件、开关、负载和导线进行分析，将技能点逐一量化，达到以识图指导检修的目的。同时规范汽车电路常用符号标识，进一步达到能在无图、无资料的情况下对汽车局部电路进行测绘、排除故障的更高技能。

本书由天津电子信息职业技术学院的老师共同编写，其中，李明任主编，刘春恰任副主编，张文参编。

由于编者水平有限，书中难免存在疏漏之处，恳请广大读者批评指正。

编　者

目 录

出版说明
前言
第1章 汽车电路基础模型 1
1.1 开关 2
1.1.1 自动开关——继电器 2
1.1.2 自动开关——保险 7
1.1.3 手动开关——组合开关 9
1.1.4 电子开关——晶体管 13
1.1.5 电子开关——场效应晶体管 19
1.2 导线 22
1.2.1 导线截面选取 22
1.2.2 导线颜色 25
1.2.3 导线绞合连接 26
1.2.4 导线排除故障 30
1.3 接插件 35
1.4 实训 39

第2章 汽车电器分析流程 41
2.1 确定故障范围 42
2.1.1 第一层次划分 42
2.1.2 第二层次划分 43
2.1.3 第三层次划分 44
2.1.4 七步法锁定不着车故障 44
2.1.5 从全局电路原理图到局部电路原理图 44
2.2 确定测试目标 48
2.2.1 选择测试目标 48
2.2.2 测试目标的明确性 48
2.2.3 测试目标的有效性 49
2.3 确定器件位置 51
2.4 确定引脚顺序 55
2.5 测试 57
2.5.1 确定故障 57
2.5.2 感应试电笔 57
2.5.3 双向七彩灯试电笔 60
2.6 线路故障 62
2.7 器件故障 63
2.8 从四张图到四种信息 63
2.9 大赛实例 64
2.10 实训 70

第3章 汽车电路测绘

3.1 汽车电路图的测绘
3.1.1 测绘排除故障流程 ... 71
3.1.2 测绘排除故障案例 ... 72

3.2 单元电路基础模式 ... 75
3.2.1 汽车电路基础模式 ... 75
3.2.2 典型控制基础模式 ... 76
3.2.3 继电器控制电路基础模式 ... 76
3.2.4 晶体管开关电路基础模式 ... 76
3.2.5 达林顿管基础模式 ... 76
3.2.6 接插件构造基础模式 ... 76
3.2.7 电源电路基础模式 ... 77
3.2.8 发电系电路基础模式 ... 79
3.2.9 计算机控制发电机基础模式 ... 79
3.2.10 充电接管过程基础模式 ... 80
3.2.11 起动系电路基础模式 ... 80
3.2.12 起动机电路基础模式 ... 81
3.2.13 点火系电路基础模式 ... 81
3.2.14 增压式供油系统基础模式 ... 82
3.2.15 嵌入式防盗系统基础模式 ... 82
3.2.16 前照灯电路基础模式 ... 83
3.2.17 转向灯电路基础模式 ... 83
3.2.18 扬声器电路基础模式 ... 83
3.2.19 智能模块输入输出基础模式 ... 84
3.2.20 ECU供电基础模式 ... 84
3.2.21 总线通信基础模式 ... 84
3.2.22 OBDⅡ诊断插座基础模式 ... 85
3.2.23 CAN总线故障基础模式 ... 86
3.2.24 LIN总线基础模式 ... 87

3.3 汽车电路识图符号 ... 87
3.3.1 基本图形符号 ... 87
3.3.2 开关图形符号 ... 87
3.3.3 接插件图形符号 ... 89
3.3.4 线束图形符号 ... 89
3.3.5 电气元器件图形符号 ... 90
3.3.6 仪表图形符号 ... 90
3.3.7 传感器图形符号 ... 91
3.3.8 电气设备图形符号 ... 92
3.3.9 开关、警告灯、指示灯标志 ... 95
3.3.10 新技术车尾标识 ... 100

3.4 实训 ... 102

第4章 蓄电池识图与分析

4.1 蓄电池构造 ... 104
4.1.1 普通蓄电池（非免维护蓄电池）... 104
4.1.2 免维护蓄电池 ... 105

- 4.2 蓄电池工作原理与常见故障 ··· 105
  - 4.2.1 双硫化理论 ··· 105
  - 4.2.2 硫化现象 ·· 106
  - 4.2.3 爬酸现象 ·· 106
  - 4.2.4 充电接管过程 ··· 108
  - 4.2.5 常见故障分析 ··· 108
- 4.3 蓄电池型号编制 ·· 109
  - 4.3.1 蓄电池图示画法 ··· 109
  - 4.3.2 蓄电池铭牌 ·· 109
- 4.4 实训 ··· 109

第5章 发电系电路识图与分析

- 5.1 硅整流交流发电机构造 ··· 111
- 5.2 交流发电机工作原理 ··· 115
  - 5.2.1 电机的理论依据 ·· 115
  - 5.2.2 发电机理论计算 ·· 117
- 5.3 交流发电机铭牌 ··· 119
- 5.4 交流发电机的性能指标 ··· 120
- 5.5 交流发电机的分类 ··· 120
  - 5.5.1 按整流器结构分类 ·· 120
  - 5.5.2 按调压器分类 ··· 121
  - 5.5.3 按定子结构分类 ·· 130
  - 5.5.4 按转子结构分类 ·· 131
- 5.6 发电系检修 ··· 132
  - 5.6.1 发电机分类信息采集单 ·· 133
  - 5.6.2 发电系就车检查 ·· 133
  - 5.6.3 发电机内部测试 ·· 134
  - 5.6.4 发电机波形测试 ·· 135
  - 5.6.5 发电系电流测试 ·· 135
- 5.7 发电系电路识图范例 ·· 136
  - 5.7.1 夏利8管发电机（JFT1506B） ··· 136
  - 5.7.2 夏利11管发电机（JFZ1725） ·· 138
  - 5.7.3 桑塔纳11管发电机（JFZ1913Z） ·· 139
- 5.8 实训 ··· 140

第6章 起动系电路识图与分析

- 6.1 起动机构造与原理 ··· 141
  - 6.1.1 汽油发动机工作三要素 ·· 141
  - 6.1.2 起动的概念 ·· 141
  - 6.1.3 常用电动机分类 ·· 141
  - 6.1.4 起动系构成 ·· 142
  - 6.1.5 起动机构成 ·· 143
  - 6.1.6 起动机工作原理 ·· 144
  - 6.1.7 起动机图示画法 ·· 146
  - 6.1.8 带起动保护的起动机控制电路 ··· 147
- 6.2 起动机检修 ··· 147
  - 6.2.1 起动机四步检测法 ·· 147

	6.2.2 起动机电阻测试	148
	6.2.3 起动机一般故障概述	148
6.3	实训	149

第7章 点火系电路识图与分析 — 150

- 7.1 点火系统原理 — 150
  - 7.1.1 点火系作用 — 150
  - 7.1.2 点火系三要素 — 150
  - 7.1.3 点火系分类 — 151
  - 7.1.4 点火提前角 — 151
- 7.2 点火系统的6个时代 — 152
  - 7.2.1 磁电机时代 — 152
  - 7.2.2 白金时代 — 153
  - 7.2.3 晶体管时代 — 155
  - 7.2.4 ECU时代 — 155
  - 7.2.5 免分电器时代 — 156
  - 7.2.6 独立点火时代 — 158
- 7.3 点火系统部件 — 159
  - 7.3.1 火花塞 — 159
  - 7.3.2 点火线圈 — 162
  - 7.3.3 高压线和分缸线 — 163
  - 7.3.4 分电器 — 165
- 7.4 实训 — 166

第8章 供油系电路识图与分析 — 167

- 8.1 喷油器 — 167
  - 8.1.1 喷油器分类 — 167
  - 8.1.2 喷油器控制电路 — 169
  - 8.1.3 喷油器简易检测与清洗方法 — 170
- 8.2 燃油泵 — 170
  - 8.2.1 电动燃油泵构造 — 171
  - 8.2.2 燃油泵电路 — 172
  - 8.2.3 燃油泵测试 — 172
  - 8.2.4 高压燃油泵 — 172
- 8.3 实训 — 175

第9章 汽车电网故障识图与分析 — 176

- 9.1 以起源和近因图为导向的汽车电网故障分析体系 — 176
  - 9.1.1 驱动线路与信号线路 — 176
  - 9.1.2 起源图 — 176
  - 9.1.3 近因图 — 177
  - 9.1.4 以起源和近因图为导向的汽车电网故障分析体系 — 178
  - 9.1.5 起源图基础模式典型故障分析案例 — 179
- 9.2 迈腾电网故障案例 — 181
  - 9.2.1 干路图绘制 — 181
  - 9.2.2 案例分析 — 181
- 9.3 卡罗拉电网故障案例 — 184
  - 9.3.1 干路图绘制 — 184

9.3.2 案例分析 ································ 184
9.4 干路图的测绘 ································ 186
9.5 深入讨论 ································ 187
9.6 实训 ································ 188

第10章 汽车防盗系统识图与分析
10.1 防盗的分类 ································ 189
10.2 汽车防盗系统发展 ································ 191
  10.2.1 第1代防盗系统 ································ 191
  10.2.2 第2代防盗系统 ································ 191
  10.2.3 第3代防盗系统 ································ 193
  10.2.4 第4代防盗系统 ································ 194
  10.2.5 第5代防盗系统 ································ 197
10.3 迈腾WFS4解析 ································ 197
10.4 实训 ································ 200

第11章 汽车总线识图与分析
11.1 汽车总线分类 ································ 201
11.2 网关 ································ 201
11.3 CAN总线 ································ 203
  11.3.1 CAN总线的分类 ································ 203
  11.3.2 逻辑、模拟、显性、隐性、静电平、动电平 ································ 204
  11.3.3 CAN总线命名 ································ 205
  11.3.4 CAN总线颜色 ································ 205
  11.3.5 CAN总线终端电阻 ································ 206
  11.3.6 CAN总线数据流分析 ································ 208
  11.3.7 CAN总线波形分析 ································ 208
  11.3.8 CAN总线故障点 ································ 208
  11.3.9 CAN总线维修 ································ 211
11.4 LIN总线 ································ 211
  11.4.1 LIN总线构成 ································ 211
  11.4.2 LIN总线应用 ································ 212
  11.4.3 LIN总线电平 ································ 212
11.5 FlexRay总线 ································ 213
11.6 MOST总线 ································ 214
11.7 实训 ································ 214

参考文献 ································ 215

第1章　汽车电路基础模型

汽车电路的基础模型（如图1-1a所示）由电源、接插件、开关、负载和导线5大部分构成。一个基础模型可形成一个电路功能模块，如图1-1b所示。汽车中庞大复杂的电路系统就是由大量的电路功能模块汇总而成。这些功能模块之间是独立的并联关系，而每个模块中的5大构成部分是因果性的串联关系。

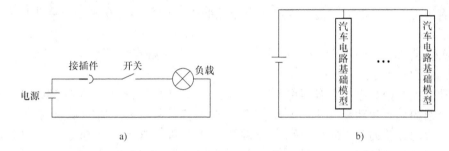

图1-1　汽车电路构成
a）汽车电路基础模型　b）汽车电路系统

在广义上，汽车的一切电路问题都可归结为器件损坏和线路故障两个方面。在本章将重点介绍汽车电路基础模型中开关、接插件和导线3大部分的识图、原理及应用等知识。

汽车电路具有以下特点：

1) 低压。汽车电气系统的标称电压有12V、24V两种，轿车普遍采用12V，而重型柴油车多采用24V。对发电装置，12V系统的额定电压为14V。低压系统的主要优点是：安全；蓄电池单格数少，对减少蓄电池的质量和尺寸有利；白炽灯的灯丝较粗，寿命较长。缺点是线上损耗（压降）较大，因此低压电比高压电的线径要粗些。

2) 直流。

3) 单线。单线制是指从电源到用电设备只用一根导线连接，用汽车底盘、发动机等金属机体作为另一根共用导线，线路简化清晰，安装和检修方便，且电器部件也不需与车体绝缘，所以现代汽车普遍采用单线制。但在特殊情况下，有时也需采用双线制。

4) 并联。为了让各用电器能独立工作，互不干扰，各用电器均采用并联方式连接，每条电路均有自己的控制器件及保险装置。控制器件保证每条电路的独立工作，保险装置是用来防止因电路短路或超载而引起导线及用电器的损坏。

5) 负极搭铁。采用单线制时，蓄电池的一个电极接到车体上，称为"搭铁"。若蓄电池的负极与车体连接，则称为负极搭铁；反之，则称为正极搭铁。现在国内外汽车均统一采用负极搭铁。

问题

1. 汽车电路的基础模型由_____、_____、_____、_____、_____5大部分构成。

2. 汽车电路基础模型由5大部分_____而成，汽车电路由若干个汽车电路基础模型_____而成。

3. 汽车电路具有_____、_____、_____、_____、_____特点。
4. 拆卸汽车蓄电池应先断开哪个电极？

参考答案：

先断开负极，由于汽车电路具有负极搭铁的特点，即整车车身为负极，如果使用扳手先断开正极，在旋转工具时一旦接触到金属车身，会造成短路。

5. 安装汽车蓄电池应先连接哪个电极？

参考答案：

先连接正板。

1.1 开关

开关具有实现电路通断的功能。在汽车电路范畴中，按照控制方式分为手动开关、自动开关和电子开关。

对于开关要明确三个主要概念：动头属于几刀几掷，触点属于动合（常开）或动断（常闭），控制方式为自动或手动。

由于自动开关的控制方式只有得电与失电两个状态，因此动头只能是单掷或双掷型。失电状态下和动头导通的触点为动断（常闭）触点，得电状态下和动头导通的触点为动合（常开）触点。所以只有自动开关的触点才会有动合（常开）或动断（常闭）的概念。如图1-2所示，应掌握对于开关的命名与绘制方法，具体就是应对开关的符号准确命名，并且根据开关名称准确绘制开关符号。

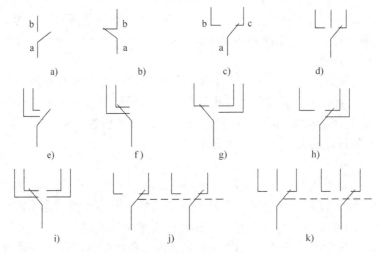

图1-2 开关的动头与触点

a) 常开型单刀单掷开关（a为动头，b为常开触点） b) 常闭型单刀单掷开关（a为动头，b为常闭触点）
c) 单刀双掷开关（a为动头，b为常开触点，c为常闭触点） d) 单刀三掷开关 e) 双动合单刀单掷开关
f) 双动断单刀单掷开关 g) 单动断双动合单刀双掷开关 h) 双动断单动合单刀双掷开关
i) 双动断双动合单刀双掷开关 j) 双刀双掷开关 k) 双刀三掷开关

问题

汽车开关按照控制方式分_____、_____、_____。

1.1.1 自动开关——继电器

继电器是利用线圈的电磁特性实现一组或多组动头接通或切断，实现用小电流控制大电流

（以弱控强）的器件。继电器包括控制线圈和开关两个部分。开关又包括动头和触点。触点又可分为动合（常开）或动断（常闭）触点。继电器的使用并不能消灭烧蚀现象，但是可以将易烧蚀的触点转移到继电器本身，并且安装在容易更换的部位，如喇叭继电器、起动继电器等。

因此，继电器有两个主要的作用：以弱控强和转移烧蚀风险。

1. 合理插拔继电器

某些继电器用手直接拔出是比较困难的，尤其是在继电器密度相对较大的控制盒中，没用足够的空间供手指夹紧继电器，或者继电器由于长时间未被拔出，结实地卡顿在控制盒中的时候。这时需要借助两只一字螺钉旋具，利用有限的空间一点一点反复翘起，如图1-3所示。

图1-3 利用螺钉旋具拔出继电器

2. 继电器命名

汽车继电器基本上属于低压直流继电器，继电器内部由线圈与动头构成，线圈得电后产生电磁力吸引动头工作。由于线圈只有得电和失电两种状态，因此动头只有通路和开路两种状态。

对于单刀继电器来说，失电状态下与动头导通的触点为常闭触点，也称为动断触点；得电状态下与动头导通的触点为常开触点，也称为动合触点。对于单刀继电器，仅有动合触点，没有动断触点的继电器叫作（单刀单掷）常开型继电器；仅有动断触点，没有动合触点的继电器叫作（单刀单掷）常闭型继电器；既有动断触点，又有动合触点的继电器叫作单刀双掷型继电器如图1-4所示。

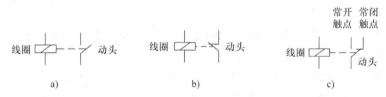

图1-4 单刀继电器分类

a）（单刀单掷）常开型继电器 b）（单刀单掷）常闭型继电器 c）单刀双掷型继电器

对于双刀继电器，内部具有两组动头，仅有动合触点，没有动断触点的继电器叫作双刀（单掷）常开型继电器；仅有动断触点，没有动合触点的继电器叫作双刀（单掷）常闭型继电器；既有动断触点，又有动合触点的继电器叫作双刀双掷型继电器如图1-5所示。

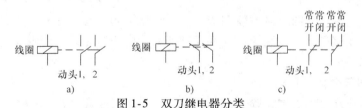

图1-5 双刀继电器分类

a）双刀（单掷）常开型继电器 b）双刀（单掷）常闭型继电器 c）双刀双掷型继电器

对于多刀继电器来说，内部具有多组动头，既有动断触点，又有动合触点的继电器叫作多刀双掷型继电器。如图1-6所示。

3. 判断继电器引脚

一般根据继电器外壳图示可以找出线圈和动头，常开和常闭触点。如图1-7所示，大众车系继电器标有"85""86"的引脚之间为线圈，"85"代表线圈的"火入"，"86"代表线圈的"铁出"，"30"代表动头，"87a"代表常闭触点，"87"代表常开触点。

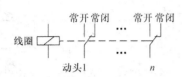

图1-6　多刀双掷型继电器　　　　　　　　图1-7　双刀双掷型继电器

由于继电器具有以弱控强的功能，因此某些继电器的线圈引出端子比开关引出端子看上去薄且细。可通过这些特征判断出继电器的线圈端子和开关端子。

如果使用万用表，一般的汽车继电器线圈两端可测得90Ω电阻。

4. 根据电路图找到继电器某个引脚

结合电路原理图可以找到故障电路中相关继电器的名称，再通过器件位置图可以确定该继电器在整车电路中的实际位置，最后通过引脚顺序图找到要测试的继电器的引脚与继电器插座上相应的插孔位置，进行测试。

5. 独立测试单个继电器性能

性能良好的继电器表现出3种特征：线圈电阻正常、动头吸合与断开有声响、动头可以起到导通电路与断开电路的作用。

测试方法如图1-8所示，手动开关接通后，继电器发出"咔"的声音，并且七彩测试灯发光；断开手动开关，继电器发出"咔"的声音，并且七彩测试灯熄灭。这说明这只单刀单掷常开型继电器正常，否则继电器有故障。

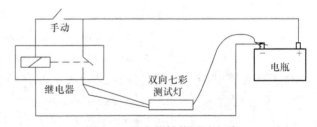

图1-8　继电器性能测试电路

6. 独立分解继电器

如图1-9所示，继电器的封装一般四周都有内卡，翘起一端而另外一端又被卡住。拆卸的方法只有用螺钉旋具或镊子将一端翘起后，塞入硬塑料片防止恢复，才能够开启另外一端，直到整个盖子与继电器芯分离。

7. 解决继电器部分内部故障

继电器的某些故障可以人工排除，不一定非要更换，对于高端汽车的专用型继电器故障，就更有分解维修的价值了。通过前面已学会了分解继电器的方法，在继电器的内部可能会存在动头积炭、氧化，线圈脱焊、虚接，动头过脏导致行程阻尼增大，这些问题都可以进行维修，如果出现线圈烧毁的情况就只能更换继电器了。

继电器中的线圈是电感性器件，线圈两端并联一支1kΩ、1/4W的电阻，电路切断后续流经此电阻放电，用以保护控制线圈的晶体管，继电器线圈本身电阻120Ω，与吸收电阻并联后阻值约90Ω。继电器原理图如图1-10所示。

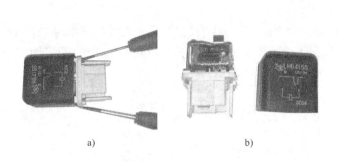
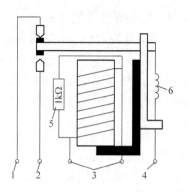

图 1-9 继电器的分解
a）继电器盖子翘起 b）继电器内部结构

图 1-10 继电器原理图
1—常闭点 2—常开点 3—线圈
4—动头 5—吸收电阻 6—拉簧

8. 解决继电器接口处的隐性故障

如图 1-11 所示，继电器插头和插座之间有可能会出现断路故障，但并不容易被发现，这些故障被称为隐性故障。插头或插座氧化、松动、接口变形、插座的连线卡子虚接等都会引发隐性故障，或者间歇性故障。

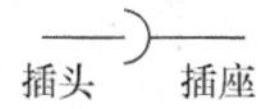

图 1-11 接插件符号

某些固有的思维方式是错误的，认为插头插座外表看上去没有问题，那么插上以后就不会有问题。因为插头和插座结合以后，完全看不到里面的情况，不可武断。

汽修行业里经常会听到"千万别把毛病修丢！"。往往拍一下，或用力扯一下线束，或重新插拔一遍，故障就解决了，但并不知道哪里坏了，可对于那些间歇性的、时有时无的问题，往往没有根本解决。所以对于这类隐性故障，必须轻手轻脚，一段一段排除，不断缩小故障范围，最后找出故障点，这才是标本兼治的维修手段。看来"保护现场"在维修过程中至关重要！

9. 测绘继电器控制电路

继电器控制电路基础模式，如图 1-12 所示，通过测绘分别确定出继电器的控制方式与继电器负载的控制方式。

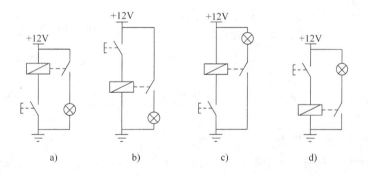

图 1-12 继电器控制电路基础模式
a）继电器为常火控铁；负载为常铁控火 b）继电器为常铁控火；负载为常铁控火
c）继电器为常火控铁；负载为常火控铁 d）继电器为常铁控火；负载为常火控铁

电源电路的 4 种信号为"火入""火出""铁入""铁出"。"火入"与"铁出"为起因，"火出"与"铁出"为结果，当单元模块从电路中分离（这里的单元模块是指继电器），则因果关系便显现出来，即"因"可测，而"果"不可测。因此针对 4 种继电器控制电路基础模式，应明确区分继电器引脚的因果关系。

10. 加装继电器的方法

在以下几种情形中会需要加装继电器。

1）以弱控强，当需要增大一些负载如灯光、扬声器、音响的功率，而原有的电源线较细，无法提供更大的电流时，需加装继电器。如图1-13所示，采取以弱控强的方式，可以将图1-13a电路改为图1-13b电路或图1-13c电路的形式。

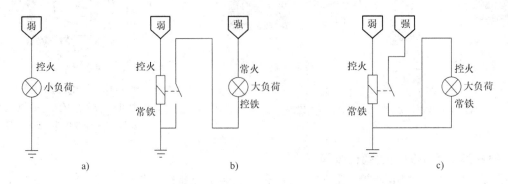

图1-13 通过继电器以弱控强
a）小负荷控制 b）对大负荷负载控铁 c）对大负荷负载控火

2）干扰过重，原有的电源线受到干扰，需加装继电器接通一路更干净的电源。

3）转移易发故障点的位置，某些车辆存在设计缺陷，如2001款赛欧，没有起动继电器，从而点火开关容易积碳，造成无法启动。修理时需要拆掉钥匙门总成，很麻烦。增加继电器，将故障易发处转移到继电器上，并安装在容易更换的位置，问题得到解决。如图1-14所示，可以将图1-14a电路改为图1-14b电路的形式，将电路易发故障转移到继电器上。

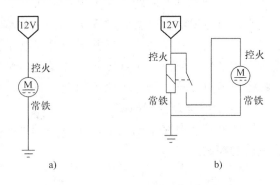

图1-14 通过继电器转移烧蚀风险
a）小负荷控制 b）大负荷负载控铁

无论是开关、继电器还是晶体管控制电路，我们都应熟练掌握"控火""控铁""常火""常铁"的概念。

问题

1. 继电器包括_____和_____。开关包括_____和_____。触点可分为_____或_____触点。

2. 继电器有两个主要的作用：_____和_____。

3. 对于单刀继电器来说，失电状态下与动头导通的触点为_____触点；得电状态下与动头导通的触点为_____触点。

4. 对于单刀继电器，仅有动合触点，没有动断触点的继电器叫作_____型继电器；仅有动断触点，没有动合触点的继电器叫作_____型继电器；既有动断触点，又有动合触点的继电器叫作_____型继电器。

5. 对于双刀继电器，内部具有两组动头，仅有动合触点，没有动断触点的继电器叫作_____型继电器；仅有动断触点，没有动合触点的继电器叫作_____型继电器；既有动断触点，又有动合触点的继电器叫作_____型继电器。

6. 对于多刀继电器来说，内部具有多组动头，既有动断触点，又有动合触点的继电器叫作_____型继电器。

7. 大众车系继电器标有"85""86"的引脚之间为_____，_____代表线圈的"火入"，_____代表线圈的"铁出"，_____代表动头，_____代表常闭触点，_____代表常开触点。

8. 结合_____可以找到故障电路中相关继电器的名称，再通过_____可以确定该继电器在整车电路中的实际位置，最后通过_____找到要测试的继电器的引脚与继电器插座上相应的插孔位置，进行测试。

1.1.2 自动开关——保险

保险作为电路保护装置串联在电源与用电设备之间，当用电设备或电路发生短路或过载时，切断电源电路，避免电源、用电设备和电路损坏。常见的汽车保险包括熔断器和易熔线。由于汽车保险在过载的情况下是自动熔断的，因此保险和继电器都属于自动开关。

熔断器也称为保险器，俗称熔丝，图1-15所示通常有4种基本类型：管式熔断器、大功率熔断器、标准片式熔断器和微型片式熔断器。主要用于对局部电路进行保护，能长时间承受额定电流负载。在超过额定负载25%的情况下，约3min熔断；而在超过额定负载100%时，则不到1s即会熔断。结构一定时，流过熔断器电流越大，熔断时间越短。熔断器为一次性器件，熔断后，必须先查找故障原因，并彻底排除。

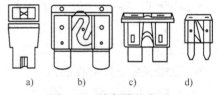

图1-15 熔断器的类型
a) 管式熔断器 b) 大功率熔断器
c) 标准片式熔断器 d) 微型片式熔断器

易熔线的安装位置接近电源。如图1-16所示，易熔线是一种截面积一定、可长时间通过额定电流的铜芯或合金导线，主要用于保护总体电路或较重要电路。若发生过载，易熔线较细的导线将熔断，可以使电路在发生损坏前断开。

1. 绘制保险的符号

图1-17a为易熔线符号，图1-17b为熔断器符号。

图1-16 汽车易熔线

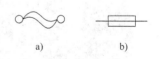

图1-17 汽车保险符号
a) 易熔线符号 b) 熔断器符号

2. 合理插拔保险器

利用汽车配备的专用夹具（如图1-18所示）拔出损坏的熔丝，之后换上备用的新熔丝即可，熔丝夹具一般在保险盒中。

3. 保险的颜色

根据国际标准，保险外壳的颜色代表保险的额定电流。常用的包括2A（灰色）、3A（紫色）、4A

图1-18 汽车保险夹具

（粉色）、5A（橘黄色）、7.5A（咖啡色）、10A（红色）、15A（蓝色）、20A（黄色）、25A（无色透明）、30A（绿色）、40A（深橘黄色）。

4. 保险的额定电流和熔断电流

保险外壳上的标定值为保险的额定电流，额定电流是其正常工作的最大电流，而熔断电流是指，当通过熔断器的电流超过该电流值时，熔丝会熔断，从而起到保护电路的作用。熔断器上面标识的电流是额定电流，在通常情况下，熔断电流约为额定电流的1.2倍。

5. 保险的测试

目前发生车辆熔丝坏掉的情况分为两种：一是用电器负载过大；二是汽车电路中有短路的情况。测试保险故障的方法：

1）在线检测。打开点火开关，用试电笔测试保险的两端，若均为火，则保险完好；若一端有火，另一端无火，则保险熔断；若两端都无火，用试电笔测通断。特点：不用拔下保险，带电测量。

2）离线检测。目测法，将保险用熔丝夹具拔出，观察熔丝的熔断情况，有条件的话用试电笔测通断验证。特点：适合于没有任何检测工具的场合，但费时费力。

需要注意的是，万用表测通断和电阻档测电阻时都必须在断电情况下进行，否则会造成万用表损坏，或是造成测量结果不准确。

6. 根据保险总成盒盖的信息，掌握各保险功用

为了便于维修，熔丝和继电器的信息往往印在保险总成盒盖的内侧，可以根据其提供的重要信息，找到故障位置的保险，并且还可以找到备用保险的位置。如图1-19所示，根据V3菱悦保险盒盖上面的器件位置图信息，确定相关保险的位置。

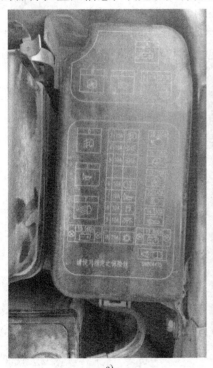

a) b)

图1-19 汽车保险总成

a) V3菱悦保险盒盖　b) V3菱悦保险总成

7. 保险的替代原则

如果不能找到具有相同额定电流的熔丝，应当采用比原熔丝额定电流低的代替。备用保险的位置可参考保险总成盒盖的内侧信息。

8. 汽车保险接线器

汽车在使用过程中难免要增配一些电器部件，如导航、倒车雷达和行车记录仪等设备。可以利用汽车保险接线器（如图 1-20 所示），进行非破线式的改装，省时省力，安全可靠。注意应在电流流入保险之前分线（如图 1-21 所示），以确保保险的正常使用。

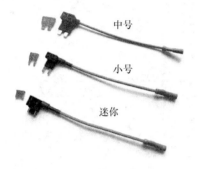

图 1-20　汽车保险接线器

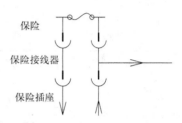

图 1-21　保险接线器连接方法

问题

1. 常见的汽车保险包括_____和_____。
2. 保险属于_____开关。
3. 保险在线测试结果为左火右无、右火左无、左火右火、左无右无四种情况时的处理方法。

参考答案：

1) 对于左火右无、右火左无说明保险损坏，需要更换。
2) 对于左火右火说明保险良好。
3) 对于左无右无，应进一步进行在线的通断法测试，或者进行离线的目测法判断。

4. 保险的替代原则为_____额定电流保险代替_____额定电流保险。

1.1.3　手动开关——组合开关

1. 二维图和档位切换图

如图 1-22 所示，以二维图和档位切换图的方式测绘某点火开关的功能。根据电路图便可了解信号的出入关系及在不同档位下的接线连接关系。

档位切换图如图 1-22d 所示，以多刀多掷的形式绘制某组合开关在不同档位下的通断关系。缺点是不适合绘制功能较复杂的组合开关，而且图纸需要较高的分辨率，否则易失真。

二维图，如图 1-22c 所示，以二维表格的形式，用不同的行表示各档位，用不同的列表示各接线，绘制某组合开关在不同档位下的通断关系。优点是快速直观，且适合绘制功能较复杂的组合开关。

2. 正确操作组合开关

所谓正确操作组合开关就是将组合开关根据实际需要设置到相应的档位。随着汽车电子产业的飞速发展，各类组合开关的操作更趋复杂，不同车系其组合开关的操作方式也有所不同。大体上包括灯光组合开关、雨刷组合开关、车窗组合开关、音响组合开关、空调组合开关、座椅组合开关等。下面将介绍几种经典组合开关的操作方法。

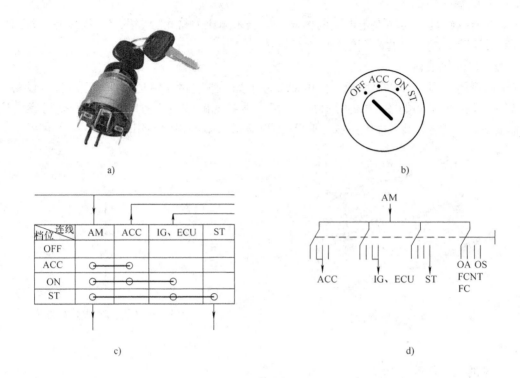

图 1-22 点火开关识图

a）点火开关实物图（后部） b）点火开关实物图（前部） c）二维图 d）档位切换图

（1）灯光组合开关

转向信号灯和前照灯等都通过组合开关控制。组合开关操纵杆位于转向盘左下方，其使用方法如下：

1）照明开关如图 1-23 所示，有 3 个操纵位置。照明开关旋钮处于"OFF"断开位置时，各照明灯电路均被断开，所有灯都不亮；照明开关旋钮转到中间位置时，前后示宽灯、后牌照灯及仪表板照明灯接通；顺次将照明开关旋钮转到第三位置时，前照灯点亮，同时照明开关所处中间位置控制的灯仍点亮。

2）转向信号灯开关如图 1-24 所示，有 3 个控制位置。转向信号灯开关操纵杆位于中间位置时，左、右转向信号灯电路断开，转向信号灯不亮；当点火开关处于"ON"位置后，将转向信号灯操纵杆由中间位置向上抬起，右转向信号灯闪亮，发出向右转的信号；当点火开关处于"ON"位置，将转向信号灯操纵杆由中间位置向下按下，左转向信号灯闪亮，发出向左转的信号。

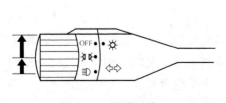

图 1-23 照明开关

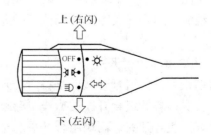

图 1-24 转向信号灯开关

3）前照灯远近光操纵开关如图1-25所示，用来控制前照灯的光束和亮度，有3个操纵位置。前照灯远近光操纵开关的操纵杆处于中间位置时，前照灯的近光灯亮，前照灯光束为近光；将前照灯远近光操纵开关的操纵杆向前推或向后拉时，前照灯的远光灯亮，前照灯光束为远光。向前推为锁远，即为锁定远光灯状态；向后拉为闪远，不会锁定，超车时或者会车时使用。

（2）刮水器组合开关

刮水器组合开关也称为刮水器和风挡洗涤开关，布置在转向盘右下方，如图1-26所示。

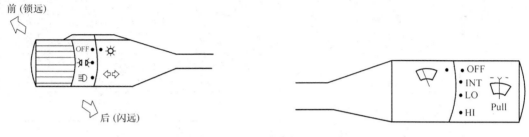

图1-25　前照灯远近光操纵开关　　　　图1-26　刮水器和风挡洗涤开关

1）风窗刮水器开关。刮水器开关为旋钮式开关，有"OFF""LO"及"HI"3个位置。旋钮处于"OFF"位置时，刮水器电路断开，刮水器不工作；旋钮处于"LO"位置时，刮水器电动机电路接通，刮水器低速运转，刮水片慢刮；旋钮处于"HI"位置时，刮水器电路高速档接通，刮水片作快速刮扫运动。

2）风窗洗涤器开关。将洗涤器开关操纵杆向后拉时，洗涤器电动机通电、洗涤器喷嘴向风窗玻璃喷出洗涤液，以利于风窗玻璃的清洗。

3. 根据电路图，测量组合开关

如图1-27所示，能够根据卡罗拉前照灯（不带自动灯光控制系统）电路图进行电路测量，并判断出组合开关的故障。

4. 分解并装配组合开关

为降低维修成本，如图1-28所示，对于一些组合开关内部出现的线路故障，可以对其进行分解维修，而不一定是更换总成。

5. 能够修复组合开关故障

如果故障的产生原因是触点氧化或积炭，可以采用清除打磨触点的方式维修；如果故障的产生原因是铜片形变，可以采用复位的方式恢复。

6. 二维图和档位切换图的互换

二维图和档位切换图都可以表示同一组合开关的功能，只是表现形式不一样。在识图的时候应该有能力识读二维图和档位切换图，在测绘时应该根据不同的读者要求灵活地将二维图和档位切换图互换。当然，由于二维图具有更优的可读性，能够表现十分复杂的组合开关功能，因此推荐使用二维图的形式。

7. 在无图情况下独立测绘复杂组合开关的二维图

1）统计出有多少个档位，及各档位的名称，作为二维图的不同行的名称。

2）统计出组合开关外围有多少条线路，及各线路的名称和出入关系，作为二维图的不同列的名称。

3）可以使用通断法，用万用表测量各档位下的所有线路的通断关系，并在二维图中将通路用连线表示。

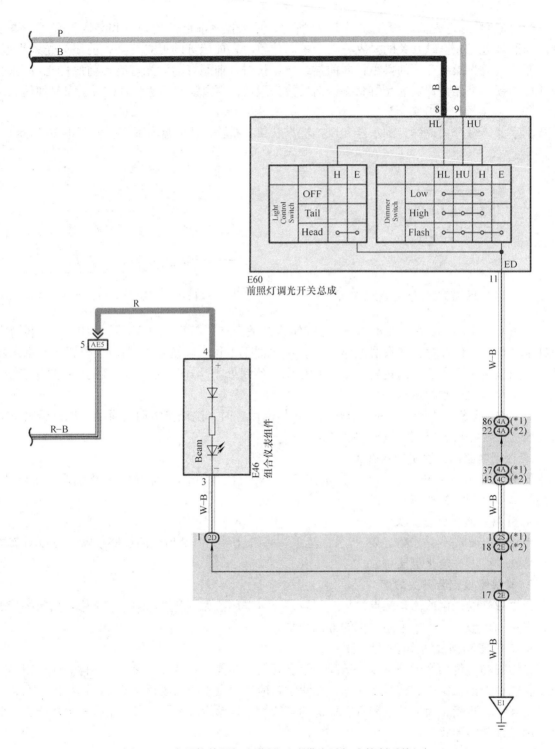

图 1-27　卡罗拉前照灯电路图（不带自动灯光控制系统）

4）为了没有任何遗漏的全面测绘组合开关，应该采用科学的测绘方式。有着 n 条线路的组合开关对于某一档位需要以通断法测试 $\dfrac{n(n-1)}{2}$ 次；测绘有着 m 档和 n 条线路的组合开时，总共需要以通断法测试 $\dfrac{n(n-1)}{2} \times m$ 次。例如，测绘某支 5 档 8 线的组合开关时，总共需要测试

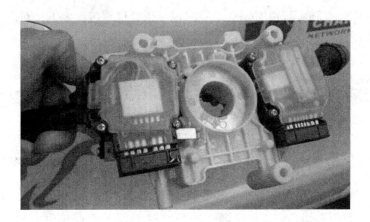

图 1-28　组合开关的拆解

$\dfrac{8\times(8-1)}{2}\times 5 = 140$ 次。

5）按照不同的功能组合分解成若干个二维图。

问题

1. 组合开关属于_____开关。

2. 有着 n 条线路的组合开关对于某一档位，需要以通断法测试_____次；测绘有着 m 档和 n 条线路的组合开时，总共需要以通断法测试_____次。如测绘某支 5 档 8 线的组合开关时，总共需要测试_____次。

1.1.4 电子开关——晶体管

晶体管开关和传统的机械式开关相较，具有四大优点。

1）无磨损。晶体管开关不具有活动触点部分，因此不会磨损，可以使用无限多次。一般的机械式开关，由于触点磨损，最多只能使用数百万次左右。而且机械式开关触点易受污损而影响工作，无法在脏乱的环境下工作；晶体管开关既无触点又是密封的，因此无此顾虑。

2）速度快。晶体管开关的动作速度比机械式开关快，一般开关的启闭时间是以毫秒（ms）来计算的，晶体管开关则以微秒（μs）计。

3）无跃动。晶体管开关没有跃动现象。一般的机械式开关在导通的瞬间会有快速的连续启闭动作，然后才能逐渐达到稳定状态。

4）无火花。利用晶体管开关来驱动电感性负载时，在开关开启的瞬间，不会有火花产生。反之，当机械式开关开启时，由于瞬间切断了电感性负载上的电流，因此电感的瞬时感应电压将在触点上引起弧光，这种电弧不但会侵蚀触点的表面，也可能造成干扰或危害。

1. 绘制 NPN 型晶体管和 PNP 型晶体管符号

如图 1-29 所示，绘制 NPN 型（如图 1-29a 所示）和 PNP 型（如图 1-29b 所示）晶体管的符号。

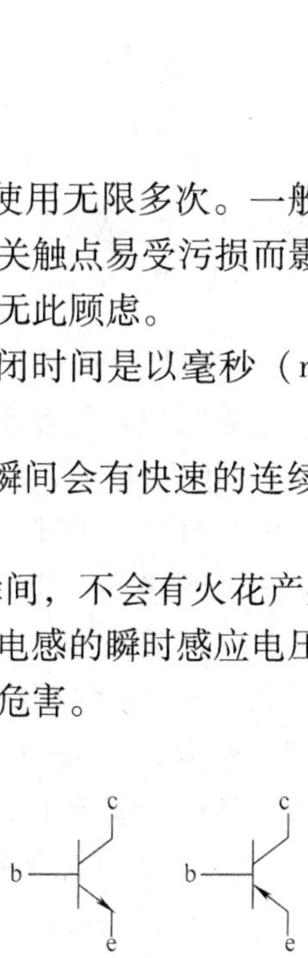

2. 晶体管的引脚、型号与故障判断

如图 1-30 所示，常见的晶体管包括普通塑封晶体管、大功率晶体管、金属封装晶体管、功率晶体管、贴片晶体管等，应能够判别不同封装的晶体管的 3 个电极。很多资料在晶体管的引脚判定方面仍然在介绍指针式万用表的方法，其实利用普通的数字万用表的二极管测试功能和 h_{FE} 晶体管电流增益功

图 1-29　晶体管符号
a）NPN　b）PNP

能，就可以对晶体管的引脚进行快速判别。同时也可以通过感应试电笔，对晶体管的类型、引脚和故障进行快速判断。

图 1-30 常见的晶体管
a) 普通塑封晶体管 b) 大功率晶体管 c) 金属封装晶体管 d) 功率晶体管 e) 贴片晶体管

（1）万用表法

1）识别基极。根据晶体管的等效电路可以看出，晶体管等效于两个二极管的串联（如图 1-31 所示）。将数字万用表切换到二极管测试档位。对于 NPN 型晶体管，只有当红表笔接基极，黑表笔分别接集电极和发射极，才会出现 0.7V 左右的二极管压降读数；对于 PNP 型晶体管，只有当黑表笔接基极，红表笔分别接集电极和发射极，才会出现 0.7V 左右的二极管压降读数。其他的情况均为"OL"超量程显示。

如表 1-1 所示，万用表两根测试表笔，对应 3 个未知的引脚会出现 6 组连接方式，而 6 组连接方式中，只有两组会出现二极管压降读数，这两组读数中，表笔和引脚连接未变的就是要找的基极。

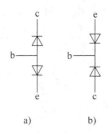

图 1-31 晶体管等效电路
a) NPN b) PNP

表 1-1 晶体管测试表

测量次数 \ 引脚顺序	1	2	3	读数
1	黑	红		OL
2	红	黑		0.699V
3	黑		红	OL
4	红		黑	0.680V
5		黑	红	OL
6		红	黑	OL

2）判断 NPN 或 PNP 类型。

基极若与红色表笔相连接，就是 NPN 型；基极若与黑色表笔相连接，就是 PNP 型。

3）识别硅管或锗管。

根据材料的不同晶体管可分为硅管（Si）与锗管（Ge）。硅晶体管的反向漏电流小，耐压高，温度漂移小，且能在较高的温度下工作和承受较大的功率损耗；锗晶体管的增益大，频率响应好，尤其适用于低压电路。

测出的二极管压降若是 0.7V 左右就是硅管，若是 0.3V 左右就是锗管。

根据表 1-1 的测试结果，第 2、4 组有读数，且第 1 引脚与表笔的连接方式未改变，因此第 1 引脚为基极；因为第 1 引脚与红色表笔连接，因此晶体管类型为 NPN 型；二极管的压降读数为 0.7V 左右，因此晶体管为硅管。

4）识别集电极 C 和发射极 E。

将数字万用表档位切换到 h_{FE} 晶体管电流增益功能，根据已判断出 NPN 或 PNP 类型确定测试插排的行数，如表 1-2 所示，NPN 为第一排，PNP 为第二排。将已判断出的基极插入测试插排的 B 孔位置，将另外的两个引脚插入到 C 和 E 孔位置，

表 1-2 晶体管 h_{FE} 测试端子

E	B	C	E	NPN
E	B	C	E	PNP

读取 h_{FE} 读数;基极位置不变,交换另外两个引脚的插孔位置,再次读取 h_{FE} 读数。数值最大的一组为正确的引脚指示位置。

5)晶体管性能衰减或损坏判断。

h_{FE} 又称 β 值,它表示晶体管共发射极直流电流放大倍数的大小,其实就是晶体管的电流放大倍数,一般的晶体管 h_{FE} 的范围大约在 50~500 的范围。由于制造工艺的分散性,即使同一型号晶体管的 β 值也有很大区别。常用小功率晶体管的 β 值在 20~150 之间,通常以 100 左右为宜。β 值太小,电流放大作用差;β 值太大,温度对它的稳定性影响又太大,会影响放大电路的性能。

晶体管随着寿命的减少,性能也会出现衰减,因此测出晶体管的 h_{FE} 参数以后,别忘了和标准的器件参数作比对,相差得太多就应该更换掉。同时一支完全损毁的晶体管通过对其二极管压降的测量,也能很容易识别出来。

(2)试笔法

如图 1-32 所示,因为感应试电笔在应用过程中,用手指按住表笔的直接检测点,表笔的尖端相当于负极,手指相当于正极。有关感应试电笔相关内容,请参看本书第 2.5.2 节。

1)用手指按住表笔的直接检测点,用另一只手的手指接触某一引脚,用表笔接触另一引脚,可测出 6 组结果,只有两组结果背景灯亮,这两组测试结果中,公共的引脚为基极。如果使用手指与基极接触,则为 NPN 型晶体管;如果使用试电笔与基极接触,则为 PNP 型晶体管。

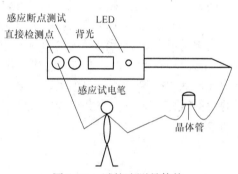

图 1-32 试笔法测晶体管

2)对于 NPN 型晶体管,用手指触碰基极,用表笔分别接触发射极和集电极引脚,若背景灯亮,则为良好,否则为故障;对于 PNP 型晶体管,用表笔触碰基极,用手指分别接触发射极和集电极引脚,若背景灯亮,则为良好,否则为故障。

3. 开关电路设计

(1)单管开关电路

当开关电路的输入信号具有足够的驱动能力(带载能力),并且晶体管的驱动电流足够驱动负载的前提下,可以使用两种单管开关电路。

如图 1-33a 所示,NPN 型晶体管开关控制电路,在 OTL "推挽式" 功率放大电路中起到 "拉" 的作用,就是对负载 "控铁";如图 1-33b 所示,PNP 型晶体管开关控制电路,在 OTL "推挽式" 功率放大电路中起到 "推" 的作用,就是对负载 "控火"。

无论是 NPN 还是 PNP,若使晶体管处于导通(饱和)状态,应使 $U_{be} = V_b - V_e$ 大于 0.7V(硅管),若使晶体管处于断开(截止)状态,应使 $U_{be} = V_b - V_e$ 小于 0.7V(硅管)。对比两种单管开关电路,可以看出,NPN 型的控制电压 V_{in} 与电源 V_{cc} 无关,因此控制电路不受负载电源的影响,V_{cc} 可以是 5V、12V、24V 任何电压,因此适用范围更宽,所以 NPN 开关控制电路是最为普通的单管开关电路。

需要注意,晶体管开关控制电路中,往往负载都与晶体管的集电极相连接,主要原因在于只有发射极在电路 "开" 或 "关" 状态下电位不变,才能够唯一确定控制电压 V_{in}。因此如图 1-34 所示,是两种错误的单管开关电路。

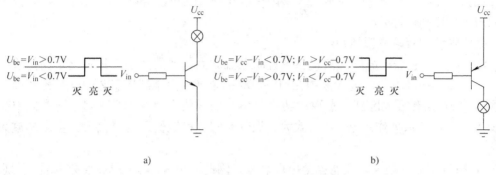

图 1-33 晶体管开关控制电路
a) NPN 开关控制电路　b) PNP 开关控制电路

(2) 并联型复合管开关电路

两支以上（包括两支）的晶体管通过并联或串联使用时就称为复合管，由复合管构成的开关电路称为复合管开关电路，包括并联型复合管开关电路和串联型复合管开关电路。

当单管开关电路无法提供给负载足够驱动电流时，可以使用并联型复合管开关电路（如图1-35 所示）。并且并联必须在发射极上串联适当的均流电阻，具体做法是把多只管子的集电极直接相连作为复合管的整体集电极，把多只管子的基极直接相连作为复合管的整体基极，而多只管子的发射极则需要各自串联适当的电阻后再相连作为复合管的整体发射极，这样才能保证每只管子的电流大致相等。

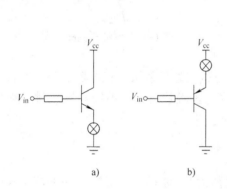

图 1-34 两种错误的单管开关电路
a) 错误的 NPN 开关控制电路　b) 错误的 PNP 开关控制电路

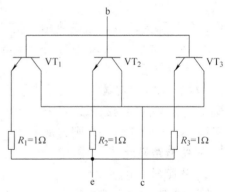

图 1-35 并联型复合管开关电路

多个 NPN 晶体管并联可以构成 NPN 式复合管，在驱动电路中对负载起到了"拉挽"的作用；多个 PNP 晶体管并联可以构成 PNP 式复合管，在驱动电路中对负载起到了"推动"的作用；在功率型放大电路中，一个 NPN 和一个 PNP 晶体管并联时，对负载起到了"推挽"的作用。在开关型驱动电路领域中，以 H 电路最为典型。如图 1-36a 所示，汽车电路中大部分电动机驱动电路为 H 形驱动电路。如图 1-36b 所示，上升时 VT_1 和 VT_4 工作，VT_1 为 PNP 晶体管对于电动机起到了"推动"的作用，VT_4 为 NPN 晶体管对于电动机起到了"拉挽"的作用，于是电动机正传；如图 1-36c 所示，下降时 VT_3 和 VT_2 工作，VT_3 为 PNP 晶体管对于电动机起到了"推动"的作用，VT_2 为 NPN 晶体管对于电机起到了"拉挽"的作用，于是电动机反传。在功放领域中，以互补推挽 OTL（Output Transformer Less）功放最为典型，如图 1-37 所示，该电路使用一对参数对称的 NPN 和 PNP 晶体管形成对管，这是一种输出级与扬声器之间采用电容耦合而无输出变压器的功放电路，属于高保真功率放大器的基本电路之一。

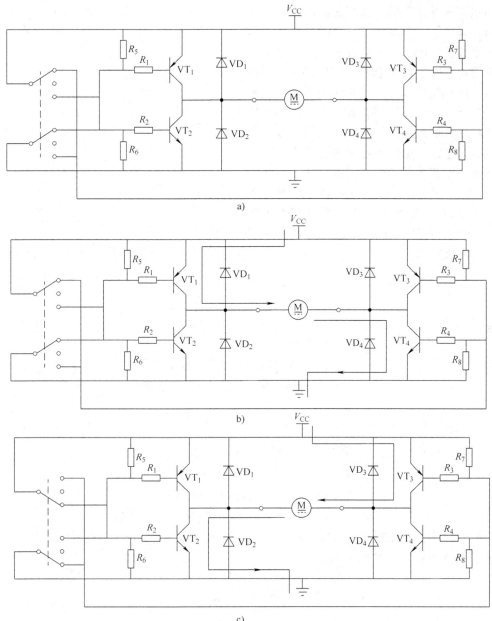

图 1-36 直流电动机 H 形控制电路（并联型）
a）H 电路　b）上升控制　c）下降控制

(3) 串联型复合管开关电路

当开关电路的输入信号驱动能力很微弱，负载能力差，输出阻抗较大时，以至于无法驱动单管开关电路。为了能够成功快速地控制开关电路工作，则需要输入电阻很高的开关电路，如串联型复合管开关电路（也称为达林顿管）或者是场效应晶体管（也称为 MOS 管）。

达林顿晶体管是两颗晶体管串联构成的。电流放大倍数是两个晶体管放大倍数的乘积，即 $\beta=\beta_1\cdot\beta_2$，比如说两只管子的放大倍数都是 100，那么组合后的放大倍数就是 $100\times100=10000$。很明显，较之一般开关晶体管，达林顿开关晶体管的驱动电流小，在驱动信号微弱的地方是较好的选择。达林顿晶体管由于具有高电流增益、高输入阻抗、低输出阻抗和开关特性好等优良特性，所以被广泛应用在大功率开关、电动机调速、LED 显示控制等领域。

达林顿开关晶体管的缺点就是输出压降较一般开关晶体管多了一个级数,它是两个晶体管输出压降的相加值,即 $U_{ces} = U_{ces1} + U_{ces2}$。由于第一级晶体管功率较小,一般输出压降较大,所以造成了达林顿开关晶体管是一般开关晶体管输出压降 3 倍左右。使用时要特别注意是否产生高温;另外高放大倍数带来的不良作用就是容易受干扰,在设计电路时也要注意相关的保护措施。

达林顿电路有 4 种接法,包括两种同极性接法 NPN + NPN(图 1-38a)和 PNP + PNP(图 1-38b),以及两种异极性接法 NPN + PNP(图 1-39a)和 PNP + NPN(图 1-39b)。达林顿电路等效晶体管的极性与前级晶体管相同。

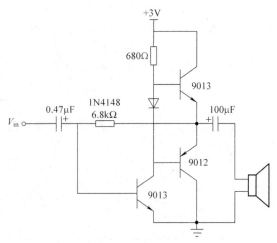

图 1-37 直流电动机 H 形控制电路(串联型)

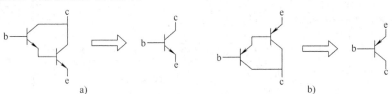

图 1-38 同极性接法达林顿管

a) NPN + NPN 等效为 NPN b) PNP + PNP 等效为 PNP

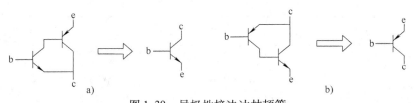

图 1-39 异极性接法达林顿管

a) NPN + PNP 等效为 NPN b) PNP + NPN 等效为 PNP

达林顿管中两支晶体管的发射极方向应一致,否则发生电流冲突,不能构成达林顿管。如图 1-40 所示,为 4 种错误连接的达林顿管。

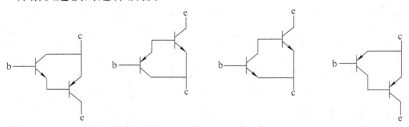

图 1-40 4 种错误连接的达林顿管

4. 开关电路的保护

由于感性负载如继电器、电磁阀、电磁离合器等,在关断的瞬间电流不会立刻消失,(换路法则:电容两端电压不跃变,电感内部电流不跃变),对晶体管造成击穿破坏,因此使用续流二极管(如图 1-41 所示)可以在关断瞬间提供电流回路,保护了晶体管的寿命。

5. 在电路板上带电判断晶体管的类型与引脚

如何能够在不拆解器件、不断电的情况下,快速准确地判断出晶体管的类型与引脚,是汽车电子技术的重要能力。

1）对于开关电路来说，具有常铁的引脚，一般为 NPN 型晶体管，且常铁端为发射极；具有常火的引脚，一般为 PNP 型晶体管，且常火端为发射极。与负载相连接的为集电极引脚，第 3 个引脚就是基极。

2）对于放大电路的晶体管，NPN 型管 3 个电极的电位高低必须满足 $V_c > V_b > V_e$ 的关系（如图1-42a所示），PNP 型管 3 个电极的电位高低必须满足 $V_c < V_b < V_e$ 的关系（如图 1-42b 所示）。通过这种规律，可以判断出，中间的电压引脚为基极，同时基极和那个引脚压差在 0.7V 之内，那个引脚就是发射极，第 3 个引脚为集电极，同时也就知道了 NPN 还是 PNP 型。NPN 和 PNP 型晶体管发射极的箭头方向就是电流的流向，也是电位逐渐减小的方向。

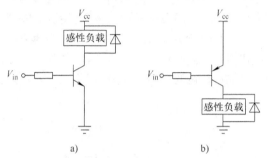

图 1-41　续流二极管对晶体管开关电路的保护
　　a）续流二极管对 NPN 开关电路的保护
　　b）续流二极管对 PNP 开关电路的保护

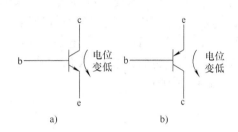

图 1-42　晶体管电位关系
　　a）NPN：$V_c > V_b > V_e$　b）PNP：$V_c < V_b < V_e$

问题
1. 晶体管属于_____开关，分为_____型和_____型。
2. 表述晶体管开关电路的开启条件。

1.1.5　电子开关——场效应晶体管

上述介绍的晶体管属于双极型晶体管，简称 BJT，它是一种电流控制型器件，由输入电流控制输出电流，其本身具有电流放大作用；单极型晶体管也称场效应晶体管，简称 FET，它是一种电压控制型器件，由输入电压产生的电场效应来控制输出电流的大小。

场效应晶体管（FET）包括结型场效应晶体管（JFET）和绝缘栅型场效应晶体管（MOSFET），MOSFET 简称 MOS 管。由于 MOS 管比 JFET 管具有更高的输入阻抗（可达到 $10^8\Omega$ 以上）及很好的开关特性，所以被广泛应用在需要电子开关的电路中，常见的如开关电源和电动机驱动，也有照明调光。如图 1-43 所示，MOS 管包括增强型和耗尽型，每种类型又分为 P 沟道和 N 沟道，但实际常用的只有增强型的 N 沟道 MOS 管和增强型的 P 沟道 MOS 管，所以通常提到 NMOS 或 PMOS 指的就是指这两种。对于这两种增强型 MOS 管，比较常用的是 NMOS。原因是导通电阻小，且容易制造。所以开关电源和电动机驱动的应用中，一般都用 NMOS。

1. 绘制 MOS 管符号

绘制 4 种 MOS 管符号，如图 1-43a 所示为 N 沟道耗尽型 MOS 管符号，如图 1-43b 所示为 P 沟道耗尽型 MOS 管符号，如图 1-43c 所示为 N 沟道增强型（NMOS）MOS 管符号，如图 1-43d 所示为 P 沟道增强型（PMOS）MOS 管符号。

2. MOS 管开关电路

MOS 的阈值电压（开启电压）是一个范围值的。一般情况下与耐压有关，例如几十伏耐压的阈值电压一般为 1~2V，200V 以内的阈值电压耐压一般为 2~4V，200V 以上耐压的阈值电压一般为 3~5V。NMOS 作为开关管使用，如图 1-44a 所示，只要使 U_{GS} 大于阈值电压（$U_{GS(TH)} >$

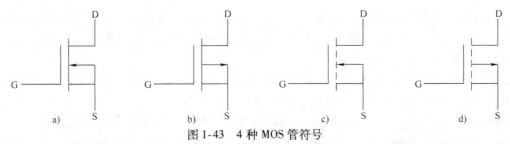

图 1-43 4 种 MOS 管符号

a) N 沟道耗尽型　b) P 沟道耗尽型　c) N 沟道增强型（NMOS）　d) P 沟道增强型（PMOS）

0）就会导通，适合用于源极接地时的情况（低端驱动）；PMOS 作为开关管使用，如图 1-44b 所示，只要使 U_{GS} 小于阈值电压（$U_{GS(TH)}<0$）就会导通，适合用于源极接 V_{CC} 时的情况（高端驱动）。但是，虽然 PMOS 可以很方便地用做高端驱动，但由于导通电阻大，价格贵，替换种类少等原因，在高端驱动中，通常还是使用 NMOS。阈值电压 $U_{GS(TH)}$ 越高，导通速度越快，导通电阻也越小。现在也有阈值电压 $U_{GS(TH)}$ 更小的 MOS 管用在不同的领域，但在 12V 汽车电子系统里，一般 4V 就够用了。

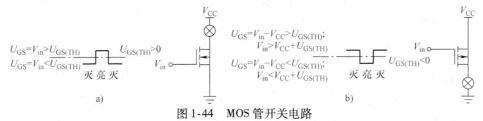

图 1-44 MOS 管开关电路

a) NMOS 开关电路　b) PMOS 开关电路

不管是 NMOS 还是 PMOS，导通后都有导通电阻存在，这样电流就会在这个电阻上消耗能量，这部分消耗的能量叫作导通损耗。选择导通电阻小的 MOS 管会减小导通损耗。现在的小功率 MOS 管导通电阻一般在几十毫欧，几毫欧的也有。MOS 管在导通和截止的时候，一定不是在瞬间完成的。MOS 管两端的电压有一个下降的过程，流过的电流有一个上升的过程，在这段时间内，MOS 管的损失是电压和电流的乘积，叫作开关损失。通常开关损失比导通损失大得多，而且开关频率越高，损失也越大。导通瞬间电压和电流的乘积很大，造成的损失也就很大。缩短开关时间，可以减小每次导通时的损失；降低开关频率，可以减小单位时间内的开关次数。这两种办法都可以减小开关损失。

3. 判定 MOS 管的管型、引脚与故障

如图 1-45 所示，由于生产工艺的要求，增强型 MOS 管内部会有一个附加的产物——寄生二极管，对于 MOS 管管型和引脚的判定都是从这个寄生二极管入手的。

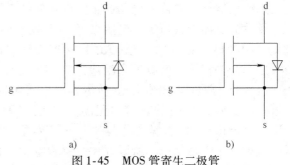

图 1-45 MOS 管寄生二极管

a) N 沟道增强型（NMOS）　b) P 沟道增强型（PMOS）

对于 MOS 管管型、引脚与故障的判断，可以使用万用表二极管档或欧姆档，或感应试电笔进行测量。

（1）万用表法

1）确定栅极。

使用万用表二极管档进行测量，每一次测试之前都要用手指同时触摸 3 个引脚以放电，共有 6 次测试结果，只有一次结果能显示二极管结压降。对于这次测试，没有被接触的引脚为栅极。

2）确定管型、源极和漏极。

对能显示二极管结压降的一次结果，交换红色和黑色表笔，接触引脚后应显示断路。

这时黑色表笔不动，用红色表笔先接触栅极，然后再接触原先的引脚，如果显示导通，则说明管型为 NMOS，黑色表笔接触点为源极，红色表笔接触点为漏极。如果仍显示断路，则做下一组实验。

红色表笔不动，用黑色表笔先接触栅极，然后再接触原先的引脚，如果显示导通，则说明管型为 PMOS，红色表笔接触点为源极，黑色表笔接触点为漏极。

与此类似，也可以使用数字万用表的欧姆档判别管型与引脚。

总结：如果能够有效触发栅极的是红色表笔，则管型为 NMOS，如果是黑色表笔，则管型为 PMOS；能够有效触发栅极（无论是红色表笔还是黑色表笔）的均来自于漏极。

（2）试电笔法

1）确定栅极。

用手按住表笔直接检测点，用表笔接触器件任意引脚，用手指触摸器件另一引脚，每一次测试之前都要用手指同时触摸 3 个引脚以放电，共有 6 组测试结果，只有一个结果背光灯亮。对于这组测试，没有被接触的引脚为栅极。

2）确定管型、源极和漏极。

对背光灯亮的一组结果，交换手指和表笔接触的引脚，背景灯应该熄灭。这时表笔不动，用手指先接触栅极，然后用手指接触原先的引脚。如果背光灯亮，则说明管型为 NMOS，表笔接触点为源极，手指接触点为漏极。如果背光灯不亮，则做下一组实验。

手指不动，用表笔先接触栅极，然后用表笔接触原先的引脚，如果背光灯亮，则说明管型为 PMOS，手指接触点为源极，表笔接触点为漏极。

总结：能够有效触发栅极的如果是手指，则管型为 NMOS，如果是表笔，则管型为 PMOS；能够有效触发栅极（无论是手指还是表笔）的均来自于漏极。

（3）快速判断法

根据经验，常用的 MOS 管栅极、漏极和源极 3 个引脚是固定顺序的。如图 1-46 所示，不管是 NMOS 还是 PMOS，把芯片放正从左到右分别为栅极、漏极和源极，并且散热片与漏极是通路。在这种基础上可以进行快速判断。用手指同时摸 3 个引脚以放电，使用表笔接触散热片，用手指接触最右边的源极，如果背景灯亮，则为 NMOS；用手指同时触摸 3 个引脚以放电，手指按住散热片，用表笔接触最右边的源极，如果背景灯亮，则为 PMOS。

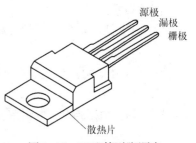

图 1-46 MOS 管引脚顺序

与此类似，也可以使用数字万用表的二极管测试档或欧姆档判别各电极与管型。

（4）MOS 管故障判断

MOS 管漏极和源极短路，不一定是此 MOS 管有问题，MOS 管击穿一般都是栅极对其他两极短路。MOS 管最好取下来测量比较准确，在线测量一般难以测出，只有在短路时测出的阻值可做参考。有些大功率 MOS 管不好取下，可单独把栅极和源极与电路板脱焊开进行测试。

问题

1. 晶体管是_____极型晶体管，场效应晶体管是_____极型晶体管。
2. 晶体管属于_____控制型器件，场效应晶体管属于_____控制型器件。
3. 怎样证明晶体管属于双极型晶体管，而场效应晶体管属于单极型晶体管？
4. MOS 管和晶体管相比，有更_____输入阻抗和更_____导通电阻。

5. 通常提到 NMOS 是指_____ MOS 管，PMOS 是指_____ MOS 管。
6. 表述 MOS 管开关电路的开启条件。

1.2 导线

1.2.1 导线截面选取

1. 导线截面的决定因素

导线截面由三个要素共同确定：安全性、经济性和电压降，安全性和经济性是针对导线本身的要素，电压降是针对负载本身的要素。其中最好理解的就是经济性，在合理范围内选取较细的导线可以降低成本。

安全性是指导线在带载情况下由于自身过热而引起火灾等不安全因素，因此必须将导线加粗到一个适度的截面积以降低导线电阻。但由于经济性考虑，导线的选取又不可过粗。电压降是指导线在带载情况下由于自身电阻产生的电压降过高而导致负载工作电压过低，甚至无法正常工作。因此必须将导线加粗到一个适度的截面积以降低导线电阻，从而降低导线电压降，确保负载工作在正常的电压范围内。

大家可能会听到一种似是而非的说法："导线截面的选取只和电流相关，与其他因素无关。"这种结论并不正确，不但要根据电流选定导线的最小截面以确保导线安全，还要考虑到实际需要的导线长度，如果长度过大则需要进一步增大导线截面以确保合理的线上压降。

问题

1. 决定导线截面的三要素：_____、_____、_____。其中_____、_____是针对导线本身的要素，_____是针对负载本身的要素。
2. 证明工作电压与导线线径成反比。

参考答案：

1) 对于额定功率固定的负载，额定电压越高，电流越小。

$$P_{负载} = U_{负载}I \rightarrow U_{负载}\uparrow \rightarrow I\downarrow$$

2) 单位长度的导线能承受的线上功率为固定值，流经的电流越小，则线上电阻可以越大。

$$P_{导线} = I^2 R_{导线} \rightarrow I\downarrow \rightarrow R_{导线}\uparrow$$

3) 根据电阻定律，电阻率 ρ 及长度 L 不变时，电阻越大，导线截面越小。

$$R_{导线} = \rho L/S \rightarrow R_{导线}\uparrow \rightarrow S\downarrow$$

因此，工作电压与导线线径成反比。

3. 为什么 24V 电源汽车比 12V 电源汽车线束成本低？

参考答案：

因为工作电压与导线线径成反比，电压越高，线束的导线就越细。

4. 同样功率的白炽灯，汽车用白炽灯和家用白炽灯哪个灯丝会更细？

参考答案：

1) 对于额定功率固定的负载，额定电压越高，电阻越大，家用 220V 高于汽车 12V 电压。

$$P_{灯丝} = U_{灯丝}^2/R_{灯丝} \rightarrow U_{灯丝}\uparrow \rightarrow R_{灯丝}\uparrow$$

2) 根据电阻定律，电阻率 ρ 及长度 L 不变时，电阻越大，导线截面越小。

$$R_{灯丝} = \rho L/S \rightarrow R_{灯丝}\uparrow \rightarrow S\downarrow$$

因此，家用白炽灯丝会更细。

2. 导线载流量计算口诀

导线载流量口诀属于确定导线截面三要素中的第一个要素，即可以确保导线的热安全性。导线的载流量与导线的截面有关，也与导线的材料（铝或铜）、型号（绝缘线或裸线等）、敷设方法（明敷或穿管等）以及环境温度等有关，影响的因素较多，计算也较复杂。各种导线的载流量（安全电流）通常可以从手册中查找。但利用口诀再配合一些简单的心算，便可直接算出，不必查表。

口诀：

10下五，100上二。25、35，四三界。70、95，两倍半。穿管温度八九折。裸线加一半，铜线升级算。

口诀是以铝芯绝缘线，明敷在环境温度25℃的条件为准。若条件不同，口诀另有说明。绝缘线包括各种型号的橡皮绝缘线或塑料绝缘线。如图1-47所示，口诀对各种截面的载流量是用截面乘上一定的倍数来表示，即 $I = S \times n$。图中下面一排的数字序列（1、1.5、2.5、4、6、10、16、25、35、50、70、95、120、150、185、…）为导线截面积 S 的排列。图中上面一排的数字序列（×5、×4、×3、×2.5、×2）为倍数 n，铝芯绝缘线载流量 I 可以按截面数的多少倍来计算。口诀中的"10下五"是指截面积从10以下，载流量都是截面积的五倍。"100上二"（读百上二），是指截面积100以上，载流量都是截面积的两倍。截面积25与35是四倍和三倍的分界处，这就是"口诀25、35四三界"。而截面积70、95则为2.5倍。从上面的排列，可以看出：除10以下及100以上之外，中间的导线截面是每两种规格属同一倍数。下面以明敷铝芯绝缘线，环境温度为25℃，举例说明：

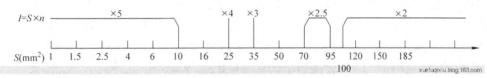

图 1-47 导线载流量计算口诀

例1：6mm² 的，按 10 下五，算得载流量为 30A。

例2：150mm² 的，按 100 上二，算得载流量为 300A。

例3：70mm² 的，按 70、95 两倍半，算得载流量为 175A。

从这以下，口诀便是对条件改变的处理。"穿管温度八九折"，是指若是穿管敷设按前面计算后，再打八折（×0.8），若环境温度超过25℃，应按前面计算后，再打九折（×0.9）。关于环境温度，按规定是指某些高温车间或较热地区超过25℃较多时才打折扣的。还有一种情况是两种条件都改变（穿管又温度较高），则按前面计算后打八折，再打九折。

例4：（铝芯绝缘线）10mm² 的，穿管（八折）40A（10×5×0.8=40），高温（九折）45A（10×5×0.9=45A），穿管又高温（先打八折，再打九折）35A（10×5×0.7=35）。

对于裸铝线的载流量，口诀指出，"裸线加一半"，即按前面计算后再加一半（×1.5）。这是指同样截面的铝芯绝缘线与铝裸线比较，载流量可加大一半。

例5：16mm² 的裸铝线，96A（16×4×1.5=96）。

对于铜导线的载流量，口诀指出，"铜线升级算"。即将铜导线的截面按截面积排列顺序提升一级，再按相应的铝线条件计算。

例6：35mm² 的裸铜线25℃，升级为50mm²，再按50mm² 裸铝线，25℃计算为225A（50×3×1.5）。

例7：起动工况要求汽车电瓶线载流量达到120A，需要选择35mm² 铜绝缘线。（50×2.5=125A，因为铜线升计算，所以降一级为35mm²。）

汽车导线处于振动状态，为了增加强度，往往导线的截面积比实际电流需要的更大，可以通过查询表1-3,确定汽车用各种低压导线标称截面积所允许电流值。

表1-3 汽车用各种低压导线标称截面积所允许电流值

导线标称截面积/mm²	0.5	0.8	1.0	1.5	2.5	3.0	4.0	6.0	10	13
允许电流值/A	—	—	11	14	20	22	25	35	50	60

问题

1. 导线载流量口诀属于确定导线截面三要素中的_____要素。
2. 计算50mm²即穿管又高温的裸铜导线载流量。

参考答案:

1) 因为"铜线升级算",所以按70mm²铝线计算。$I = S \times n = 70 \times 2.5\text{A} = 175\text{A}$。
2) 因为"穿管温度八九折",所以 $I = 175 \times 0.8 \times 0.9\text{A} = 126\text{A}$。
3) 因为"裸线加一半",所以 $I = 126 \times 1.5\text{A} = 189\text{A}$。

3. 为既穿管又高温的裸铜导线确定截面积,要求载流量为290A。

参考答案:

1) 假定铝线的截面S已选定,因为"穿管温度八九折""裸线加一半",所以

$$I = S \times n \times 0.8 \times 0.9 \times 1.5\text{A} > 290\text{A}$$
$$即 I = S \times n\text{A} > 269\text{A}$$

2) 载流量属于"100上二"的范畴,因为120mm²铝线载流量为240A,150mm²铝线载流量为300A,所以选取150mm²铝线。
3) 因为"铜线升级算",所以降一级后选取120mm²铜线。

验证:

1) 因为"铜线升级算",所以按150mm²铝线计算。$I = S \times n = 150 \times 2\text{A} = 300\text{A}$。
2) 因为"穿管温度八九折",所以 $I = 300 \times 0.8 \times 0.9 = 216\text{A}$。
3) 因为"裸线加一半",所以 $I = 216 \times 1.5\text{A} = 324\text{A}$。
4) 因为324A大于290A载流量,所以结论正确。

3. 导线的电压降

电压降是确定导线截面的第3个要素。市电的电压波动按照国标应在±10%的范围内,绝大多数家电的工作电压都满足这个范围要求,汽车电器也是如此。当导线经过载流量的计算选定截面之后,能够确保输电过程中导线的热安全性。同时还要考虑到导线的电压降,以便使负载工作在合理的电压范围内。根据电阻定律,$R_{导线} = \rho L/S$,可以通过三个有效途径降低线上阻抗,即缩短导线长度L,增加导线截面S,选取电阻率ρ更低的导线。

当导线电阻率ρ固定时,导线截面S的选取会有两种不同的情况。

1) 改变设备到电源之间的距离。

将用电设备从一个地方移到了另一个地方,而电源的位置不变,就需要考虑电压降的因素。如果这个设备在转移之前能够正常工作,问题将变得简便,应按照"长一倍粗一倍,短一倍细一倍"的原则实施。即如果将设备放置更远处,则导线长度增加几倍,导线截面积选取应同样增加几倍;如果将设备放置更近处,则导线长度缩短几倍,导线截面积选取可以同样缩小几倍。

因为在转移之前设备能够正常工作,说明设备的工作电压在正常的范围内,即导线的线上电阻产生的电压降在合理范围内,为了不改变导线的电阻,根据电阻定律$R_{导线} = \rho L/S$,导线长度L和导线截面S等比例变化,则线上阻抗不变。

2) 根据导线长度计算导线截面。

"长一倍粗一倍,短一倍细一倍"的原则虽然简单易行,但无法解决工程的设计问题,当安装一台新的设备,应对导线截面积进行计算。现在的家电都是宽电压设计,如变频空调可以在

160～250V之间正常可靠工作。

在这个知识点中应熟悉铜和铝的电阻率：$\rho_{铜} = 1.8 \times 10^{-8} \Omega \cdot m$；$\rho_{铝} = 2.9 \times 10^{-8} \Omega \cdot m$

例8：计算5匹的变频空调选用铜导线的截面积，变频空调额定电压220V，正常范围160～250V，市电电压范围±10%，空调主机距离电源200m。

参考答案：

1）因为1匹=1马力=735W，所以5匹=3675W。

2）因为$I = P_{负载}/U$，应选取正常工作的最低电压$U = 160V$，所以$I = 3675W/160V = 22.97A$。

3）导线的最大电压降$U_{导线} = (220 \times 90\% - 160)V = 38V$。

4）导线的最大电阻$R_{导线} = U_{导线}/I = 38/22.97\Omega = 1.65\Omega$。

5）导线的最小截面$S = \rho_{铜}L/R_{导线} = 0.018 \times 400/1.65 mm^2 = 4.36 mm^2$。

所以选择6mm²铜线。

考虑安全载流量，因为"铜线升级算"，所以按10mm²铝线计算。$I = S \times n = 10 \times 5A = 50A > 22.97A$，所以选择6mm²铜线是安全可靠的。

当确定了导线的截面，可以根据$U_{导线}/I = R_{导线} = \rho L/S$得出铜线和铝线长度的快速计算公式：

$$铜导线最长为：L = 54 U_{导线} S/I$$

$$铝导线最长为：L = 34 U_{导线} S/I$$

例9：5匹的变频空调选用6mm²铜线，变频空调额定电压220V，正常范围160～250V，市电电压范围±10%，计算空调主机距离电源能够达到的最长距离。

参考答案：

1）因为1匹=1马力=735W，所以5匹=3675W。

2）因为$I = P_{负载}/U$，应选取正常工作的最低电压$U = 160V$，所以$I = 3675W/160V = 22.97A$。

3）导线的最大电压降$U_{导线} = (220 \times 90\% - 160)V = 38V$。

4）导线的最长距离$L = 54 \times U_{导线} \times S/I = 54 \times 38 \times 6/22.97 m = 536m$。

5）空调主机距离电源能够达到的最长距离位536/2m = 268m。

问题

1. 改变设备到电源之间的距离，应按照"长一倍_____，短一倍_____"的原则实施。

2. 某电器功率9kW，工作电压不可低于190V。

1）需要多粗的绝缘铜线？

2）双芯绝缘铜线最长长度为多少？

3）需要多粗的双芯绝缘铜线才能满足200m供电距离？

参考答案：

1）最大工作电流$I = P_{负载}/U_{负载} = 9kW/190V = 47.4A$。

选择10mm²铝线或选择6 mm²铜线，载流量为$10 \times 5 = 50A > 47.4A$。

因此选择截面积为6 mm²铜绝缘线。

2）铜导线最长为：$L = 54 \times U_{导线} \times S/I = 54 \times 30 \times 6/47.4 m = 205m$。

双芯绝缘铜线最长长度为205/2 = 103m。

3）导线长度（火线和零线总长）增加了$200 \times 2/205 = 1.95$倍。

截面积应增加1.95倍，为$6 \times 1.95 mm^2 = 11.7 mm^2$，因此选择16mm²双芯绝缘铜线。

1.2.2 导线颜色

1. 根据缩写识别导线颜色

表1-4为不同车系的汽车用低压导线的颜色与代号列表。

表1-4 汽车用低压导线的颜色与代号

线色	常用缩写	中文	线色	常用缩写	中文
Black	BLK/BK/SW/B	黑色	Green	GRN/GN/G	绿色
White	WHT/WT/WS/W	白色	Dark Green	DK GRN/DG	深绿
Tan	TAN/T	褐色	Light Green	LT GRN/LG	浅绿
Brown	BRN/BR	棕色	Red	RED/RD/RO/R/RT	红色
Gray	GRY/GY/GR	灰色	Orange	ORN/ORG/OR/O	橙色
Clear	CLR/CL	透明	Pink	PNK/PK/RS/P	粉红
Blue	BLU/BL/BU/BL/L	蓝色	Purple	PUR/PPL/PP/PU/LI/V	紫色
Dark Blue	DK BLU	深蓝	Violet	VIO/V	粉紫
Light Blue	LT BLU	浅蓝	Yellow	YEL/YL/GE/Y	黄色

2. 导线截面与颜色符号标识

截面（mm²） + 主色/辅色

根据国家机械行业标准 JB/T 8139—1999，公路车辆用低压电缆（电线）材料为普通聚氯乙烯绝缘低压电缆，工作温度为 -40~80℃。对于不同截面积的线缆，如表1-5所示，其导体结构（单股导线的根数和直径）、标称绝缘厚度和电线最大外径有规定。

主色是指覆盖整个表面或电线表面的大部分的颜色。辅色是指由纵向条表示的，并以显著低于主色的比例覆盖表面的颜色。辅色的实施应将辅色以两个相对的纵条形式实施，但是如果电缆的横截面积小于 0.5mm²，允许只采用一个纵条。关于纵向色条的尺寸，如果电线带有两个色条，那么每个色条应覆盖至少是表面的7%，并且两个色条总和应覆盖最大是表面的35%。如果电线带一个色条，那么色条应覆盖至少为表面的10%，最大为表面的35%。

表1-5 汽车导线结构表

标称截面积 /mm²	导体结构 根数/直径/mm	标称绝缘厚度 /mm	电线最大外径/mm
0.2	12/0.15	0.3	1.3
0.3	16/0.15	0.3	1.4
0.4	23/0.15	0.3	1.6
0.5	16/0.20	0.6	2.4
0.75	24/0.20	0.6	2.6
1.0	32/0.20	0.6	2.8
1.5	30/0.25	0.6	3.1
2.5	49/0.25	0.7	3.7
4.0	56/0.30	0.8	4.5
6.0	84/0.30	0.8	5.1
10.0	84/0.40	1.0	6.7
16.0	126/0.40	1.0	8.5
25.0	196/0.40	1.3	10.6
35.0	276/0.40	1.3	11.8
50.0	396/0.40	1.5	13.7
70.0	360/0.50	1.6	15.7
95.0	475/0.50	1.6	18.2

问题

1. 对于截面为 0.5 mm² 颜色为棕色的导线，标识符号是什么？

参考答案：0.5br。

2. 标识符号为 1.0br/ws 的导线代表的含义是什么？

参考答案：
截面为 1.0 mm² 主色为棕色辅色为白色的导线（棕底白条）。

1.2.3 导线绞合连接

1. 单股导线绞合连接

1) 单股铜导线的直接连接。

小截面单股铜导线连接方法如图1-48所示，先将两导线的芯线线头作X形交叉，再将它们相互缠绕2~3圈后扳直两线头，然后将每个线头在另一芯线上紧贴密绕5~6圈后剪去多余线头即可。

大截面单股铜导线连接方法如图1-49所示，先在两导线的芯线重叠处填入一根相同直径的芯线，再用一根截面约 1.5mm² 的裸铜线在其上紧密缠绕，缠绕长度为导线直径的10倍左右，然后将被连接导线的芯线线头分别折回，再将两端的缠绕裸铜线继续缠绕5~6圈后剪去多余线头即可。

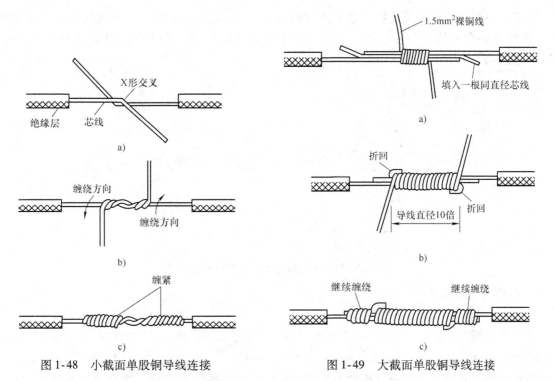

图1-48 小截面单股铜导线连接　　　　图1-49 大截面单股铜导线连接

不同截面单股铜导线连接方法如图1-50所示，先将细导线的芯线在粗导线的芯线上紧密缠绕5~6圈，然后将粗导线芯线的线头折回紧压在缠绕层上，再用细导线芯线在其上继续缠绕3~4圈后剪去多余线头即可。

2）单股铜导线的分支连接。

单股铜导线的T字分支连接如图1-51所示，将支路芯线的线头紧密缠绕在干路芯线上5~8圈后剪去多余线头即可。对于较小截面的芯线，可先将支路芯线的线头在干路芯线上打一个环绕结，再紧密缠绕5~8圈后剪去多余线头即可。

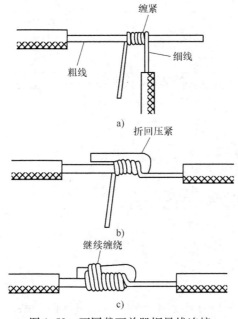
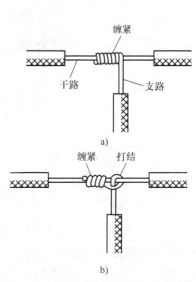

图1-50 不同截面单股铜导线连接　　　　图1-51 单股铜导线的T字分支连接

单股铜导线的十字分支连接如图1-52所示,将上下支路芯线的线头紧密缠绕在干路芯线上5~8圈后剪去多余线头即可。可以将上下支路芯线的线头向一个方向缠绕,如图1-52a所示,也可以向左右两个方向缠绕,如图1-52b所示。

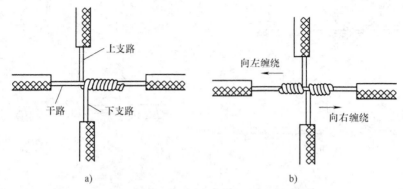

图1-52 单股铜导线的十字分支连接

2. 多股导线绞合连接

1)多股铜导线的直接连接。

多股铜导线的直接连接如图1-53所示,首先将剥去绝缘层的多股芯线拉直,将其靠近绝缘层的约1/3芯线绞合拧紧,而将其余2/3芯线成伞状散开,另一根需连接的导线芯线也如此处理。接着将两伞状芯线相对着互相插入后捏平芯线,然后将每一边的芯线线头分作3组,先将某一边的第1组线头翘起并紧密缠绕在芯线上,再将第2组线头翘起并紧密缠绕在芯线上,最后将第3组线头翘起并紧密缠绕在芯线上。以同样方法缠绕另一边的线头。

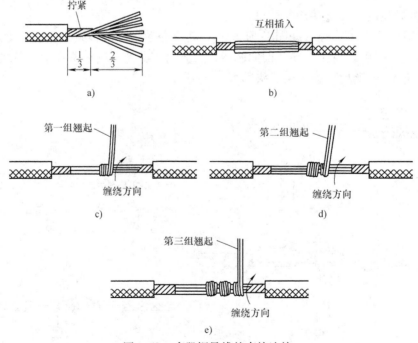

图1-53 多股铜导线的直接连接

2)多股铜导线的分支连接。

多股铜导线的T字分支连接有两种方法,一种方法如1-54所示,将支路芯线90°折弯后与干路芯线并行,如图1-54a所示,然后将线头折回并紧密缠绕在芯线上即可,如图1-54b所示。

另一种方法如图 1-55 所示,将支路芯线靠近绝缘层的约 1/8 芯线绞合拧紧,其余 7/8 芯线分为两组,一组插入干路芯线当中,另一组放在干路芯线前面,并朝右边按图 1-55b 所示方向缠绕 4～5 圈。再将插入干路芯线当中的那一组朝左边按图 1-55c 所示方向缠绕 4～5 圈,连接好的导线如图 1-55d 所示。

3. 单股与多股导线绞合连接

单股铜导线与多股铜导线的连接方法如图 1-56 所示,先将多股导线的芯线绞合拧紧成单股状,再将其紧密缠绕在单股导线的芯线上 5～8 圈,最后将单股芯线线头折回并压紧在缠绕部位即可。

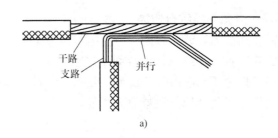
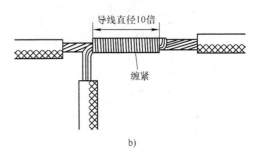

图 1-54 多股铜导线的分支连接

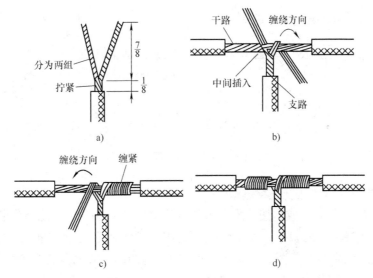

图 1-55 多股导线的分支连接

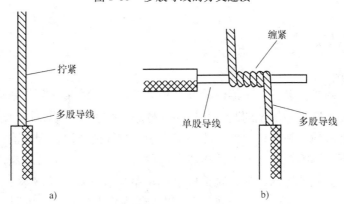

图 1-56 单股与多股导线绞合连接

4. 同一方向导线绞合连接

当需要连接的导线来自同一方向时，可以采用图1-57所示的方法。对于单股导线，可将一根导线的芯线紧密缠绕在其他导线的芯线上，再将其他芯线的线头折回压紧即可。对于多股导线，可将两根导线的芯线互相交叉，然后绞合拧紧即可。对于单股导线与多股导线的连接，可将多股导线的芯线紧密缠绕在单股导线的芯线上，再将单股芯线的线头折回压紧即可。

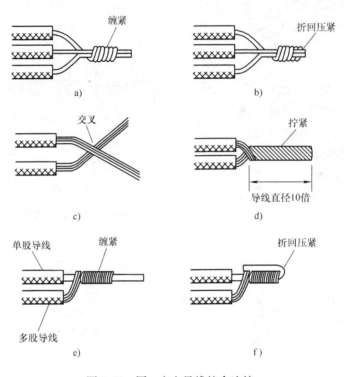

图1-57　同一方向导线绞合连接

5. 双芯或多芯电线电缆绞合连接

双芯护套线、三芯护套线或电缆、多芯电缆在连接时，应注意尽可能将各芯线的连接点互相错开位置，可以更好地防止线间漏电或短路。如图1-58a所示为双芯护套线的连接情况，图1-58b所示为三芯护套线的连接情况，如图1-58c所示为四芯电力电缆的连接情况。

铝导线虽然也可采用绞合连接，但铝芯线的表面极易氧化，日久将造成线路故障，因此铝导线通常采用紧压连接。

1.2.4　导线排除故障

1. 线路故障根源

汽车电路故障有两种可能，一是器件故障（件坏），二是线路故障（线坏）。本书只讨论线坏，即对于不同单元电路可能出现的断路和短路故障进行检测与维修，同时也包括可分解器件内部出现的断路和短路故障。那么对于件坏的判定则采取推知的方法，即在确认器件外部不存在任何线路故障的前提下，则推测判定该器件损坏。这种由表及里的检测方式属于电器分析领域，要求对检测工具的运用做到熟练而精准，属于传统汽车维修技能。线路故障又分为：断路和短路。"通路""开路"代表正常无故障，"断路""短路"代表异常有故障。依照丰田标准，可以定量的以1Ω作为断路检查的标准，以10kΩ作为短路检查的标准。也就是导通电阻小于1Ω，则说明

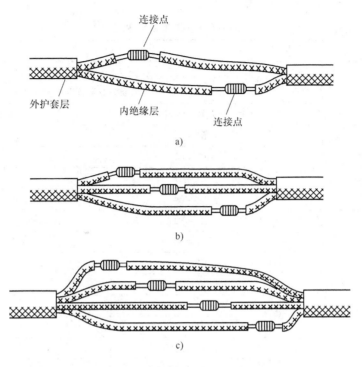

图 1-58 双芯或多芯电线电缆绞合连接

通路,反之则断路。隔离电阻大于 10kΩ,则说明开路,反之则短路。

如图 1-59 所示,断路测试对象为某一根导线,当导通电阻小于 1Ω,该根导线就是通路,反之该根导线就有断路故障;短路测试对象为相邻近的两根导线,当导线之间的隔离电阻大于 10kΩ,这两根导线就是开路绝缘的,反之这两根导线就有短路故障。

图 1-59 线路故障根源

问题

1. 有些同学会产生一个疑问,当电阻小于 1Ω 是"通路",当电阻大于 10kΩ 是"开路",那么如果电阻大于 1Ω 而又小于 10kΩ,到底应该算是"断路"还是"短路"呢?

参考答案:

其实这个问题本身就是一个错误,因为断路故障属于断路测试范畴,研究对象是某一根导线的导通性能;而短路故障属于短路测试范畴,研究对象是某两根导线(或是某根导线与车身搭铁)之间的隔离性能。对此类问题应反问,"你是想测一根线的导通还是两根线的隔离?"

2. 根据图 1-60 所示电路,检查线路故障,设计线路测试作业表(如表 1-6 所示)

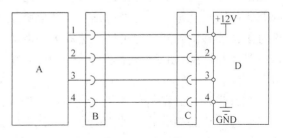

图 1-60 局部电路原理图

参考答案:

表1-6 线路测试作业表

	1	断电	
欧姆档导线故障排除法	2	分离插头 A 和插座 B 分离插头 D 和插座 C	
	3	断路检查	欧姆档测试	实测值
			B1 – C1	
			B2 – C2	
			B3 – C3	
			B4 – C4	
	4	短路检查	B1 – B2	
			B1 – B3	
			B1 – B4	
			B2 – B3	
			B2 – B4	
			B3 – B4	
			B1 – 搭铁	
			B2 – 搭铁	
			B3 – 搭铁	
			B4 – 搭铁	

3. 汽车电路故障包括_____和_____。
4. 线路故障包括_____和_____。
5. 以_____Ω 作为断路检查的标准,以_____Ω 作为短路检查的标准。也就是导通电阻小于1Ω,则说明_____,反之则_____。隔离电阻大于10kΩ,则说明_____,反之则_____。

2. 线路测试的四种典型方法

线路测试的四种典型方法包括"试笔法""电压法""通断法""欧姆法"。

一些错误的观点认为用万用表的导通测试,只要是听到了蜂鸣器的响声就说明线路通了。由于万用表的导通测试一般电阻小于15Ω 都会响,而丰田标准只有小于1Ω 才是通路,1～15Ω 则为断路。还有观点认为,不是有双向七彩试电笔吗?能测火信号,也能测铁信号,上电测一下不就知道通断了吗?问题还是这样,通过表笔的发光二极管指示,只能判断断路故障,而无法证明导线无故障。这是因为有些火信号虽然能够检测到,但可能是驱动力很弱的火(虚火),有些铁信号虽然能够检测到,但可能是驱动力很弱的铁(虚铁),无论是用万用表测电压或是用七彩灯试电笔还是用感应试电笔都无法识别虚与实。为了避免此类问题出现,可以采用带载测试的方法。

注:带载测试就是负载和导线的接插件保持连接,通过大头针将测试点引出。

经过对线路测试的四种典型方法的比对,如表1-7所示,可以发现双向七彩试电笔的方法最为便捷,可以不用摘掉电瓶导线进行带电测试。可以灵活的测试火信号(对＋5V 电压也有作用,只不过发光较暗)、铁信号和脉冲信号,因此在维修作业中发挥了重要的作用。但是这种方法的局限性是无法测试短路故障,也无法确定某根导线无故障,唯一能确认的就是某根导线存在断路故障。

表1-7 四种测试法比较

	测试方法	测试条件	测试目的	测试结果	分析	结论	注	特点
1	试笔法	上电	断路检查	亮	有信号	无法确定		最快，只能判定断路故障
				灭	无信号	断路故障	★	
			短路检查	无法测试				
2	电压法	上电、带载	断路检查	线上有压降	超出正常压降	断路故障	★	较快，只能判定通路和断路故障
				线上无压降	小于正常压降	通路	★	
			短路检查	无法测试				
3	通断法	断电、卸载	断路检查	蜂鸣器响	<15Ω	无法确定		较慢，只能判定短路故障和断路故障
				蜂鸣器不响	>15Ω	断路故障	★	
			短路检查	蜂鸣器响	<15Ω	短路故障	★	
				蜂鸣器不响	>15Ω	无法确定		
4	欧姆法	断电、卸载	短路检查	<1Ω		通路	★	最慢，结论最全面
				>1Ω		断路故障	★	
			短路检查	>10kΩ		开路	★	
				<10kΩ		短路故障	★	

电压法也是一种较为简便的导线测试方法，因为测试过程须在上电与带载的条件下完成，所以测试速度会较快。该方法可完成断路检查的测试，根据压降的大小判定断路故障和通路。电压法的局限性是无法进行短路检查。

案例：

一辆桑塔纳2000轿车左前电动车窗上升缓慢且无力，如图1-61a所示，左前玻璃上升过程中测得车窗电动机的工作电压仅为8.1V，应用电压法发现火从E52的第4脚进入电位为11.7V，火从E52的第2脚出来电位仅为8.3V，产生的3.4V压降超过了普通开关的正常压降。E52为翘板式按键开关，属于双刀三掷开关。如图1-61b所示，E52安装在集中控制开关中，将E52进行拆解，如图1-61c所示，发现第4脚触点积炭。清除后，安装再试，电动机工作电压上升至11.5V，且车窗上升快速有力。

用万用表通断档测试导线故障，特别适合测量点较多、目的性并不十分明确的快速扫描式的检测，如保险总成；也适合于研究较为复杂的组合开关；还适合于对某根线迹的找寻。但要注意的是断电测量，因为如果被测对象本身带电，即便开路，万用表蜂鸣器也有可能响，造成误判断或损坏万用表。但测试过程须在断电与卸载的条件下完成，速度较慢。从功能上说尽管该法比七彩试笔慢，但可以对短路故障进行判断，这是七彩试笔无法做到的。

对比四种方法，万用表欧姆档属于四星级测试法，尽管测试速度最慢，但可以对于导线的四种状态，包括两种正常状态"通路"和"开路"，与两种故障状态"断路故障"和"短路故障"作出明确判断。

应用万用表欧姆档测试导线，应注意以下3方面问题：

1) 断电测试，至于断电的方法是摘掉蓄电池线的负极，还是仅仅关上点火开关，只要能够确认测试对象肯定不会带电就行，否则测试结果会不准确，如果测试电压过高还可能损毁万用表。

2) 了解万用表，电池是否电量充足，在断路测试的时候要将测试结果减去测试线的自身阻值作为最终结果。测试线的自身阻值得到方法是将两只表笔短路后的测试值。

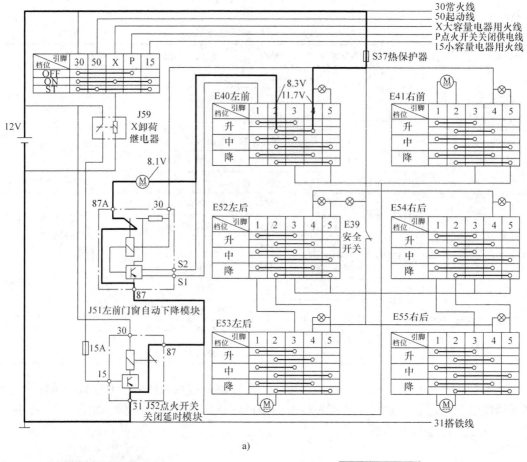

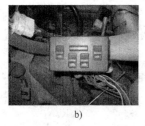

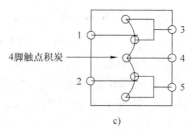

图 1-61 桑塔纳 2000 开关电路

a）局部原理图 b）集中控制开关 c）E52 翘板式按键开关，属于双刀三掷开关

3）对于时有时无的线路故障，很多与"虚接"相关，面对这种问题，首先应尽量保护现场，不要把毛病弄丢，进行逐步排除，把问题的包围圈缩小到最后几根导线的时候，应该不断地抖动导线，看测试值是否有变化。如图 1-62 所示，丰田标准中的"条件"栏目里出现了"始终"的字眼，目的就是排除虚接的可能。

标准电阻(断路检查)		
检测仪连接	条件	规定状态
B22-1-B31-75(OE1+)	始终	小于1Ω
B22-2-B31-97(OE1-)	始终	小于1Ω

标准电阻(短路检查)		
检测仪连接	条件	规定状态
B22-1或B31-75(OE1+)-车身搭铁	始终	10kΩ或更大
B22-2或B31-97(OE1-)-车身搭铁	始终	10kΩ或更大

图 1-62 丰田线路测试条件

问题

1. 线路测试的四种典型方法包括_____、_____、_____、_____。
2. 线路测试的四种典型方法每一种都能对_____进行判断。（　　）
   A. 断路　　　B. 短路　　　C. 通路　　　D. 开路
3. 线路测试的四种典型方法中_____可以带电测量。（　　）
   A. 试笔法　　B. 电压法　　C. 通断法　　D. 欧姆法

1.3　接插件

线束（如图1-63所示）由接插件（如图1-64所示）和导线构成，汽车线束是汽车电路的网络主体，没有线束也就不存在汽车电路。线束是由铜材冲制而成的接触件端子（插接器）与电线电缆压接后，外面再塑压绝缘体或外加金属壳体等，以线束捆扎形成连接电路的组件。一部汽车上可以包含发动机控制线束、仪表线束、照明线束等若干套独立的线束。从结构上，线束包含若干根导线和若干个接插件。汽车上各种传感器、执行器、ECU均需要插头和插座的插接，因为汽车行驶中会不断地颠簸，又要经历雨、雪、高温与严寒的考验，因此汽车线束的接插件要满足防水、防脱落（锁止）、高温防软化、低温防脆裂的各项指标。

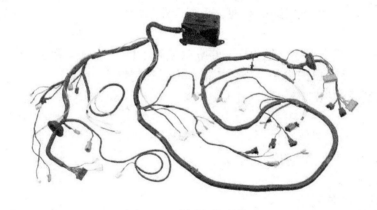

图1-63　发动机控制线束

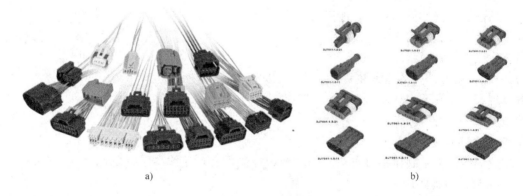

图1-64　线束接插件
a）各种带线束插头　b）各种插头、插座

1. 合理插拔接插件

在维修与检测的过程中，需要拔下各种接插件，如果没有一定的经验与手法，看似简单的拔插头却绝非易事。

1）汽车内部空间狭小，手能够活动到的范围相当有限。
2）接插件的锁止机构种类繁多，如果动作粗暴，不但无法解锁机构，反而造成插头损伤。
3）大多数接插件几年没有插拔，阻尼与卡顿现象非常严重。

因此，应在平时的维修过程中，不断积累经验，有意识地识别不同车系不同型号的各种接插件的锁止方法。对于陌生的插头要先研究后分解，动作要巧而有力，必要时可借助螺钉旋具或镊子等工具。拔插头时应先解锁而后拉扯，不应先拉扯后解锁。拉扯的力量尽量作用在外壳之上，而不是导线之上。

2. 接插件的 7 个因素

接插件构造基础模式，如图 1-65 所示，接插件包括插头和插座，插头包括插头外壳和插头端子，插座包括插座外壳和插座端子。从 7 个方面检查接插件的功能，如果这 7 个方面中任何一方面出现故障，这个接插件就会出现相关的故障，需要维修或更换。

1）触点：是接插部分（插针或插孔），实现电路的导通。

故障现象：接触不良。

检查重点：表面的洁净度和插接的紧固度。

2）抱芯：线芯压接，实现电路的导通，需用专业的压线钳子。

故障现象：接触不良。

检查重点：是否松脱或压结过紧，松脱将导致接触不良，压结过紧将导致某些线芯折断。

3）抱皮：绝缘压接，保护线芯，避免折损，增强固定作用。

故障现象：松脱导致抱芯部分受力过大。

检查重点：是否松脱。

4）端子锁：端子互锁装置（倒卡）。

故障现象：接线端子从接插件外壳中窜出。

检查重点：是否锁紧。

5）密封圈：防水密封胶圈。

故障现象：进水或端子锈蚀。

检查重点：密封胶圈有无老化、裂痕。

6）外壳锁：外壳互锁装置（倒卡）。

故障现象：插头从插座中窜出。

检查重点：是否锁紧。

7）解锁：解开外壳的互锁装置（倒卡），以分离插头和插座。

故障现象：插头无法从插座拔出。

检查重点：能否解锁。

3. 制作接线端子

利用专用压线端子制作钳（如图 1-66 所示），制作各种接线端子（如图 1-67 所示）。

4. 识别插件引脚顺序

汽车识图 4 种重要的信息之一就是器件的引脚顺序图，对不同的车系不同的接插件，引脚顺序各有不同，但也有一定的规律可循。如图 1-68 所示，在丰田标准中，对于插座，编码顺序从左上到右下；对于插头，编码顺序从右上到左下。但是对于外形特殊的接插件，引脚顺序应严格参考该车的维修手册。

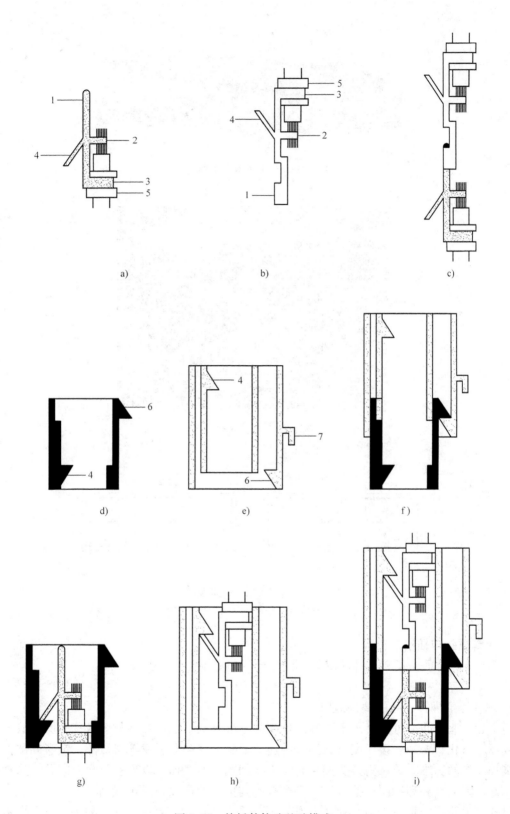

图1-65 接插件构造基础模式

a）插头端子 b）插座端子 c）插座、插头端子结合 d）插头外壳 e）插座外壳
f）插座、插头外壳结合 g）插头 h）插座 i）插座、插头结合
1—触点 2—抱芯 3—抱皮 4—端子锁 5—密封圈 6—外壳锁 7—解锁

图 1-66　专用压线端子制作钳

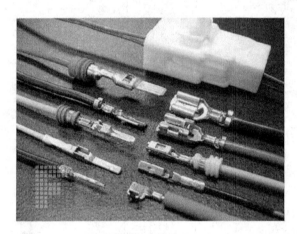

图 1-67　各种接线端子

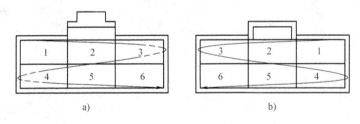

图 1-68　接插件引脚顺序
a）插座引脚顺序　b）插头引脚顺序

5. 绘制插头与插座的符号

如图 1-69 所示，正确绘制接插件的符号，包括插头符号和插座符号。

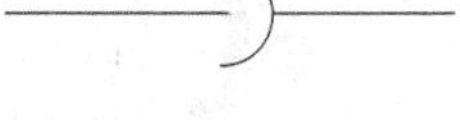

图 1-69　接插件符号

6. 解决接插件接口处的隐性故障

插头和插座之间有可能会出现连接故障，并不容易被发现，这些故障被称为隐性故障。比如插头或插座氧化、松动、接口变形、插座的连线卡子虚接都会引发连接故障，或者间歇性故障。

某种固有的思维方式认为插头插座看上去没问题，那么插上以后就不会有问题，这种固有思维很不好。因为插头和插座连接以后，完全看不到里面的情况，不可武断。

另外值得注意的是"千万别把毛病修丢！"。往往拍一下器件总成，或拉扯一下线路，或重新拔插一遍接插件，问题就解决了，但并不知道哪里坏了，可对于那些间歇性的、时有时无的问题，往往没有根本解决。所以一旦遇到这类故障，必须轻手轻脚，一段一段的排除，最后找出故障点，这才是标本兼治的维修手段，看来"保护现场"在维修过程中至关重要！

对于接口处的隐性或间歇性故障，当确实不好把握的时候，还可以采用埋灯的方式缩小故障范围。埋灯的方式是使用几个不同颜色的发光二极管串联 1kΩ 的电阻，逐一并联到电路的测试点上，把这些灯聚集在一起放到主驾驶侧，然后交付车主继续驾驶。如果故障一旦出现，用手机将灯的状态拍照下来，然后经汽车医生分析后缩小或锁定隐性故障的范围。对于复杂的电路可能需要实施多次埋灯，才能确认故障点。如果故障点存在于接插件，应从 7 个方面深入检测接插件的隐性故障。

问题

1. 接插件的 7 个因素为_____、_____、_____、_____、_____、_____、_____。
2. 线束包括_____、_____。接插件包括_____、_____。插头包括_____、_____。插座包括_____、_____。

1.4 实训

1. 采集车辆铭牌信息

1）品牌。
2）车辆识别代号（VIN）。
3）整车型号。
4）发动机型号。

2. 测量工具使用

1）对某点测火。
2）对某点测铁。
3）对某两点测通断。

3. 继电器

1）确定器件位置。
2）插拔继电器。
3）命名继电器。
4）引脚识别。
5）测试继电器。
6）测绘继电器本身控制方式。
7）测绘继电器对负载控制方式。

4. 保险

1）确定器件位置。
2）在线测试保险。
3）插拔保险。
4）识读保险额定电流。
5）独立测试保险。
6）确定火入端。

5. 组合开关

1）测绘翘板开关。

2）测绘点火开关。
3）测绘组合开关。

6. 晶体管、MOS 管
1）判断晶体管的管型、引脚和故障。
2）判断 MOS 管的管型、引脚和故障。

7. 线束
1）单股导线绞合连接。
2）多股导线绞合连接。
3）单股与多股导线绞合连接。
4）同一方向导线绞合连接。
5）双芯或多芯电线电缆绞合连接。
6）插拔接插件。
7）测绘接插件。
8）以 7 个要素检测接插件。
9）试笔法进行断路检测与短路检测。
10）电压法进行断路检测与短路检测。
11）通断法进行断路检测与短路检测。
12）欧姆法进行断路检测与短路检测。

第 2 章　汽车电器分析流程

　　汽车电路故障的维修思路有两种，一种是传统的汽车电器维修思路，另一种是现代的汽车电控维修思路。"电器"和"电控"只是概念，关键应搞清楚两种分析思路的本质区别。

　　汽车电控维修思路是现代汽车"医生"应掌握的波形检测与数据流分析技能，这种由内及外的检测方式属于电控分析领域，好比是医院的内科，对于病人（发动机或变速器故障）尽量在不开刀（分解）的情况下进行诊断。本书讨论的分析方法属于电器领域而不包括电控领域。因此对于传感器特性与波形、控制单元的软件设置、器件的校调与匹配等相关知识并不在本书中涉及。这样做的目的并非轻视电控分析手段，而是为了保持传统电器分析思路的完整性与单纯性。

　　汽车电器维修思路是从线路入手，即对于不同单元电路可能出现的断路和短路故障进行检测与维修，同时也包括对于可分解器件内部出现的断路和短路故障。对于件坏的判定则采取推知的方法，即在确认器件外部不存在任何线路故障的前提下，则推测判定该器件损坏。这种由表及里的检测方式属于电器分析领域，好比是医院的外科，要求对检测工具的运用做到熟练而精准，属于传统汽车维修技能。

　　汽车电器分析流程包括 7 个环节，如图 2-1 所示，即锁定、原理、器件、引脚、测试、线坏、件坏。对于某个电路故障，汽车维修人员经历这 7 个环节便可成功排除故障。其中，第 2）、3）、4）、6）环节均涉及汽车电路的识图，因此在真实的维修过程中，识图和检测是相互交织和渗透的，而故障点是经由不断地缩小范围而被最终确定的。

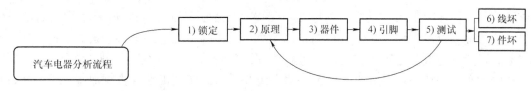

图 2-1　汽车电器分析流程

　　1）锁定。"锁定"是指对于故障范围的确定。
　　2）原理。"原理"是指根据汽车电路原理图或单元电路基础模型确定测试目标。
　　3）器件。"器件"是指根据器件位置图找到待测器件的具体位置。
　　4）引脚。"引脚"是指根据引脚顺序图或引脚顺序规律找到器件的待测引脚。
　　5）测试。"测试"是指利用 4 种测试方法对目标进行测试，根据测试结论不断缩小故障范围，最终将故障确定为某个基础单元（电源、接插件、开关、负载、导线）。
　　6）线坏。"线坏"是指修复线路的"断路"或"短路"故障。
　　7）件坏。"件坏"是指修复或更换故障器件。
　　这 7 个环节涉及许多重要的基本概念，掌握这些概念对于成功排除故障至关重要。例如：
　　4 种测试方法：通断法、试笔法、电压法和欧姆法。
　　两种测试标准：断路测试标准和短路测试标准。
　　4 种线路状态：断路、短路、开路和通路。
　　两种电压信号：火和铁。

两种电流信号：出和入。
4 种信号：火出、火入、铁出和铁入。
信号的两种逻辑关系：因和果。
两种测试内容：测火和测铁。
4 种控制方式：常铁控火、常火控铁、常火常铁和控火控铁。

问题

1. 对于汽车电路故障的维修思路有两种，一种是汽车_____维修思路，另一种是汽车_____维修思路，本书的内容属于汽车_____维修思路。
2. 汽车电器分析流程包括_____、_____、_____、_____、_____、_____、_____ 7 个环节。
3. 4 种测试方法：_____、_____、_____、_____。
4. 两种测试标准：_____、_____。
5. 4 种线路状态：_____、_____、_____、_____。
6. 两种电压信号：_____、_____。
7. 两种电流信号：_____、_____。
8. 4 种信号：_____、_____、_____、_____。
9. 信号的两种逻辑关系：_____、_____。
10. 两种测试内容：_____、_____。
11. 4 种控制方式：_____、_____、_____、_____。

2.1 确定故障范围

汽车电器分析流程中的"锁定"环节的任务是确定故障范围，确定故障范围的目的是为了从全局电路原理图过渡到局部电路原理图，以便对于具体的单元电路进行分析和解读。所以根据故障现象，迅速锁定故障范围，找到局部电路原理图的位置，是汽车电路排除故障的基础能力。举个简单的例子，假如一边是故障车辆另一边是维修手册，修理工能够根据故障现象，将维修手册打开至局部电路原理图的页面就完成了"锁定"环节。根据具体的需要，对于一个电路故障，至少需要 2~3 个层次的定位，才能有效地锁定故障范围。

确定故障范围的手段很多，可以通过直观的现象分析，比如电动车窗不工作，则可判定为车身电器的舒适系统存在故障。还可通过对故障灯的识别，或者使用解码器读取故障码。对于整车电器故障，应根据速检流程锁定故障。对于发动机不起动故障，我们总结了 7 步法，可以快速准确地锁定故障范围，有关这部分内容会在第 2.1.4 节中详细说明。

问题

汽车电器分析流程中的"锁定"环节的任务是_____。

2.1.1 第一层次划分

根据故障现象确定系统名称，根据整车电路分布图（如图 2-2 所示），整车被划分为 6 大系统，包括发动机、传动系、行驶系、制动系、转向系和车身电器。

例如，前照灯不亮，则车身电子设备存在故障；ABS 故障灯常亮，则制动系存在故障；D 位不走车，则传动系存在故障；打转向轮费力，则转向系存在故障；胎压警告灯常亮，则行驶系存在故障；缺缸抖动，则发动机存在故障。

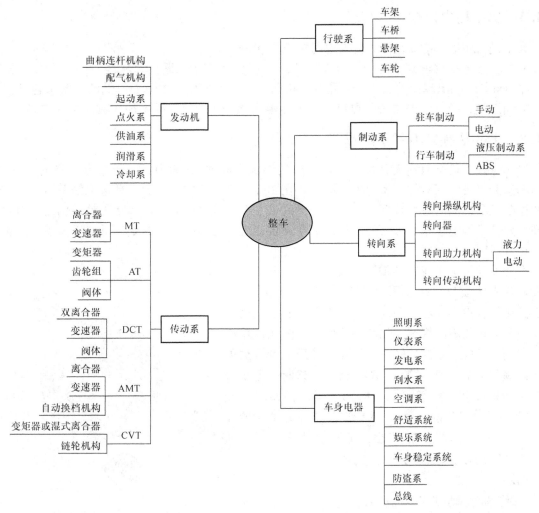

图 2-2 整车电路分布情况

问题

根据故障现象确定系统名称,整车被划分为 6 大系统,包括 _____、_____、
_____、_____、_____、_____。

2.1.2 第二层次划分

这 6 大系统仅仅是第一层次的区分,为了进一步缩小故障范围,需要进行第二层次的区分。比如发动机系统包括两大机构和 5 大系统,分别是曲柄连杆机构、配气机构、起动系、点火系、供油系、润滑系和冷却系。

例如,某故障灯常亮,根据符号(如图 2-3 所示)判断为发动机水温故障灯常亮,可以确定属于发动机冷却系故障。

图 2-3 发动机水温故障灯

问题

根据故障现象确定系统名称,发动机划分为两大机构包括_____、_____,和 5 大系统包括_____、_____、_____、_____、_____。

2.1.3 第三层次划分

为了进一步缩小故障范围，需要进行第三层次的区分。

例如，不着车故障，经过"气味法"结合"喷注法"可判断出该故障为有火无油，根据整车电路分布图（如图 2-2 所示），可看出发动机的供油系统存在故障。但供油系统又包括油压系统和喷油系统，经过"油压法"可判定有油压但无喷油，因此故障出现在喷油系统中。

2.1.4 七步法锁定不着车故障

汽车修理人员会遇到 3 种情境，在工厂的装配车间或 4S 店中，一般会有丰富的维修手册，专用的诊断工具，面对的车型为单一品牌；在二类维修企业中，一般不具备维修手册，具备通用型的诊断工具，面对各种车型；在野外救援时，一般无维修手册，无诊断工具，仍然要面对各种车型。熟练掌握七步法，可帮助修理人员在无任何维修与诊断工具的条件下，迅速锁定不着车故障，从容应对野外救援。

汽油发动机工作需要"油""火""气"三个基本要素。其中"油"包括油压、喷油；"气"包括进气、缸压、排气。汽车能够成功起动，如图 2-4 所示，这六要素是不着车故障的根源。如图 2-5 所示，依次使用声光、起动、排气、示灯、转速、气味、油压七种方法可以不依赖其他工具对不着车故障进行快速诊断。七步法是现代汽车医生"望闻问切"的综合运用，如"声光法"就是"望闻"的运用，"油压法"中感知油管的油压就是"切"的运用。需指出，七步法并非应对一切不着车故障的万能之法。

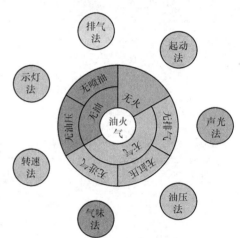

图 2-4 不着车故障根源图

问题

1. 汽油发动机三要素为 _____、_____、_____。
2. 汽油发动机不着车故障的 6 个根源为 _____、_____、_____、_____、_____。
3. 快速锁定汽油发动机不着车故障的七步法为 _____、_____、_____、_____、_____、_____、_____。

2.1.5 从全局电路原理图到局部电路原理图

汽车的电路原理图包括全局电路原理图（如图 2-6 所示）和局部电路原理图（如图 2-7 所示）。识读全局电路原理图的目的是从宏观上了解单元电路的控制方式，识读局部电路原理图的目的是从微观上掌握单元电路的所有细节。

全局电路原理图包括构成单元电路的除接插件之外的四大组成部分（电源、开关、负载、导线），对于器件的名称、引脚的名称、导线的标注都要省去，对于负载使用专用符号表示，对于组合开关可以使用档位切换图或二维图的方式，将与该单元电路有关的档位、接口引线、通断关系表示清楚。全局电路原理图具有上部为火、下部搭铁、单元电路栏目化的特点，格局清晰。但是由于纸张面积的限制，只能对每一个电路功能模块进行粗略表示。一旦锁定故障范围，应进入到局部电路原理图进行分析和解读。

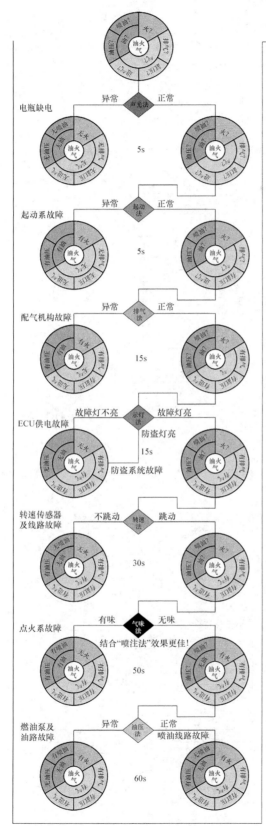

第一步

声光法

通过听扬声器的音量和看远光灯的亮度判断蓄电池故障。

第二步

起动法

通过听起动机的起动声音判断起动系统故障。

第三步

排气法

首先去掉空滤,保证进气通畅,然后起动机起动时用手掌堵住排气管道,通过感受排气对手掌的冲击力判断进排气通道是否堵塞。

第四步

示灯法

点火开关ON,通过发动机故障灯和防盗警告灯状态判断是否存在ECU供电故障或防盗系统故障。

注:ECU供电由常火、控火和常铁三类线构成。

第五步

转速法

起动起动机,通过看转速表是否有微小跳动(200r/min左右),判断是否存在转速传感器及线路故障。

注:对于某些车型需借助解码器观看起动转速。

第六步

气味法

用塑料袋套住排气管,反复起动起动机5次,通过闻塑料袋内部气体是否有浓郁的生汽油味判断是否喷油。

喷注法

起动同时向进气管道喷注化油器清洗剂,看是否能起动,判断是否存在点火系故障。

气味法是判油的快捷方法,喷注法是判火的快捷方法,二者相结合效果最佳,但如不具备化油器清洗剂,我们也可通过气味法进行推理判断。

第七步

油压法

1. 听音:点火开关ON,听汽油泵备压(初始油压)声音,两次备压间隔需置点火开关OFF 30s以上,并不是所有车型都备压过程。
2. 震动:单手伸到车底,用手掌准确拖住油箱最底部,点火开关ON,感受汽油泵工作的震动。
3. 喷射:对于有油压测试口的车型,可以用钥匙尖按压针阀,看是否有少量汽油喷出。
4. 压管:有些车型油管为橡胶管,用手指按压感受是否有油压。

图2-5 七步法流程图

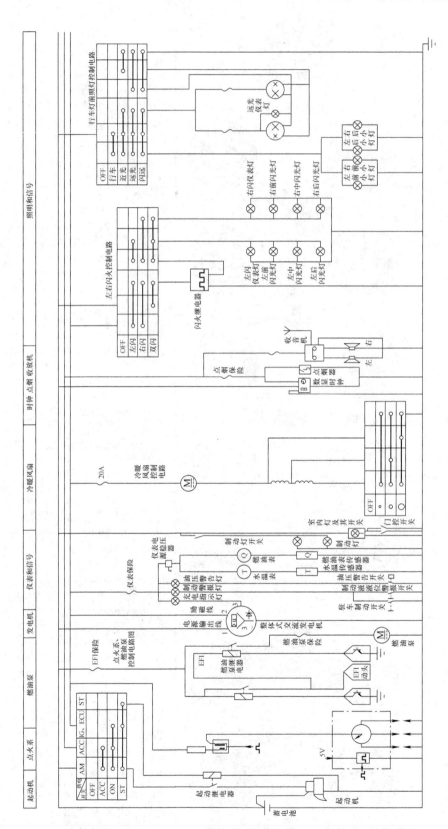

图 2-6 夏利 N3 全局电路原理图

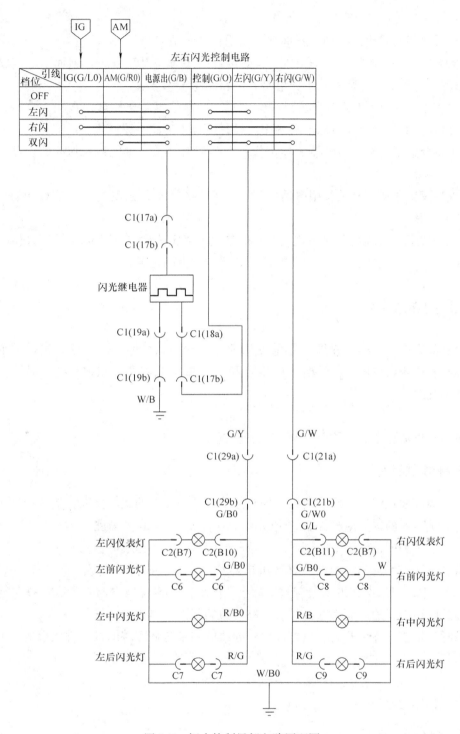

图 2-7 闪火控制局部电路原理图

局部电路原理图虽然只包含单个电路功能模块,但是具有完整详尽的信息。对于导线,标明颜色和粗细;对于接插件,区分插头和插座,标明接插件的名称和引脚的名称;对于组合开关,以二维图方式标明组合开关的名称、档位、接口引线、内部通断关系,标明继电器的名称、引脚,标明保险的名称、引脚名称、额定电流,标明晶体管的管型(NPN 或 PNP)和 MOS 管的管型(NMOS 或 PMOS);对于不同的负载,使用专用符号表示并标明名称。

局部电路原理图具有以下特点：

1）用标准电气符号表达各种电器部件（参看第3.3节）。

2）在大多数图中，电源线在图上方，搭铁线在图下方，电流方向自上而下。电路较少迂回曲折，电路图中电器串、并联关系十分清楚，电路图易于识读。

3）各电器不再按电器在车上的安装位置布局，而是依据工作原理，在图中合理布局，使各系统处于相对独立的位置，从而易于对各用电设备进行单独的电路分析。

4）各电器旁边通常标注有电器名称及代码（如组合开关、继电器、保险、负载、绞接点及搭铁点等）。

5）电路原理图中所有开关及用电器均处于不工作的状态，如点火开关是断开的，发动机不工作，车灯关闭等。

6）导线一般标注有颜色和截面规格代码，有的车型还标注有该导线所属电器系统的代码。根据以上标注，易于对照位置图找到该电器或导线在车上的位置。

2.2 确定测试目标

汽车电器分析流程中的"原理"环节的任务是明确测试目标，该任务又包括两个环节：选择测试目标和表达测试目标。应依据"易测"和"中位"原则选择测试目标，对于测试目标的表述应明确和有效。

问题

汽车电器分析流程中的"原理"环节的任务是_____。

2.2.1 选择测试目标

通过浏览局部原理图，明确了负载的控制方式和其他部件的逻辑关系，应选择某个部件作为测试目标。测试目标的选择应根据两个原则，第一个原则就是"易测"，即容易测量。一般来说，熔断器是最易测的，可以带电测量。比熔断器困难一些的是继电器，最不易测量的是各种接插件和负载。所以首先选择熔断器，其次继电器，再次是接插件和负载。第二个原则就是"中位"，即选择居中的测试点，可以最有效地缩小故障范围，实现最少的测量次数锁定故障点。因此应选择靠近电路中间的，而不选择靠近电路两边的测试点作为测试目标。

测试目标包括接插件、开关、负载。由于导线的测量是从两端的接插件入手的，因此导线不作为测试目标。

问题

选择测试目标的原则是_____和_____。

2.2.2 测试目标的明确性

对于测试目标的表述需要明确3个方面：测试条件、测试目标、测试内容。

测试条件包括上电测试还是断电测试，带载测试还是卸载测试，开关状态和组合开关的档位等测试条件。

测试目标包括器件名称、若卸载测试须指定插座或插头、引脚名称。

测试内容包括测火、测铁、断路检测、短路检测。对于4个方面测试内容分别举例说明

（如图 2-8 所示）。

1）测火：上电带载，对 C12 第 2 引脚测火。
2）测铁：上电卸载，对 C13 插座第 1 引脚测铁。
3）断路检测：断电卸载，对 C12 插头第 2 引脚和 C14 插座第 1 引脚进行断路测试。
4）短路检测：断电带载，对 C12 插头第 2 引脚和搭铁进行短路测试。

除了测火、测铁、断路检测、短路检测这 4 方面测试内容之外，测试内容还可能是声、光或转动等，应根据实际情况灵活运用，例如：

1）上电带载，检测继电器 J100 有无吸合音。
2）上电带载，打开大灯开关，检测大灯是否正常发光。
3）上电带载，打开冷暖风扇至中速档，检查出口风量是否正常。

问题

1. 对于测试目标的表述需要明确 3 个方面：_____、_____、_____。
2. 测试条件包括_____、_____、_____等测试条件。
3. 测试目标包括_____、_____、_____、_____。
4. 测试内容包括_____、_____、_____、_____。

2.2.3 测试目标的有效性

在卸载条件下，需要将接插件的插座和插头分开。此时 4 种信号（火入、火出、铁入、铁出），由于因果关系呈现可测与不可测的区别。其中火入、铁出是因，可测；火出、铁入是果，不可测。将可测点作为测试目标，称之为有效测试；反之，将不可测点作为测试目标，称之为无效测试。无效测试将导致后续测试结果错误，应予以避免。因此，确定测试目标时应对负载的 4 种控制方式（常火控铁、常铁控火、控火控铁、常火常铁）、测试目标的 4 种信号（火入、火出、铁入、铁出）以及它们的因果关系及测试的有效性作出准确分析。举例说明对于接插件、负载、组合开关、继电器 4 种测试目标的表述。

1）测试目标是接插件 C11（04）（如图 2-8 所示）。

测试条件：断电、卸载，组合开关处于高速档。

因为 C11（04）插头是铁入，为果，不可测；C11（04）插座是铁出，为因，可测。

所以测试目标应表述为：断电、卸载、高速档，对 C11（04）插座测铁。

2）测试目标是负载 C14（如图 2-8 所示）。

测试条件：上电、卸载、高速档。

因为负载电机的控制方式是常火控铁，因此 C14（01）插座是火入，为因，可测；C14（02）插座是铁出，为因，可测。

所以测试目标应表述为：上电、卸载，对 C14（01）插座测火。
卸载、高速档，对 C14（02）插座测铁。

3）测试目标为组合开关 C13（如图 2-8 所示）。

表述为：上电、卸载，对 C13（01）插座测铁，对 C13（04）、C13（05）、C13（06）插座测火。

低速档，对 C13（06）插头和 C13（01）插头断路测试。

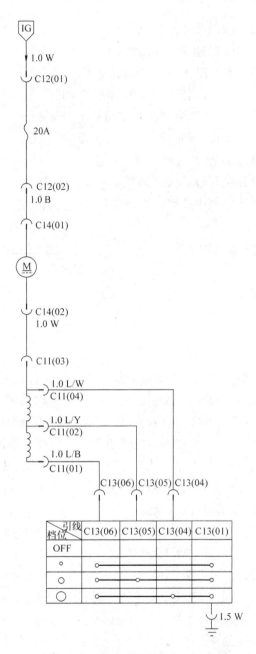

图 2-8 冷暖风扇控制局部电路原理图

中速档,对 C13（05）插头和 C13（01）插头断路测试。
低速档,对 C13（04）插头和 C13（01）插头断路测试。
4）测试目标为继电器 EFI（如图 2-9 所示）。
表述为：卸载,对继电器 EFI 测试。

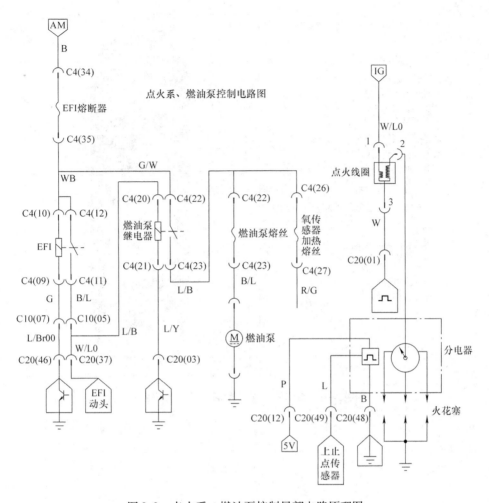

图 2-9　点火系、燃油泵控制局部电路原理图

2.3　确定器件位置

汽车电器分析流程中的"器件"环节是确定器件的位置，确定器件的位置可以通过查看器件位置图，也可以通过查看继电器总成盒盖的信息，也可以通过互联网搜索，不论任何形式和手段只要能够找到目标器件在整车上的正确位置就可以。

器件位置图包含了汽车电路基础模型中，除了导线位置之外的所有部件的位置信息，包括电源、开关、接插件和负载。

器件位置图的表现形式灵活多样，有的是以整车俯视平面图的方式表现（如图 2-10 所示），有的是以整车三维图的方式表现（如图 2-11 所示），有的是以局部俯视和侧视平面图的方式表现（如图 2-12 所示），有的是以局部三维图的方式表现（如图 2-13 所示），为了方便维修多数车型都会将继电器和熔断器的名称和位置信息印到总成盒盖上（如图 1-19 所示），还有的将器件位置图和引脚顺序图整合到了同一张图中（如图 2-14 所示）。总之，不论以何种方式表示器件位置，或者修理人员以何种方式获知器件位置，只要能够找到目标器件在整车上的正确位置就可以了。

1 熔丝

1.1 熔丝一览

1-熔丝架F-SF-
　□安装位置:⇒页2
　□熔丝位置分配:⇒页3

2-熔丝架C-SC-
　□安装位置:⇒页4
　□熔丝位置分配:⇒页5

3-驾驶员侧仪表板下方的过载保护开关
　□熔丝位置分配:⇒页8

4-熔丝架B-SB-
　□电控箱Low熔丝位置分配:⇒页10
　□电控箱High熔丝位置分配:⇒页13

5-熔丝架A-SA-
　□电控箱Low熔丝位置分配:⇒页17
　□电控箱High熔丝位置分配:⇒页19

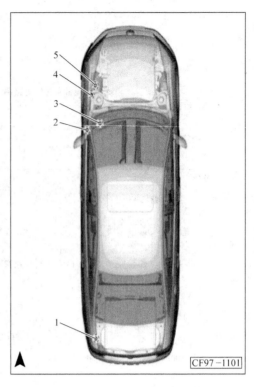

图 2-10　整车俯视平面图形式的器件位置图

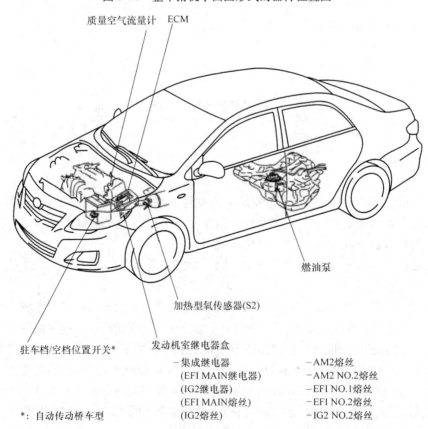

图 2-11　整车三维图形式的器件位置图

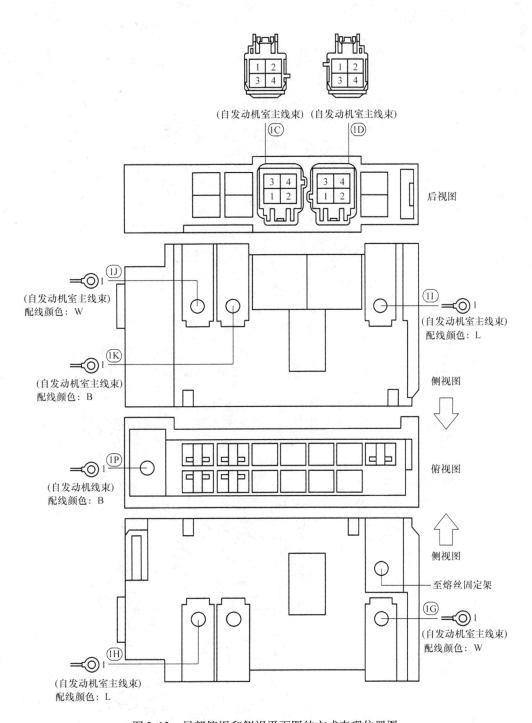

图 2-12 局部俯视和侧视平面图的方式表现位置图

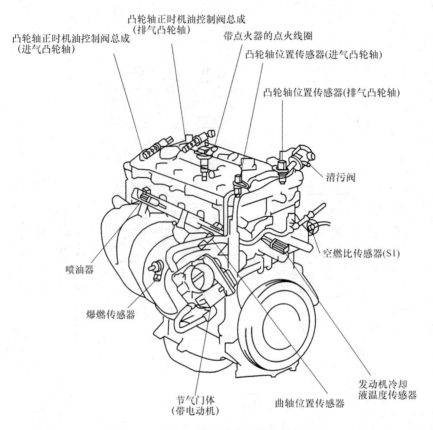

图 2-13 局部三维图形式的器件位置图

1.2.2 插头位置分配：
A-转向辅助控制单元-J500-
B-3芯插头连接-T3dt-
C-6芯插头连接-T6dz-
D-2芯插头连接-T2fn-

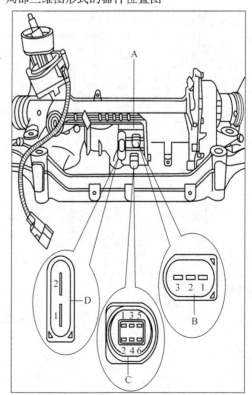

图 2-14 器件位置图和引脚顺序整合图

问题

汽车电器分析流程中的"器件"环节的任务是_____。

2.4 确定引脚顺序

汽车电器分析流程中的"引脚"环节的任务是确定器件的引脚位置，确定器件的引脚位置可以通过查看引脚顺序图，也可以查看器件引脚附近的标识信息（某些器件将引脚顺序标识在引脚旁边），也可以根据引脚的排列规律进行推算（见图 1-67），也可以根据局部电路原理图上的导线颜色以顺藤摸瓜的方式找到对应的引脚，不论任何形式和手段只要能够找到目标器件上的正确引脚就可以。

引脚顺序图包含了器件上所有引脚的序列号，对于插头和插座的引脚顺序是完全镜像排列的，因此在查看引脚顺序图之前要看清图中所绘的是插头还是插座。

引脚顺序图的表现形式灵活多样，有的只是插座的引脚顺序图（如图 2-15 所示），有的只是插头的引脚顺序图（如图 2-16 所示），有的是插座和插头的引脚顺序图（如图 2-17 所示）。为了方便维修某些器件或接插件会将引脚顺序的信息印到引脚的旁边（如图 2-18 所示），还有的将器件位置图和引脚顺序图整合到了同一张图中（如图 2-14 所示），对于外形构造特殊的接插件引脚顺序并无规律可寻，因此应通过引脚顺序图清楚说明（如图 2-19 所示）。总之，不论以何种方式表示器件的引脚顺序位置，或者修理人员以何种方式获知器件的引脚顺序位置，只要能够找到目标器件的正确引脚就可以。

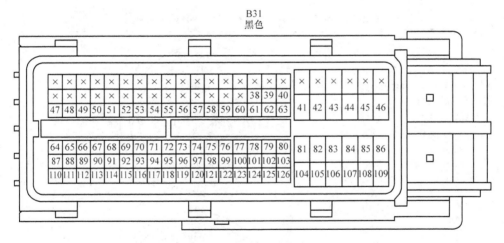

图 2-15 插座的引脚顺序图

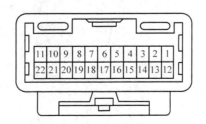

图 2-16 插头的引脚顺序图

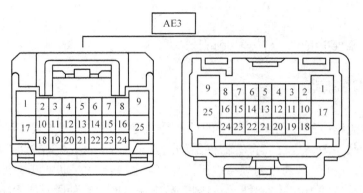

图 2-17 插座（左）和插头（右）的引脚顺序图

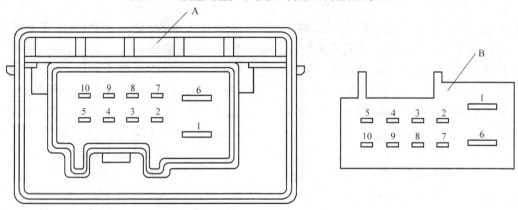

图 2-18 插座（A）和插头（B）上标识引脚顺序

A-双离合器变速箱机械电子装置控制单元 -J743-
插头连接：
B -20芯插头连接-T20m-

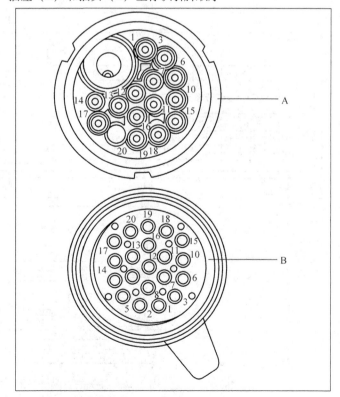

图 2-19 形状特殊的接插件引脚顺序图（A 为插座，B 为插头）

问题

汽车电器分析流程中的"引脚"环节的任务是_____。

2.5 测试

汽车电器分析流程中的"测试"环节的任务是根据测试结论不断缩小故障范围,最终将故障确定为某个基础单元(电源、接插件、开关、负载、导线)。关于线路测试的四种典型方法已在第1章中有过论述(参见第1.2.4节),本章将介绍故障的确定和测试表笔的使用。

2.5.1 确定故障

如图 2-20 所示,每次对目标的"测试"环节都会产生一个结论(断路、短路、通路、开路其中的一种结论),而这个结论将进一步的缩小故障的范围,在"原理"环节中确定一个新的测试目标。根据测试结论不断缩小故障范围,几个循环下来最终将故障确定为某个基础单元(电源、接插件、开关、负载、导线)的故障。

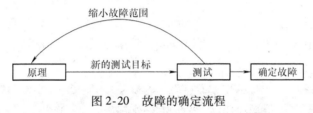

图 2-20 故障的确定流程

案例:

某车扬声器不响,其扬声器控制局部电路原理图如图 2-21 所示。

根据"易测"的原则选择扬声器报警熔丝为测试目标,C1(05a)为火,说明故障在熔丝的下方。根据"中位"的原则选择 C1(31a)为测试目标,C1(31a)插头当按下扬声器开关时不是铁,说明故障在 C1(31a)的下方。选择 C1(31b)为测试目标,C1(31b)插座当按下扬声器开关时是铁,确定故障为 C1 总成的 31a 至 31b 引脚断路。

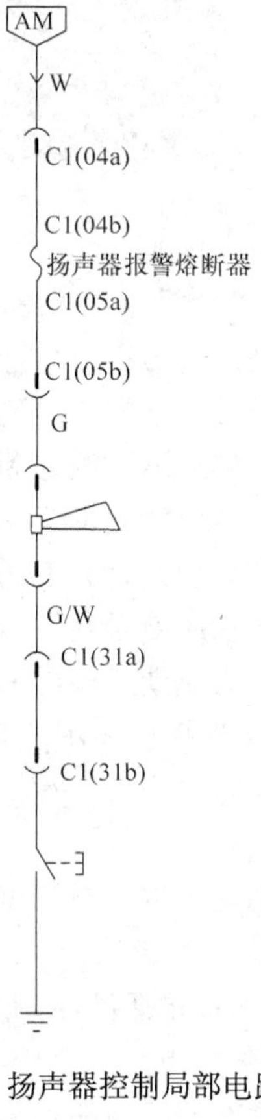

2.5.2 感应试电笔

1. 电路原理

感应试电笔(如图 2-22 所示)即可以直接测量 12、36、55、110、220 的交流或直流电压,又可以间接感应测量强电的存在,显示 ⚡ 符号。还可以在不带电的前提下,测量导线的通断,是多功能的试电笔,价格在 20 元左右。

图 2-21 扬声器控制局部电路原理图

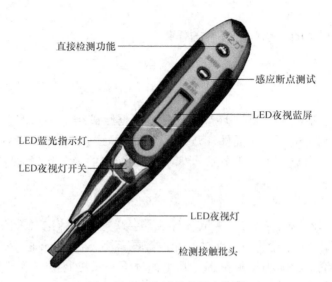

图 2-22 感应试电表笔实物图

将感应测试表笔进行分解，如图 2-23 所示，可以发现这是一款有源的试电笔，里面含有 3 只型号为 LR41（单只电压为 1.5V）的纽扣电池，总电压为 2.7~4.5V。有源的目的是为了增加测试通断的功能。

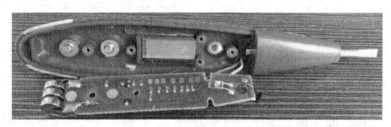

图 2-23 感应测试表笔分解图

图 2-24 为测绘所得到的感应试电笔电路原理图，由 L6（NPN）和 M6（PNP）构成的 NPN 型达林顿复合晶体管可以有效地提高输入阻抗增加信号的抢夺能力。测试通断功能就是以内部电源产生的电流通过若干只电阻的分压，由两只 10MΩ 的串联电阻取得的分压去驱动 NPN 型达林顿复合晶体管。如果测试线路断路，则不会产生电流，就不会产生分压，就无法驱动晶体管，由于晶体管截止，所以背光 LED 不亮。反之，如果被测线路导通或者存在一定的电阻，则达林顿复合晶体管就会导通，背光 LED 就会点亮。

电压的测试功能就是将被测电压和表笔内部电源同向串联在一起，电源产生的电流通过若干只电阻的分压，去驱动不同的 LCD 显示模块。当电压为 12V 以上时，由 430kΩ 的电阻产生的分压，可以驱动 LCD 模块显示"12"字样；当电压为 36V 以上时，由 560kΩ 的电阻产生的分压，可以驱动 LCD 模块显示"36"字样。同理 55V、110V 和 220V 根据被测电压的不同会被相继点亮。

感应测试功能可以带电测试线路的断点处，由图 2-25 感应试电笔器件位置图可以看到，由表笔到"感应断点测试"的触点到 LCD 模块有一条较长的天线，可以感应到强电的磁场。这个磁场电流由 2MΩ 的电阻产生的分压可以驱动 LCD 模块显示"↯"字样，说明被测物体带电。

2. 测试方法

感应试电笔在汽车电路测试的作用有三个方面：测火、测铁、测通断。

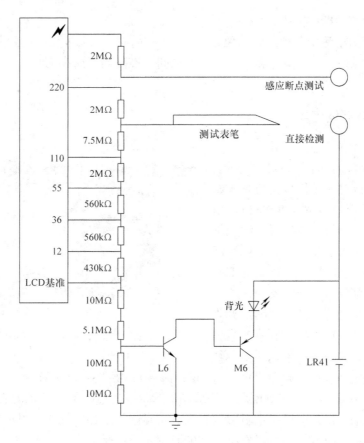

图 2-24 感应试电笔电路原理图

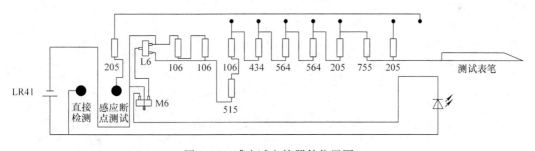

图 2-25 感应试电笔器件位置图

1) 测火。手指按住直接测试点，另一只手摸电瓶负极，表笔接触测试点，如果背景灯亮，并且显示"12"，则为火信号。

2) 测铁。手指按住直接测试点，另一只手摸电瓶负极，表笔接触测试点，如果背景灯亮，并且 LCD 无显示，则为铁信号。

3) 测通断。确认导线不带电的前提下，手指按住直接测试点，另一只手摸线路的一端，表笔接触线路另一端，如果背景灯亮，并且 LCD 无显示，则为通路。

这款感应试电笔对电流十分敏感，即便是被测导线存在很大的电阻（达到兆欧级别）背景灯都会亮，因此应用时作为断路和开路的判断是准确的，而作为通路和短路的判断是不准确的。

问题

1. 感应试电笔在汽车电路测试的作用有三个方面：_____、_____、_____。

2. 感应试电笔测通断的前提条件是_____。

3. 感应试电笔对电流十分敏感，即便是被测导线存在很大的电阻（达到兆欧级别）背景灯都会亮，因此应用时作为_____和_____的判断是准确的，而作为_____和_____的判断是不准确的。

2.5.3 双向七彩灯试电笔

1. 电路原理

如图 2-26 所示，双向七彩灯试电笔，可以测试火、铁和脉冲 3 种信号，与感应试电笔相同的功能是都可以测火信号和铁信号，不同的是双向七彩灯试电笔可以测试脉冲信号，感应试电笔可以测通断。如图 2-27 所示，双向七彩灯试电笔中有两个由 1kΩ 电阻限流的发光二极管，方向相反的并联在一起。如果表笔测试端为火信号，测试夹为铁信号，那么七彩 LED 发光。如果表笔测试端为铁信号，测试夹为火信号，那么单红 LED 发光。如果表笔测试端为脉冲火信号（PWM 信号），测试夹为铁信号，那么七彩 LED 断续发光。由于七彩 LED 内部具有控制电路，如果在保持得电的情况下，发光的规律是固定不变的，如果中途失电又得电，发光顺序会重新回到起点，正是因为这样的规律，可以判断火信号是连续的还是断续的，如果是断续的还可以看出脉冲的频率是高还是低。

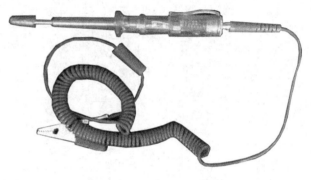

图 2-26 双向七彩灯试电笔实物图

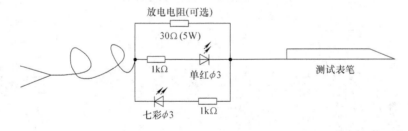

图 2-27 双向七彩灯试电笔电路图

由于某些长距离并排安置的导线之间会形成电容效应，积累一定的电荷，也能够驱动发光二极管亮一段时间（2s 左右），容易造成误判，因此在试电笔制作中并联增加 1 支 30Ω/5W 的放电电阻来解决放电问题。可以买到的测试表笔一般不具有七彩 LED 和卸荷电阻，但是可以拆解之后进行改装，如图 2-28 所示。

2. 测试方法

双向七彩试电笔的作用有 3 个：测火、测铁、测脉冲。

1）测火。如图 2-29 所示，将试电笔鳄鱼夹连接搭铁处（可以是电瓶负极，也可以是整车任意搭铁处），用试电笔尖接触测试点，若七彩发光二极管亮，则说明测试信号为火信号；若不亮，则不是火信号。除 +12V 的火信号之外，试电笔同样可以测试出 +5V 的信号，只是亮度明显降低。

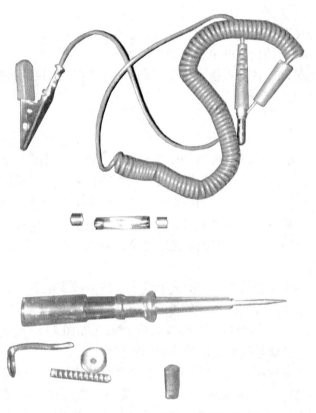

图 2-28 双向七彩试电笔分解图

2）测铁。如图 2-30 所示，将试电笔鳄鱼夹连接 +12V 处（可以是蓄电池正极，也可以是整车任意火），用试电笔尖接触测试点，若单红发光二极管亮，则说明测试信号为铁信号；若不亮，则不是铁信号。

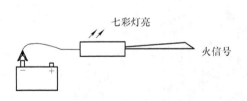

图 2-29 双向七彩试电笔测火方法

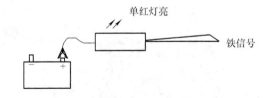

图 2-30 双向七彩试电笔测铁方法

3）测脉冲。如图 2-31 所示，将试电笔鳄鱼夹连接搭铁处（可以是蓄电池负极，也可以是整车任意搭铁处），用试电笔尖接触测试点，若七彩发光二极管断续发光，则说明测试信号为脉冲信号；若不亮，则不是脉冲信号。

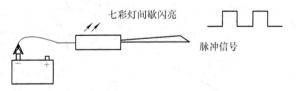

图 2-31 双向七彩试电笔测脉冲方法

七彩发光二极管得电后，会按照相同的顺序显示各种颜色，并按照一个大的循环周期（有的为 30s）无限的重复。如果在一个循环周期内掉电，则当再次得电后七彩发光二极管会从开始处重新亮起。这个特性为我们测量脉冲信号提供了方便，我们不但可以知道脉冲信号是否存在，也可以根据重复闪亮的状态判断脉冲信号的频率快慢。

问题

1. 双向七彩灯试电笔有 3 个作用：_____、_____、_____。
2. 双向七彩灯试电笔与感应试电笔相同的功能为：_____、_____。
3. 双向七彩灯试电笔测脉冲时可根据重复闪亮的状态判断脉冲信号的_____。

2.6 线路故障

汽车电器分析流程中的"线坏"环节的任务是修复线路的"断路"或"短路"故障。

对于断路故障可以选择相同截面导线跨接的方法解决，其作业时间是可以预期的。但是对于短路故障，特别是电源部分，例如 5V 电压搭铁短路。因为很多传感器都使用 5V 电压，涉及面较宽泛。一般采取首先断掉所有负载的方式，如果 5V 出现了，说明某个负载短路。如果 5V 仍未出现，说明线束内部短路，这时的问题会比较复杂，其接下来的作业时间是不可预期的。因此断路故障较短路故障更易解决。

因为汽车电路中的导线和接插件共同构成了线束，所以线束位置图既包括了导线的位置信息也包括了接插件的位置信息。线束位置图是通过三维形式表现位置信息的，有的为整车三维线束位置图（如图 2-32 所示），有的为局部三维线束位置图（如图 2-33 所示）。总之，不论以何种方式表示线束的位置，只要能够找到正确的线束位置就可以。

整车电路的线束位置图常用于汽车厂总装线和修理厂的连接、检修与配线。线束图主要表明电线束与各用电器的连接部位、接线端子的标记、线头、插接器（连接器）的形状及位置等。这种图一般不去详细描绘线束内部的电线走向，只将露在线束外面的线头与插接器详细编号或用字母标记。它是一种突出装配记号的电路表现形式，非常便于安装、配线、检测与维修。

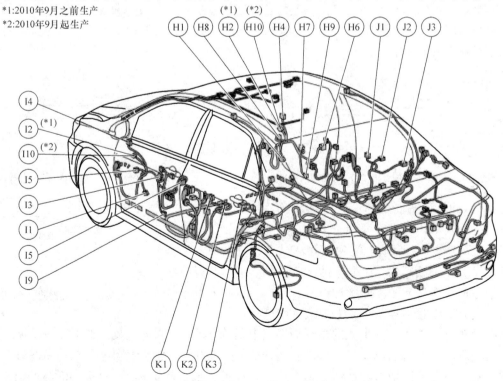

图 2-32 整车三维线束位置图

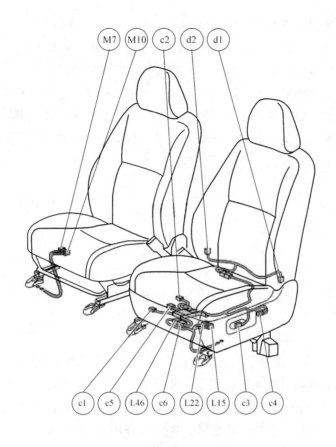

图 2-33 局部三维线束位置图

2.7 器件故障

汽车电器分析流程中的"件坏"环节的任务是修复或更换故障器件。对于不可分解的器件则更换；对于可以进一步分解的器件，可以根据该负载的电路特性，找出内部故障点并修复。例如：对于起动系故障，经测试起动机的外围线路正常，因此判定起动机存在内部故障。通过起动机在线测试四步法，可以将故障锁定到更小的单元器件上，如吸引线圈、保持线圈、回复弹簧、接触开关、直流电动机、炭刷等。

2.8 从四张图到四种信息

汽车电路识图包括"电路原理图"（包括全局电路原理图和局部电路原理图）、"器件位置图""引脚顺序图"和"线束位置图"四张图。根据故障现象锁定故障范围，即从全局电路原理图入手找到与故障相关的局部电路原理图，分析局部电路原理图确定测试目标，根据器件位置图找到待测器件，又根据引脚顺序图找到待测引脚，选用适当的测试方法（四种测试法之一）按照测试内容进行测量，根据测试结果分析局部电路原理图确定下一个测试目标，直到找出故障点。如果故障为线坏，应根据线束位置图找到并修复线路；如果线路正常，则推测为件坏，应对不可分解的器件进行更换，或对可分解的器件进行修复。

可以看出传统的电器维修思路将四张图有机结合到了一起，逻辑是清晰的。但是在实际中会发现大多数车型的电路维修手册并不是按照四张图的规范绘制的，而是每一个生产厂家都有自己的绘图规范。为了解决这样的问题，需要从广义上而不是从狭义上看待四张图。我们要把这四张图看作为四种信息，需要做的就是从不同风格的电路维修手册中有效地提取这四种信息。虽然抽象但并不难理解，因为即使是无图修车（修理人员不借助任何维修手册进行电路排故），其实质也是有针对性地提取了四种信息，否则不可能排除故障。

问题

汽车电路识图包括_____、_____、_____、_____四张图。

2.9 大赛实例

根据汽车维修大赛故障案例，使用电器维修思路排除故障。

车型：2011 款卡罗拉

故障现象：左前远光灯不亮，其他前照灯正常

1）根据故障现象，将维修手册打开到前照灯局部电路原理图（如图 2-34 所示）。因为右远光正常，所以远光灯继电器电路故障被排除。因为近光灯正常，所以左远光和左近光的公共搭铁线路（干路搭铁线）故障被排除。所以故障只能在左远光灯熔断器和左远光灯的器件和线路范围内，根据易测的原则选择左远光灯熔断器（H-LP LH HI）作为测试目标。

通过识读卡罗拉发动机室继电器盒器件位置图（如图 2-35 所示），找到左远光灯熔断器（H-LP LH HI），用试笔法测量该熔断器两端，发现一端为火，而另一端不为火，说明熔断器损坏，更换一只 10A 备用熔断器后，发现左远光灯仍然不亮，说明其他地方仍存在故障。

2）故障缩小到左远光灯器件及线路范围内，选择左远光灯（A38）作为测试目标。

根据原理图，A38 的控制方式为常铁控火。A38 插座第 1 引脚为火入，是因，可测。因此测试目标为：上电卸载，对 A38 插座第 1 引脚测火。

根据器件位置图（如图 2-36 所示），找到 A38 接插件的位置，并拔下插座。

根据 A38 插座引脚顺序图（如图 2-37 所示），对第 1 引脚测试结果为火信号。选择 A38 插座第 2 引脚作为下一个测试目标，A38 插座第 2 引脚为铁出，是因，可测。因此下一个测试目标为：卸载，对 A38 插座第 2 引脚测铁。

根据 A38 插座引脚顺序图（如图 2-37 所示），对第 2 引脚测试结果不为铁。由于左远光灯和左近光灯的公共搭铁部分（干路搭铁线）已经排除故障可能，所以只能是支路搭铁线出现断路。

根据线束位置图（如图 2-38 所示），找到 A1 搭铁点，顺着干路搭铁线找到了支路搭铁线，发现断路故障。故障修复后，再次测试 A38 插座，1 脚为火，2 脚为铁，线路正常。但是连接灯后，左远光灯仍然不亮。

3）由于线路故障已经排除，所以推测为左远光灯器件故障。

拆卸灯测试，通过目测法发现灯丝熔断，再通过欧姆法测量灯丝电阻大于 10kΩ，说明器件本身故障，更换新灯之后左远光灯点亮，全部故障修复。

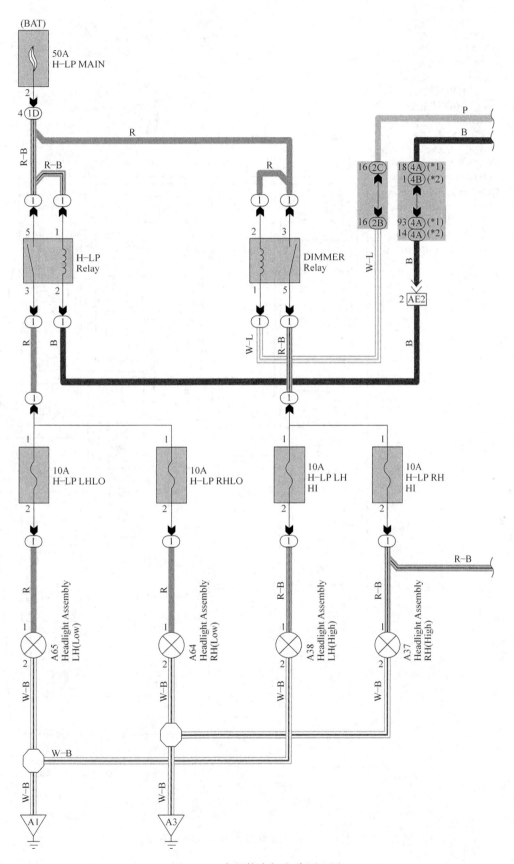

图 2-34 卡罗拉大灯电路原理图

*1: 50A HTR(大电流)
*2: 50A ABS NO.1(大电流)
*3: 30A ABS NO.2(大电流)
*4: 40A RDI FAN(大电流)
*5: 30A H-LP CLN(大电流)
*6: 50A H-LP MAN(大电流)
*7: 50A P/I(大电流)
*8: 60A EPS(大电流)
*9: 120A ALT(大电流)
*10: 30A HTR SUB NO.3(大电流)
*11: 30A HTR SUB NO.2(大电流)
*12: 30A HTR SUB NO.1(大电流)
*13: 15A H-LP LH LO(HID型)
    10A H-LP LH LO(除HID型外)
*14: 15A H-LP RH LO(HID型)
    10A H-LP RH LO(除HID型外)
*15: 10A H-LP LH HI
*16: 10A H-LP RH HI
*17: 10A EFI NO.1
*18: 10A EFI NO.2

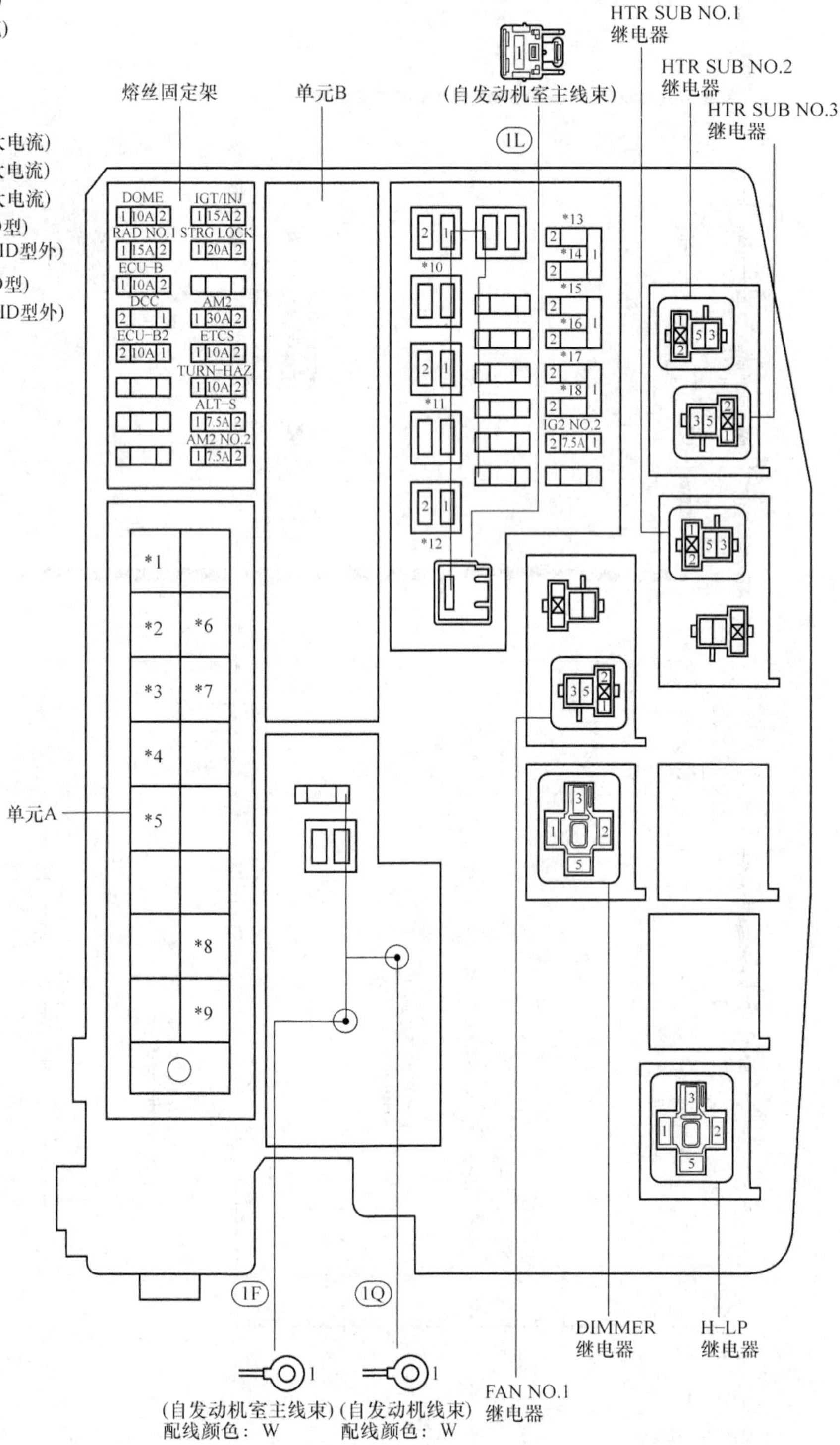

图 2-35 卡罗拉发动机室继电器盒器件位置图

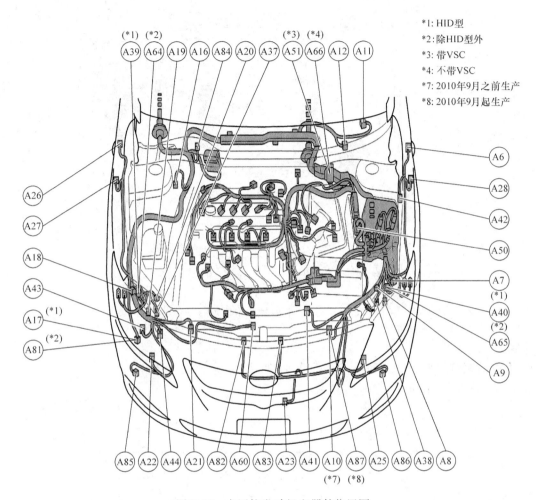

图 2-36　卡罗拉发动机室器件位置图

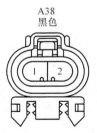

图 2-37　卡罗拉左远光灯插座引脚顺序图

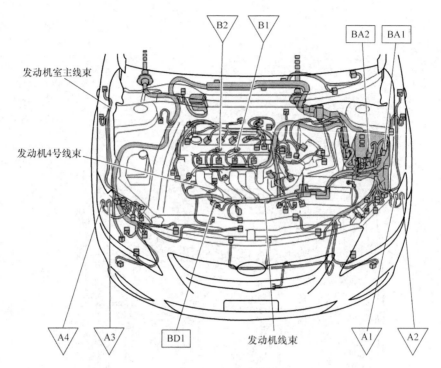

图 2-38 卡罗拉线束位置图

问题

1. 根据前照灯局部电路原理图（如图 2-39 所示），分析故障原因。

故障现象：近光灯不亮，其他灯正常

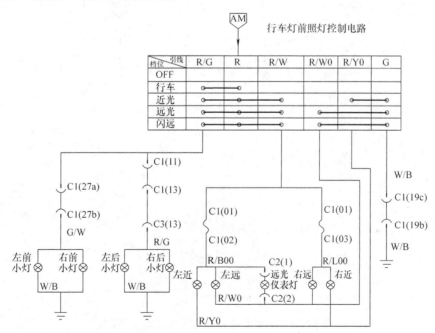

图 2-39 行车前照灯控制局部电路原理图

参考答案：

因为远光灯正常，所以近光灯和远光灯公共线路的故障可能性被排除。

因此 AM 火信号到组合开关引线 R 线路正常；左大灯熔丝和右大灯熔丝及线路正常；组合开关 G 引线至搭铁线路正常。

故障范围可能有 3 处：组合开关近光档位，引线 R 和引线 R/W 内部线路断路；组合开关近光档位，引线 R/Y0 和引线 G 内部线路断路；左右近光灯的干路控铁至组合开关的 R/Y0 引线断路。

2. 根据收音机局部电路原理图（如图 2-40 所示），分析故障原因。

故障现象：收音机时响时不响，但响的时候两个扬声器都响。

参考答案：

因为收音机响的时候两个扬声器都响，所以不会是两个扬声器同时损坏，扬声器故障可能性被排除。

如果故障出现的频率非常低，可以考虑"埋灯法"排除，即在不耽误客户用车的前提下，对多个测试目标设置故障灯，如图 2-41 所示，将 3 个颜色的故障灯安装到驾驶员容易观看的位置。

如果再次出现故障时，红灯不亮则说明左右扬声器和收音机的公共搭铁线断路；绿灯不亮则说明收音机的搭铁线断路；蓝灯不亮，如果此时点烟器可以工作，则说明点烟器熔断器的火出点至收音机的火入点的线路断路；蓝灯不亮，如果此时点烟器不能工作，则说明点烟器熔断器及相关线路故障；红、绿、蓝都亮，则说明收音机本身故障。

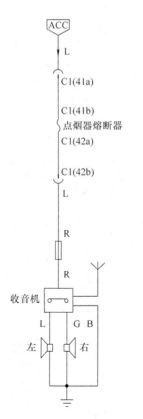

图 2-40　收音机控制局部电路原理图

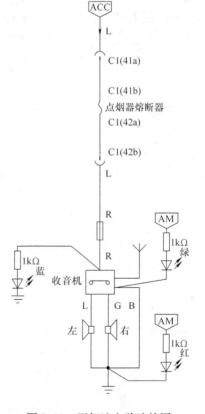

图 2-41　埋灯法电路连接图

2.10 实训

1. 实训"声光法"。
2. 实训"起动法"。
3. 实训"排气法"。
4. 实训"示灯法"。
5. 实训"转速法"。
6. 实训"气味法"。
7. 实训"喷注法"。
8. 实训"油压法"。
9. 实训七步法锁定故障。
10. 找出某只继电器位置。
11. 找出某只熔丝位置。
12. 找出某只传感器位置。
13. 找出某只执行器位置。
14. 找出某只传感器的某个引脚。
15. 找出电脑板的某个引脚位置。
16. 对某传感器和电脑板进行断路测试。
17. 根据维修手册排除电路故障。
18. 使用感应试电笔测火、测铁、测通断。
19. 使用双向七彩灯试电笔测火、测铁、测脉冲。

第3章 汽车电路测绘

测绘是汽车电路维修中重要的"外科"手段，其目的就是无图修车。测绘的重要入手点就是对于单元电路基础模式的掌握。举例说明，一个盲人需要用手摸别人的脸从而了解对方的相貌，摸得越仔细，对于相貌的了解越清晰。但是这里面的重要的入手点就是，这个盲人对于人的基本相貌特征是十分清楚的，他应该很清楚人的眼睛在哪里，眼睛的下面是鼻子，鼻子的下面有嘴巴，这些信息就是关于人脸的基础模式，是所有人的共性。于是从人脸的基础模型入手，仔细摸索会了解到具体的相貌细节，这就是测绘中关于"测"的整个过程。反之，如果一个盲人摸索着对方的后脑勺，还喃喃自语："嘴巴在哪里？鼻子在哪里？"这就说明他对于基础模式不清楚，测绘工作无法展开。总之，测绘就是由共性入手，从而了解其特性的过程。

3.1 汽车电路图的测绘

3.1.1 测绘排除故障流程

测绘含有"测"与"绘"两个方面的概念，因此测绘是指对测绘对象进行如实的测量并按照规范绘图。测绘的对象很广泛，如对地理的测绘，对建筑物的测绘，对机械零件的测绘，对一件服装的测绘，对一件工艺品的测绘，或是对一首吉他乐曲的测绘。"如实的测量"是指按照实际情况不是想当然地、不经任何改造地取得测量数据。"按照规范绘图"是指依据不同的规范将测量数据绘制成图。例如，机械零件的测绘图应符合三视图的规范，吉他乐曲的测绘图应符合吉他和弦乐谱的规范。对于汽车电路图的测绘应符合汽车电路识图的规范。汽车电路的测绘图应包含电路原理、器件位置、引脚顺序、线束位置四种信息，以便明确引导读者进行分析和维修。电源、接插件、开关、负载、导线作为汽车电路基础模型的五大构成部分，应符合汽车测绘常用图形符号和文字符号规范（参考第3.3节）。

前文介绍的方法指导如何进行有图修车，也就是传统的汽车电器分析流程。第一，根据故障现象锁定故障范围；第二，根据电路原理图确定测试点；第三，根据器件位置图找到测试器件；第四，根据引脚顺序图找到被测引脚；第五，选择适当的方法进行测试，根据测试结果缩小故障范围确定下一个测试点，反复循环，直到故障范围缩小至某一条导线或某一个器件；第六，对于线坏的故障应根据线束位置图查找断路点或短路点进行维修；第七，对于器件故障予以维修或更换。如图3-1所示，汽车电器分析流程有四个环节（2、3、4、6）需要维修手册。

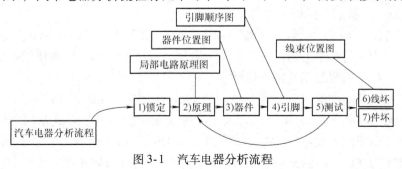

图3-1 汽车电器分析流程

无图修车并非先经测绘得到电路图,再进行传统汽车电器分析流程的有图修车。这样是不合乎逻辑的,因为如果测绘对象为完好电路,那是可以的。但是在排除故障过程中,锁定的测绘对象就是故障范围,对于一个存在故障的电路,如何能够测绘出正确的电路图呢?这里介绍的测绘方法并非以得到正确电路图为目的(当故障排除后,这仅仅是副产品),而是以高效率的无图排除故障为根本目的,其实测绘过程就是排除故障过程。

测绘排除故障流程,如图3-2所示,包括6个环节。第一环节"锁定",是指根据故障现象锁定故障范围(这个环节与有图修车中的"锁定"环节完全一致)。第二环节"基础模式",就是在无图的条件下确定单元电路的基础模式,本书3.2节中汇总了不同单元电路的基础模式图供读者参考。第三环节"测试目标",是根据"易测"和"中位"原则确定测试目标。第四环节"测绘",是指根据测试的结果,确定新的测试目标,反复此过程,不断缩小故障范围,最终缩小至不可分割的一条导线或一个器件。"测绘"不但要有"测"还要"绘",但这里的"绘"并非对单元电路图的整体绘制,而是对于单元基础模式中存在故障的电路细节进行绘制。"测绘排故"的特点就是持续以故障范围为基础,不断地缩小目标。因此在一次测绘排除故障成功之后,测绘的图纸仅仅是对此单元电路基础模式中部分电路的细节呈现,而真正的故障就应存在于此细节电路中。第五环节"线坏",是指对于线路故障,应根据线束位置图查找断路点或短路点进行维修。第六环节"件坏",是指对于器件故障,应予以更换。

图3-2 测绘排除故障流程

3.1.2 测绘排除故障案例

案例1

故障现象:一辆2014款1.6L卡罗拉扬声器不响。

测绘排除故障过程:经分析该电路没有计算机模块参与控制,应属于典型电气控制,因此确定该扬声器电路的基础模式如图3-3a所示。考虑到有中间继电器,应仔细听按压扬声器的时候继电器的吸合声音,测试结果为可以听到扬声器继电器吸合声。因此扬声器继电器的线圈控制线路不存在故障可能。可以断定故障出现在扬声器继电器的动头火入线路、动头火出线路或动头本身的范围内。经测试,扬声器熔丝两端均有火,说明熔丝以上线路及熔丝本身无故障。拔掉扬声器继电器,测量动头火入完好,测试继电器本身完好,测量继电器动头火出到扬声器插头,结果为断路。根据扬声器控火信号线颜色为黑色,一直检测到主继电器盒的下端,发现1A插头的第8针脚出现锈蚀现象,打磨除锈后,故障排除。

评论:从基础模式入手,根据"易测"和"中位"原则选取测试目标,并根据测试结果不断缩小故障范围。测试的顺序为扬声器继电器听音法,扬声器熔丝,继电器相关线路,继电器本身,扬声器插头。最不易测的就是扬声器插头,因此放到了最后。

将扬声器单元电路基础模式(如图3-3a所示)、测绘图(如图3-3b所示)、扬声器单元电路局部原理图(如图3-3c所示)对比可以发现,测绘图无法呈现单元电路的全部细节,仅仅呈现出部分的细节,而故障点就在于这些细节之中,如接插引脚1A(8)。"测绘排故"的特点就是持续以故障范围为基础,不断地缩小目标。因此在一次测绘排故成功之后,测绘的图样仅仅是对此单元电路基础模式中部分电路的细节呈现,而真正的故障就应存在于此细节电路中。"测绘排除故障"就是摸着石头过河的过程,当修理人员不断地积累经验,终于有一天能够达到在没有任何维修资料的条件下,对于不同车型的大部分故障仍然可以手到病除,这将是水到渠成的事了。

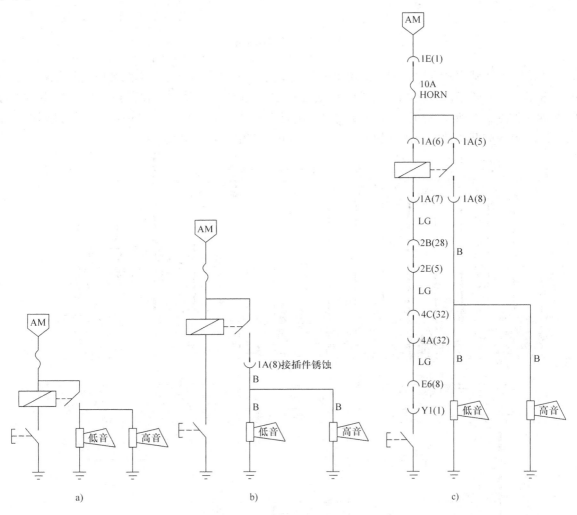

图 3-3 扬声器单元电路
a) 扬声器单元电路基础模式 b) 扬声器单元电路测绘图 c) 扬声器单元电路局部原理图

案例 2

故障现象:2005 款捷达右后电动车窗不受驾驶人侧控制。

测绘排除故障:右后车窗不受驾驶人侧控制,但是右后乘客可以控制,说明右后车窗电动机无故障。故障范围锁定在驾驶人侧开关到车窗控制器之间的上行线路和车窗控制器到右后车窗之间的下行线路。首先测量下行线路,由于此款车型车窗控制均已采用 LIN 总线,因此根据 LIN 总线基础模式如图 3-4 所示,只有单根 LIN 线连接着单一的主控单元和多个从控单元。拆卸左后和右后门板内衬对比电动机线路,发现每个车窗电动机有 5 根线,一根是火线,一根是搭铁,另外两根是开关,最后一根就是 LIN 线。这根 LIN 线为 4 个车窗电动机所共用,颜色是紫底白条,平均直流电压为 8V(为 0~12V 的脉宽调制波形)。测量左后 LIN 线和右后 LIN 线,发现断路,成功排除故障。

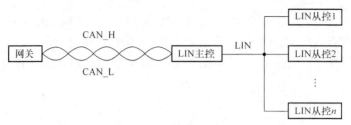

图 3-4　LIN 总线基础模式

评论：从基础模式入手，在解决电路问题时，不但可以脱离对原厂电路图的过度依赖，还发挥了事半功倍的效率。对比 LIN 总线的基础模式图（如图 3-4 所示）和车窗控制单元电路的原厂资料（如图 3-5 所示），可以看出基础模式图具有简洁明了的特点，在平时的维修过程中，维修人员应善于把握各种单元电路的共性，不断累积更多的基础模式图。

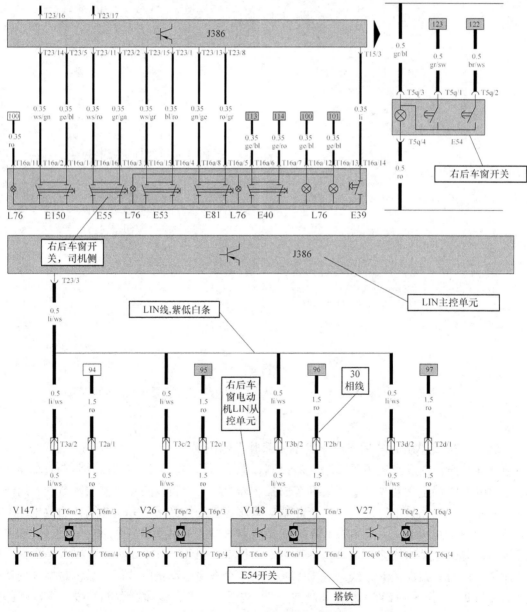

图 3-5　捷达车窗控制单元原厂电路图

案例 3

故障现象：2012 款迈腾前照灯不亮。

测绘排除故障过程：由于前照灯受到智能模块 J519 控制，根据智能模块输入输出基础模式（如图 3-6 所示），应先使用解码器进行动作测试以便确定故障范围。如果动作测试成功则说明下行通道正常，故障范围在上行通道；如果动作测试失败则说明上行通道正常，故障范围在下行通道。用 VAS5051 进行自诊断中的元件测试，前照灯可以正常亮起。因此故障仅存在于上行线路通道，即故障范围锁定在前照灯开关到 J519 之间的线路。拆卸车灯开关 E1，发现接线端子有锈蚀现象，修复后前照灯控制正常。

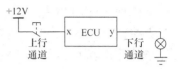

图 3-6　智能模块输入输出基础模式

评论：以车载电网控制单元为核心的电器控制系统，已成为汽车发展的主要趋势。关于输入与输出的 I/O 端口的分配完全依靠程序决定，从硬件的外表是看不出来的。因此借助解码器的动作测试功能，可以方便地锁定故障范围，然后再根据原厂资料（如图 3-7 所示）继续顺藤摸瓜，排除故障。这个案例告诉读者，即便是有原厂资料，如果能够从单元电路基础模型的测绘排故思路入手，将无图修车和有图修车手段相结合，会进一步提升工作效率。

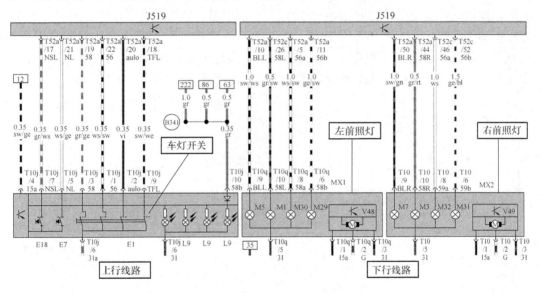

图 3-7　迈腾大灯控制单元原厂电路

3.2　单元电路基础模式

3.2.1　汽车电路基础模式

汽车电路基础模式，如图 3-8 所示，由电源、接插件、开关、负载和导线五大部分构成，一个基础模型可形成一个电路功能模块。

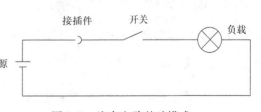

图 3-8　汽车电路基础模式

3.2.2 典型控制基础模式

典型控制基础模式，如图 3-9 所示。单元电路对负载的控制包括"常火常铁""控火常铁""常火控铁""控火控铁"四种典型控制方式，负载可以是白炽灯、油泵、电动机、扬声器等。我们应根据单元电路的不同控制方式对其进行测绘。例如，控火常铁型控制方式，应检测负载两端电压，其中一端为常铁，另一端在开关闭合时应为火。如果信号不对，则证明存在线路故障，应依某一条故障线路继续向前端测绘，直至找出故障点。如果负载两端测试信号无误，则证明线路无故障，为器件故障。

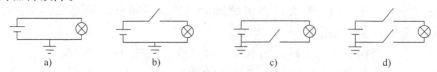

图 3-9 典型控制基础模式
a) 常火常铁 b) 控火常铁 c) 常火控铁 d) 控火控铁

3.2.3 继电器控制电路基础模式

继电器控制电路基础模式，如图 3-10 所示。电源电路的四种信号为，"火入""火出""铁入""铁出"。"火入"与"铁出"为起因，"火出"与"铁入"为结果，当单元模块从电路中分离（这里的单元模块是指继电器），则因果关系便显现出来，即"因"可测，而"果"不可测。因此针对4种继电器控制电路基础模式，应明确区分继电器引脚的因果关系。

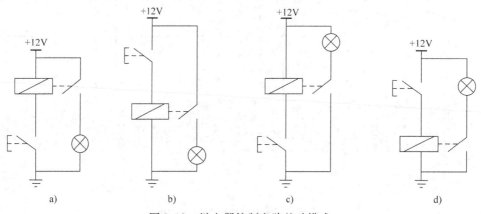

图 3-10 继电器控制电路基础模式
a) 继电器为常火控铁；负载为常铁控火 b) 继电器为常铁控火；负载为常铁控火
c) 继电器为常火控铁；负载为常火控铁 d) 继电器为常铁控火；负载为常火控铁

3.2.4 晶体管开关电路基础模式

晶体管开关电路基础模式，如图 3-11 所示。

3.2.5 达林顿管基础模式

达林顿管基础模式，如图 3-12 所示。

3.2.6 接插件构造基础模式

接插件构造基础模式，如图 3-13 所示。接插件包括插

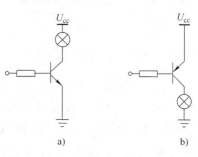

图 3-11 晶体管开关电路基础模式
a) NPN 型开关电路 b) PNP 型开关电路

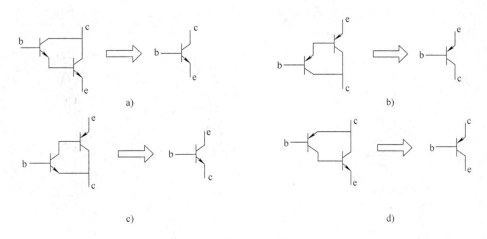

图 3-12 达林顿管基础模式
a) NPN + NPN = NPN b) PNP + PNP = PNP c) NPN + PNP = NPN d) PNP + NPN = PNP

头和插座，插头包括插头外壳和插头端子，插座包括插座外壳和插座端子。从 7 个方面检查接插件的功能，如果这 7 个方面中任何一方面出现故障，这个接插件就会出现相关的故障，需要维修或更换。

1）触点：接插部分（插针或插孔），实现电路的导通。
故障现象：接触不良。
检查重点：表面的洁净度和插接的紧固度。

2）抱芯：线芯压接，实现电路的导通，需用专业的压线钳子。
故障现象：接触不良。
检查重点：是否松脱或压结过紧，松脱将导致接触不良，压结过紧将导致某些线芯折断。

3）抱皮：绝缘压接，保护线芯，避免折损，增强固定作用。
故障现象：松脱导致抱芯部分受力过大。
检查重点：是否松脱。

4）端子锁：端子互锁装置（倒卡）。
故障现象：接线端子从接插件外壳中窜出。
检查重点：是否锁紧。

5）密封圈：防水密封胶圈。
故障现象：进水或端子锈蚀。
检查重点：密封胶圈有无老化、裂痕。

6）外壳锁：外壳互锁装置（倒卡）。
故障现象：插头从插座中窜出。
检查重点：是否锁紧。

7）解锁：解开外壳的互锁装置（倒卡），以分离插头和插座。
故障现象：插头无法从插座拔出。
检查重点：能否解锁。

3.2.7 电源电路基础模式

电源电路基础模式，如图 3-14 所示。对于电源电路，当工作电流比较大，要求导线的线上

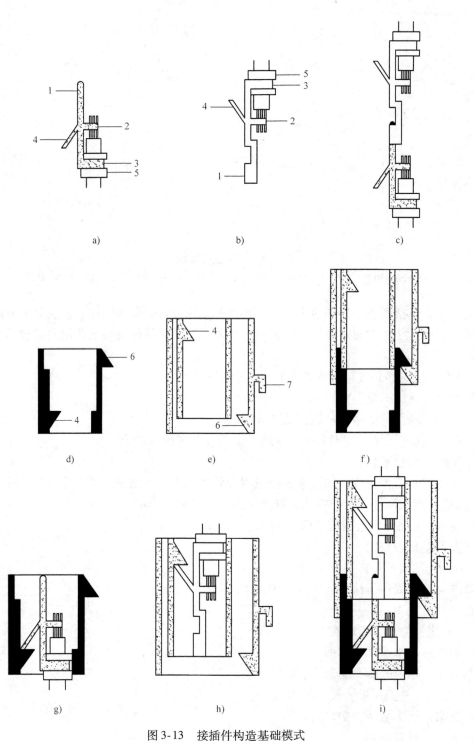

图 3-13 接插件构造基础模式
a) 插头端子 b) 插座端子 c) 插座、插头端子结合 d) 插头外壳 e) 插座外壳
f) 插座、插头外壳结合 g) 插头 h) 插座 i) 插座、插头结合
1—触点 2—抱芯 3—抱皮 4—端子锁 5—密封圈 6—外壳锁 7—解锁

电阻很小，否则会出现线上压降过大（火线或搭铁线都会产生压降），造成相关的故障。如发电系当 B+ 的正极线缆阻值过大会造成充电量低或无法充电。又如起动系正极线缆阻值过大会造成起动无力或无法起动。又如传感器阵列搭铁不实，会造成信号波形失真。

一般使用电压法检测，在带载状态下，由于线路及负载产生压降，电位呈现规律为：
$$12V = V_1 > V_2 > V_4 > V_3 = 0V$$

但是线上的压降不应过大，否则会造成导线发热或负载功率下降。正常情况下，电源正极电位 V_1 应该接近等于负载正极电位 V_2，电源负极电位 V_3 应该接近等于负载负极电位 V_4。

如果出现线上压降过大的问题，应采取缩短供电距离或增加导线截面积的方法解决。

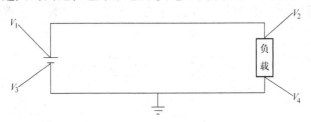

图 3-14　电源电路基础模式

3.2.8　发电系电路基础模式

发电系电路基础模式，如图 3-15 所示。应明确 6 个整流二极管（$VD_1 \sim VD_6$）、2 个中性点二极管（VD_{10}、VD_{11}）和 3 个小功率激磁二极管（$VD_7 \sim VD_9$）的位置和作用，并掌握由此 11 管交流发电机演变为 9 管、8 管和 6 管交流发电机的方法。

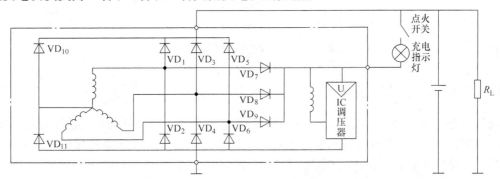

图 3-15　发电系电路基础模式

3.2.9　计算机控制发电机基础模式

计算机控制发电机基础模式，如图 3-16 所示，电脑板和调压器各自发挥自己的作用。调压器通过调整励磁电流的方式稳定输出电压，同时向电脑板通过脉宽调制传送发电机负荷信号，电脑板依据发电机负荷的变化控制发电量。维修人员在检修计算机控制发电系统故障时，可以通过数据流了解发电机负荷的情况。

计算机控制发电机基础模式，是对当前大多数智能发电机特征的概括，无论是功能还是端子都是概括性的描述。并不代表任何一款计算机控制发电机都

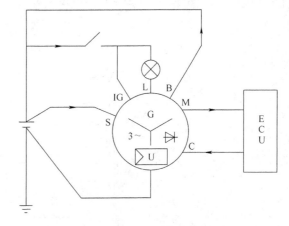

图 3-16　计算机控制发电机基础模式
S—蓄电池电压检测端子　IG—调压器供电端子　L—充电指示灯控制端子
B—发电机电压输出端子　M—发电机负荷端子
（电装为 M 或 FR；博世为 DMF）
C—发电量控制端子（电装为 C 或 G 或 RLO；博世为 L）

将具备所有的功能和所有的端子，但是每款计算机控制发电机都会具备部分的功能和部分端子。

3.2.10 充电接管过程基础模式

充电接管过程基础模式，如图3-17所示。发动机起动时，需要由蓄电池给发动机供电，再由发动机带动曲轴使活塞往复运动，进入第一次做功行程。发动机起动之前，由蓄电池为发电机转子提供励磁电流。当发动机起动后，发电机有电压输出，"接管"了蓄电池，此时蓄电池可以被移除。

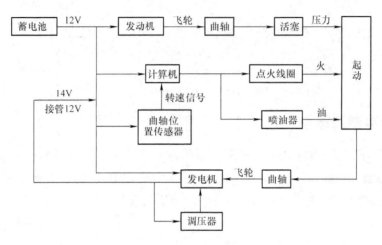

图3-17 充电接管过程基础模式

3.2.11 起动系电路基础模式

起动系电路基础模式，如图3-18所示。起动系包括电源、点火开关、起动继电器和发动机。起动系一般有3条线，1条常火线与蓄电池相连，1条控制线与起动继电器相连，还有1条自连线，断开后可单独对直流电机进行测试。如果发动机不转，可以听起动继电器的吸合声，如果没有吸合，则证明控制线路存在故障，如果有吸合，则测试发动机控制线是否有火。一旦确认发动机本体有故障，可以根据四步法对发动机进行快速检测。无论是否具备一键起动功能，测试方法均相同。

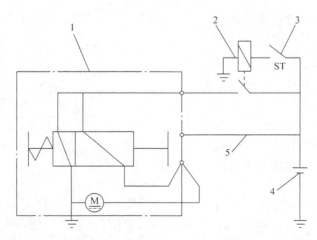

图3-18 起动系电路基础模式
1—发动机 2—起动继电器 3—点火开关 4—电源 5—起动电缆（30线）

3.2.12 起动机电路基础模式

起动机电路基础模式,如图 3-19 所示。起动机工作需经历缓慢旋转啮合、快速旋转起动、掉电分离。起动机电路图由 10 个部分构成,分别为保持线圈、吸引线圈、活动铁心、接触盘、直流电动机、回位弹簧、起动控制接线柱(50 线)、常火接线柱(30 线)、电动机接线柱、电动机引线。其中常火接线柱和电动机接线柱共同构成电磁开关的触点。

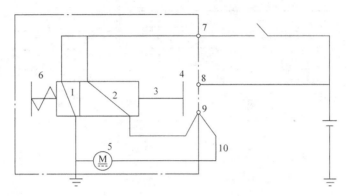

图 3-19 起动机电路基础模式

1—保持线圈 2—吸引线圈 3—活动铁心 4—接触盘 5—直流电动机 6—回位弹簧 7—起动控制接线柱(50 线)
8—常火接线柱(30 线) 9—电动机接线柱(8 和 9 构成电磁开关触点) 10—电动机引线

3.2.13 点火系电路基础模式

点火系电路基础模式,如图 3-20 所示。点火系统发展到了独立点火时代,点火线圈被独立的分配给每一个气缸,分缸线已经不存在了,因此高压能量损失和电磁干扰减小到了最低。独立点火时代的点火系统包括 ECU、点火模块、点火线圈、位置传感器、火花塞,点火模块有时是独立外置的,有时被集成到了 ECU(电脑板)中,有时被集成到点火线圈中。主流的发展趋势中,点火模块更多地被集成到了点火线圈中。

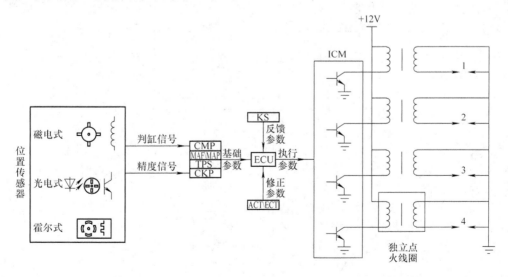

图 3-20 点火系电路基础模式

3.2.14 增压式供油系统基础模式

增压式供油系统基础模式，如图3-21所示。其中高压泵处于进油、供油和回油3种工作状态之中。在特殊情况下还存在"泄油"状态，如调压器失灵，为了防止系统油压过高，限压阀DB会打开，系统油压等于限压阀的标称压力。

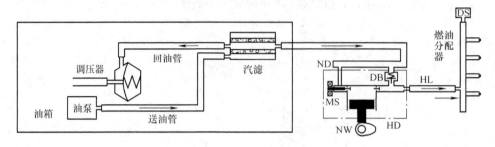

图3-21 增压式供油系统基础模式

注：
ND—低压管路（约6.5bar，来自油箱低压油泵）
NW—凸轮轴
HD—燃油高压泵
MS—流量控制阀（控制高压范围30~110bar）
HL—高压油路
DB—压力控制阀（泄压压力约为120bar）
DS—燃油压力传感器（可以通过数据流读取油压值）

3.2.15 嵌入式防盗系统基础模式

嵌入式防盗系统基础模式，如图3-22所示。将"整合"防盗理念"分散"开来，使更多的控制器加入到防盗体系，使更多的执行器受到保护，这就是WFS4和WFS5的"防盗锁止"和

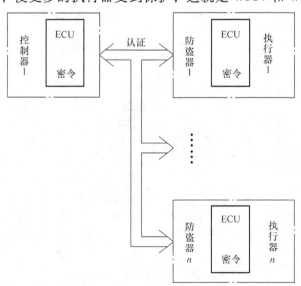

图3-22 嵌入式防盗系统基础模式

"部件保护"功能。部件保护功能终身完整记录控制器的信息,并且只有在 FAZIT 数据库上学习完毕之后,才能获得完整的功能(必须联网并获得进入权限)。部件保护是控制单元的电子安全系统,因此控制单元在被盗之后无法用于其他车辆,有效地防止窃取或不合法的使用控制器。信息系统和舒适系统的大多数控制单元均集成在部件保护中。带有部件保护功能的控制单元均有车辆专用编码。如果控制单元没有与某辆车进行匹配,则这个控制单元的功能将受到限制。第三代系统中各部件的防盗密码已被部件保护功能所取代。

3.2.16 前照灯电路基础模式

前照灯电路基础模式,如图 3-23 所示。该电路为传统电气控制方式,没有智能模块控制。

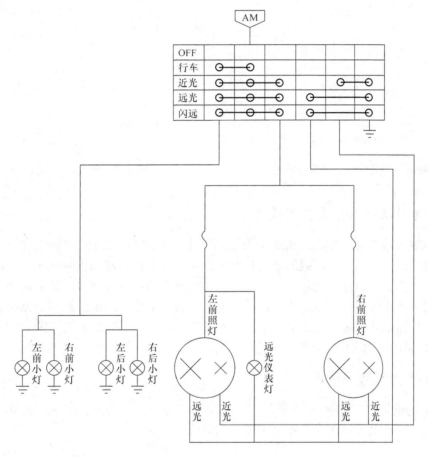

图 3-23 前照灯电路基础模式

3.2.17 转向灯电路基础模式

转向灯电路基础模式,如图 3-24 所示。该电路为传统电气控制方式,没有智能模块控制。

3.2.18 扬声器电路基础模式

扬声器电路基础模式,如图 3-25 所示。该电路为传统电气控制方式,没有智能模块控制。

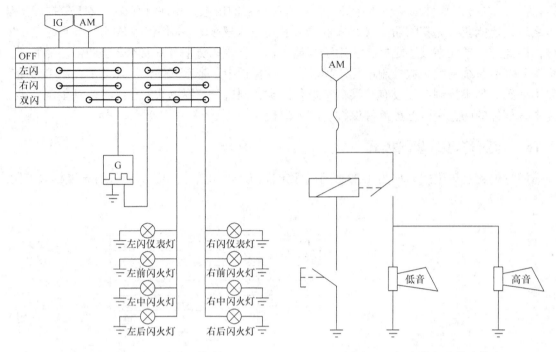

图 3-24 转向灯电路基础模式　　　　图 3-25 扬声器电路基础模式

3.2.19 智能模块输入输出基础模式

智能模块输入输出基础模式，如图 3-26 所示。以车载电网控制单元为核心的电器控制系统，已成为汽车发展的主要趋势。传统的电气控制电路与智能模块电路的根本区别是，电气电路可以通过顺藤摸瓜的方法进行逐步测量，智能模块电路会按照内部程序运行，从表面上无法清楚看出任何两支引脚的因果关系。所以对于智能模块电路需要依靠专用解码器进行数据流分析和动作测试。上行通道就是输入通道，可以通过数据流的方法对于上行通道检测。下行通道就是输出通道，可以通过动作测试的方法对于下行通道检测。

3.2.20 ECU 供电基础模式

ECU 供电基础模式，如图 3-27 所示。ECU 的供电需要三个要素：常火、控火、搭铁，缺少任何一个要素，会导致无法正常工作，也无法与解码器正常通信。

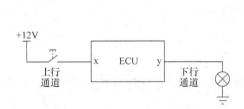

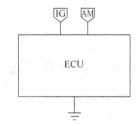

图 3-26 智能模块输入输出基础模式　　　　图 3-27 ECU 供电基础模式

3.2.21 总线通信基础模式

总线通信基础模式，如图 3-28 所示。网关是各种总线的枢纽，因此无论是读取数据流、动作测试、波形测量、电阻测量都应以网关为入手点。

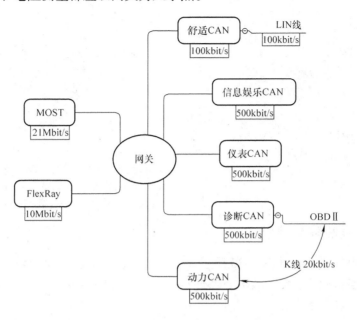

图 3-28　总线通信基础模式

3.2.22　OBDⅡ诊断插座基础模式

OBDⅡ诊断插座基础模式，如图 3-29 所示。其中 BUS + 和 BUS - 是 SAE - J1850，速率 20kbit/s；K 线是 ISO - 9141，速率 20kbit/s；LIN 线是 ISO - 9141，速率 100kbit/s；CAN 线是 SAE - J2284，速率 1Mbit/s；诊断协议标准主要分为两种体系，ISO（International Standards Organization）和 SAE（Society of Automotive Engineers）；美国使用 SAE 标准体系，美国之外的多数国家（包括中国）使用 ISO 标准体系。

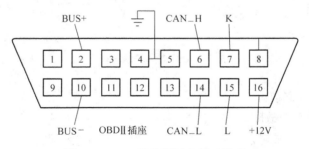

图 3-29　OBDⅡ诊断插座基础模式

OBDⅡ实现的四种方式通信：
1）CAN 线方式通信。
16——+12V
5——GND
14——CAN_L
6——CAN_H
2）K 线方式通信。
16——+12V

5——GND

7——K

15——L（可选）

3）VPW 方式通信。

16—— +12V

5——GND

2——BUS +

4）PWM 方式通信。

16—— +12V

5——GND

10——BUS –

3.2.23　CAN 总线故障基础模式

CAN 总线故障基础模型，如图 3-30 所示。CAN 总线故障分为线路故障和器件故障，线路故障包括短路故障、断路故障、反接故障。器件故障是指节点本身故障。根据将 CAN 总线系统故障细分为十几个故障点。

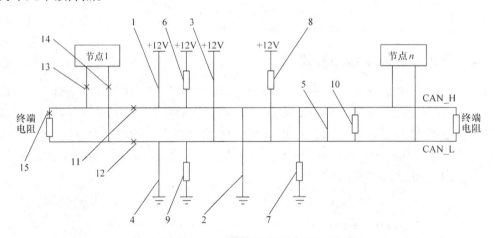

图 3-30　CAN 总线故障基础模型

1）CAN_H 对 B + 短路故障。

2）CAN_H 对 Gnd 短路故障。

3）CAN_L 对 B + 短路故障。

4）CAN_L 对 Gnd 短路故障。

5）CAN_H 对 CAN_L 短路故障。

6）CAN_H 通过电阻对 B + 短路故障。

7）CAN_H 通过电阻对 Gnd 短路故障。

8）CAN_L 通过电阻对 B + 短路故障。

9）CAN_L 通过电阻对 Gnd 短路故障。

10）CAN_H 通过电阻对 CAN_L 短路故障。

11）CAN_H 断路故障。

12）CAN_L 断路故障。

13）节点 CAN_H 断路故障。
14）节点 CAN_L 断路故障。
15）终端电阻开路故障。

另外还有接反故障和节点故障等。

3.2.24 LIN 总线基础模式

LIN 总线基础模式，如图 3-31 所示。LIN 总线是单线通信，LIN 总线的底色为紫色，只有单根 LIN 线连接着单一的主控单元和多个从控单元。LIN 总线波形为 0~12V 的脉宽调制波形，平均直流电压为 8V。

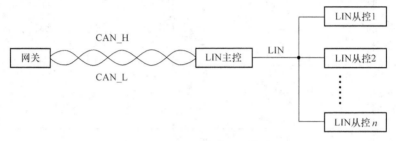

图 3-31　LIN 总线基础模式

3.3　汽车电路识图符号

3.3.1　基本图形符号

基本图形符号见表 3-1。

表 3-1　基本图形符号

序号	名称	图形符号	序号	名称	图形符号
1	直流	—	5	负极	—
2	交流	~	6	中性点	N
3	交直流	≈	7	磁场	F
4	正极	+	8	搭铁	⊥

3.3.2　开关图形符号

开关图形符号见表 3-2。

表 3-2　开关图形符号

序号	名称	图形符号	序号	名称	图形符号
1	常开型单刀单掷开关		3	单刀双掷开关	
2	常闭型单刀单掷开关		4	单刀三掷开关	

(续)

序号	名称	图形符号	序号	名称	图形符号
5	双动合单刀单掷开关		18	一般手动控制	
6	双动断单刀单掷开关	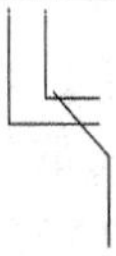	19	拉拔操作	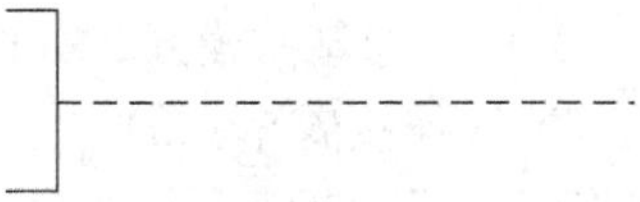
7	单动断双动合单刀双掷开关	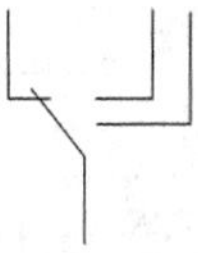	20	推动操作	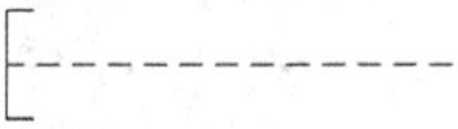
8	双动断单动合单刀双掷开关	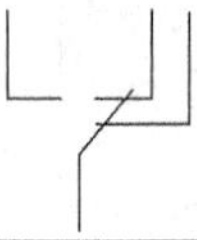	21	旋转操作	
9	双动断双动合单刀双掷开关	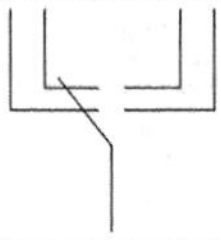	22	热执行器操作	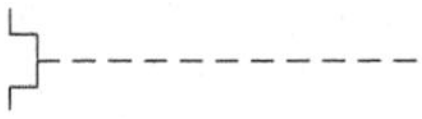
10	双刀双掷开关	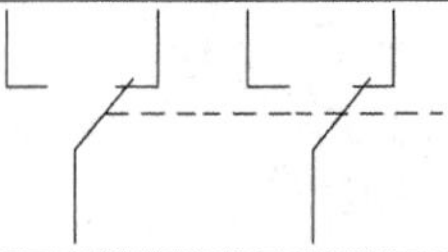	23	一般机械控制	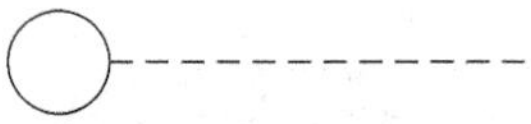
11	双刀三掷开关	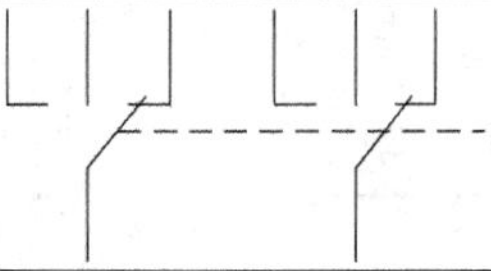	24	凸轮控制	
12	控制联动线		25	液位控制	
13	定位控制联动线		26	一般传感器控制	
14	钥匙操作	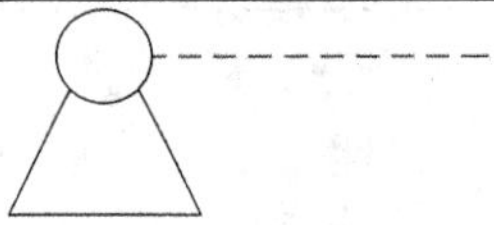	27	油压控制	 OP
15	推拉多档开关位置	 0 1 2	28	电磁控制	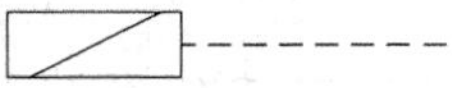
16	旋转多档开关位置	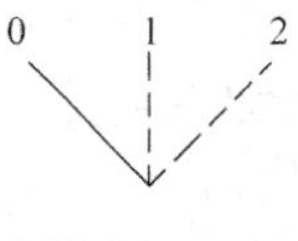 0 1 2	29	按钮开关	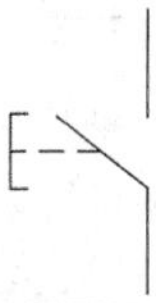
17	点火开关	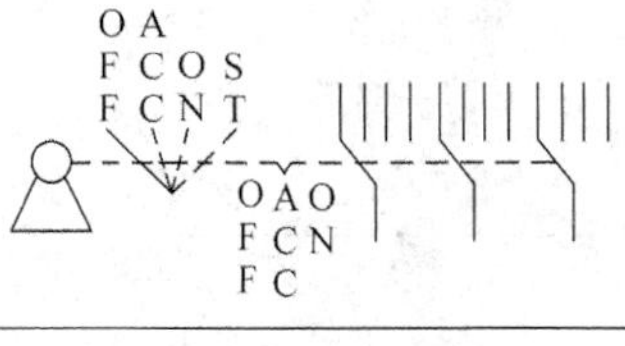 O A F C O S F C N T O A O F C N F C	30	旋钮开关	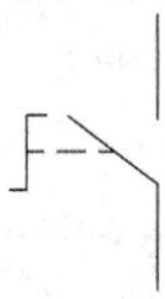

88

(续)

序号	名称	图形符号	序号	名称	图形符号
31	定位按钮开关	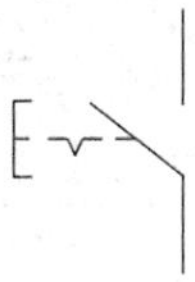	35	油压控制开关	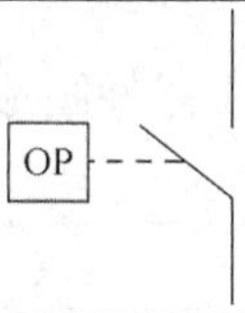
32	热敏开关	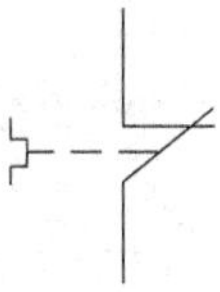	36	常开型（单刀单掷）继电器	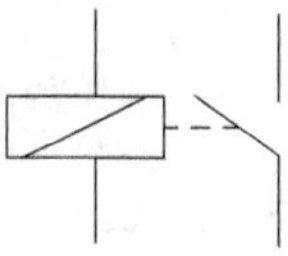
33	液位控制开关	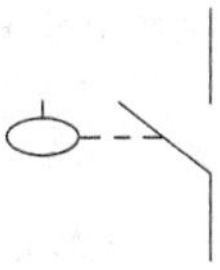	37	单刀双掷继电器	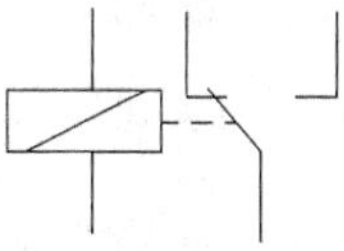
34	凸轮控制开关	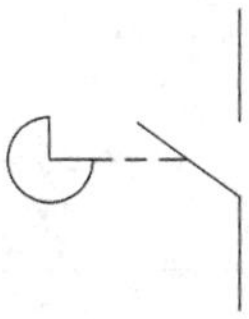	38	双刀双掷继电器	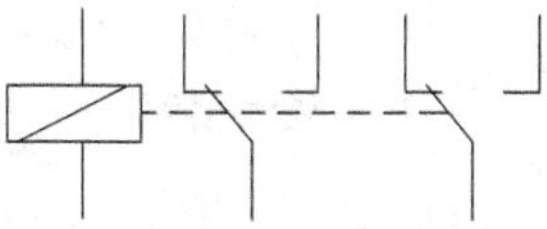

3.3.3 接插件图形符号

接插件图形符号见表3-3。

表3-3 接插件图形符号

序号	名称	图形符号	序号	名称	图形符号
1	插座的一个极	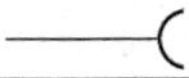	3	插头和插座	
2	插头的一个极		4	三极插头和插座	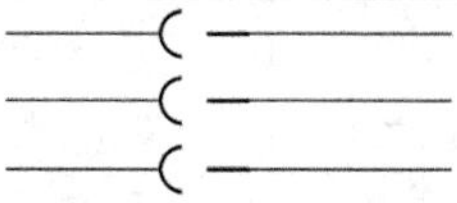

3.3.4 线束图形符号

线束图形符号见表3-4。

表3-4 线束图形符号

序号	名称	图形符号	序号	名称	图形符号
1	接点	●	5	导线的分支中连接	
2	端子	○	6	导线的交叉连接	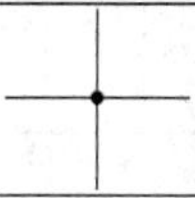
3	可拆卸端子	⌀	7	导线的跨越	
4	导线的连接		8	屏蔽线	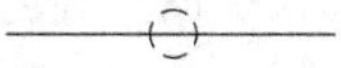

89

3.3.5 电气元器件图形符号

电气元器件图形符号见表3-5。

表3-5 电气元器件图形符号

序号	名称	图形符号	序号	名称	图形符号
1	电阻器	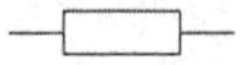	13	PNP型晶体管	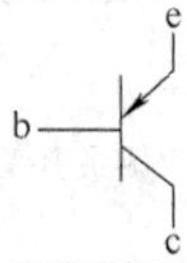
2	可变电阻器	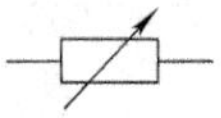	14	电容	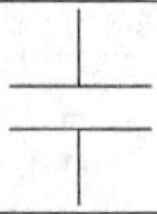
3	压敏电阻器	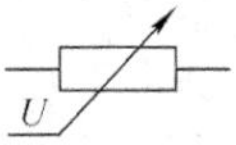	15	可变电容	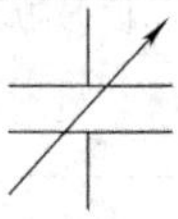
4	热敏电阻器	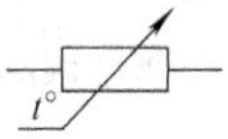	16	极性电容	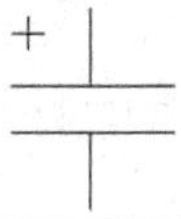
5	滑动电位器	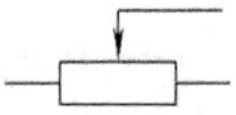	17	电感	
6	光敏电阻器	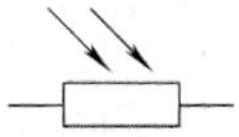	18	带磁芯电感	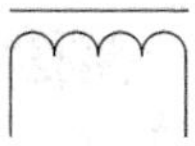
7	二极管	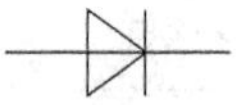	19	绕组电磁铁	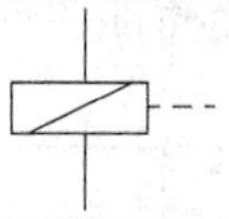
8	稳压二极管	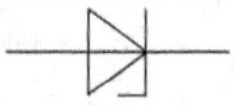	20	熔断丝	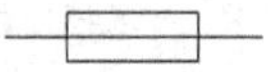
9	发光二极管	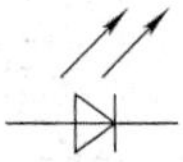	21	易熔线	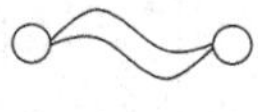
10	光敏二极管	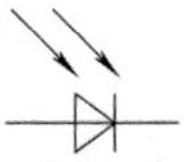	22	电路断电器	
11	双向二极管（变阻二极管）	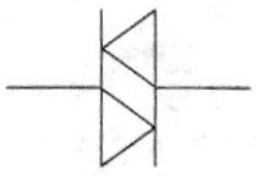	23	压电晶体	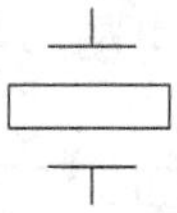
12	NPN型晶体管	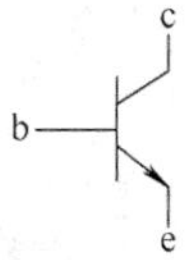	24	永久磁铁	

3.3.6 仪表图形符号

仪表图形符号见表3-6。

表 3-6 仪表图形符号

序号	名称	图形符号	序号	名称	图形符号
1	仪表一般符号	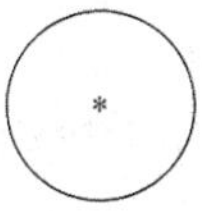 (*)	9	温度表	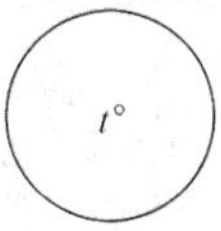 (t°)
2	电流表	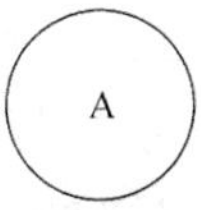 (A)	10	油压表	 (OP)
3	电压表	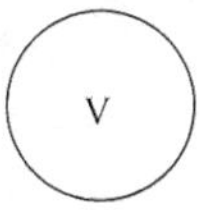 (V)	11	电钟	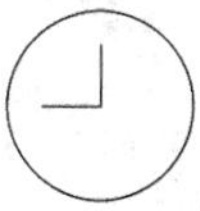 (钟)
4	瓦特表	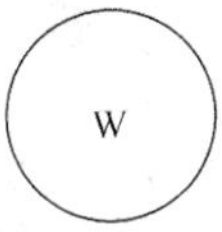 (W)	12	数字式电钟	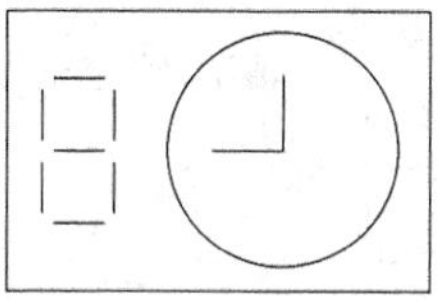 [数字 钟]
5	欧姆表	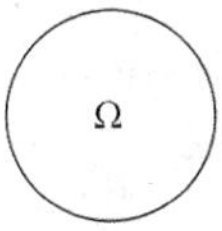 (Ω)	13	带电钟的车速里程表	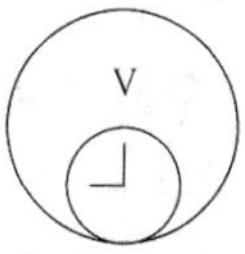 (V/钟)
6	燃油表	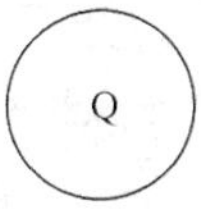 (Q)	14	自记车速里程表	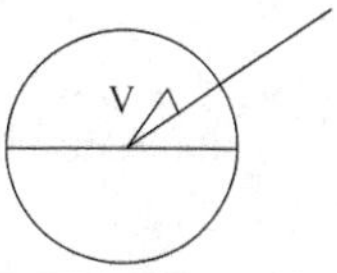 (V↗)
7	脉速表	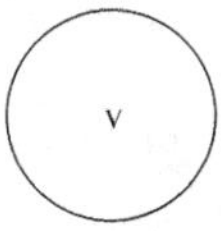 (v)	15	带电钟自记车速里程表	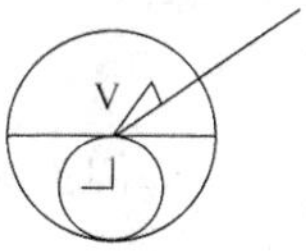 (V↗/钟)
8	转速表	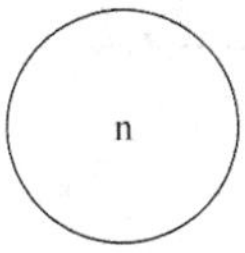 (n)			

3.3.7 传感器图形符号

传感器图形符号见表3-7。

表 3-7 传感器图形符号

序号	名称	图形符号	序号	名称	图形符号
1	传感器一般符号	 [*]	2	温度表传感器	 [t°]

(续)

序号	名称	图形符号	序号	名称	图形符号
3	水温传感器	 $t_w°$	9	氧传感器	 λ
4	空气温度传感器	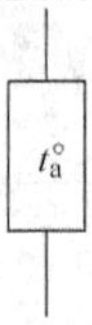 $t_a°$	10	爆震传感器	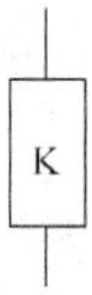 K
5	油压表传感器	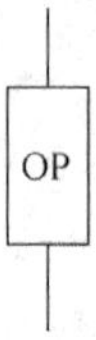 OP	11	转速传感器	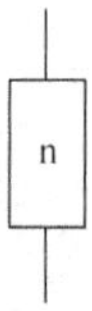 n
6	空气质量传感器	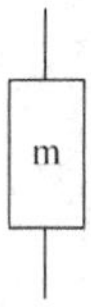 m	12	速度传感器	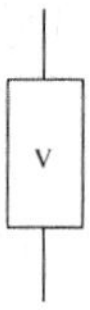 v
7	燃油表传感器	 Q	13	空气压力传感器	 AP
8	空气流量传感器	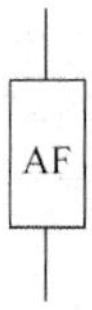 AF			

3.3.8 电气设备图形符号

电气设备图形符号见表3-8。

表3-8 电气设备图形符号

序号	名称	图形符号	序号	名称	图形符号
1	元件、装置、功能元件	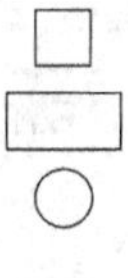	3	防盗报警系统	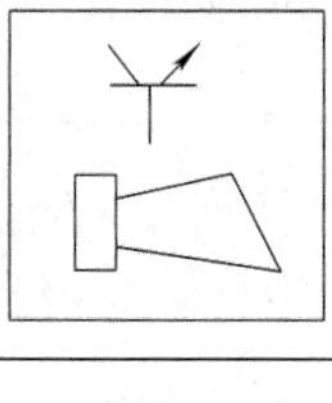
2	电喇叭	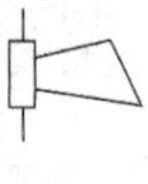	4	扬声器	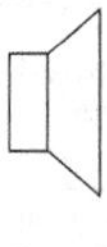

(续)

序号	名称	图形符号	序号	名称	图形符号
5	蜂鸣器	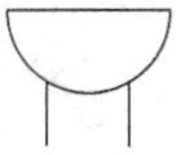	18	火花塞	
6	无线电话	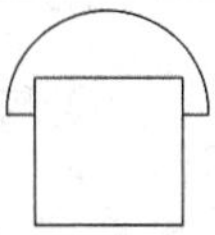	19	加热器（除霜器）	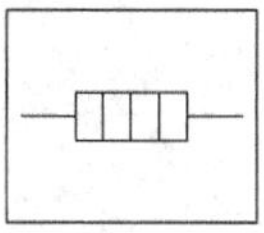
7	蓄电池	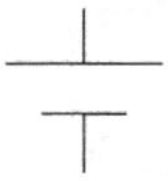	20	电磁阀一般符号	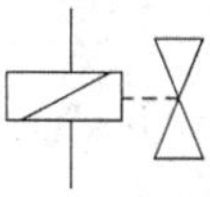
8	信号灯/照明灯		21	常通电磁阀	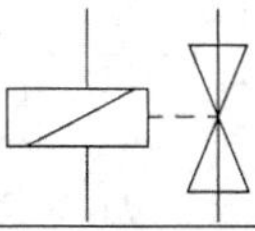
9	双丝照明灯	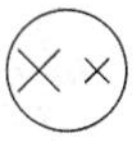	22	常开电磁阀	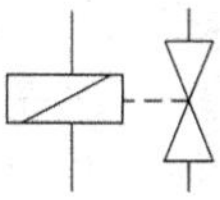
10	组合灯	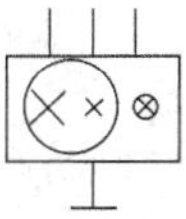	23	电磁离合器	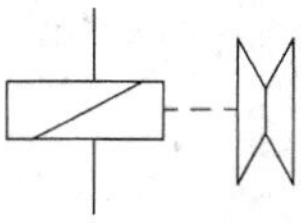
11	荧光灯		24	信号发生器	
12	发射机	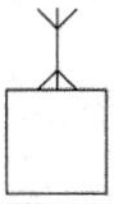	25	脉冲发生器	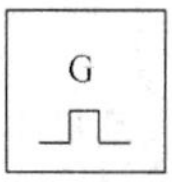
13	收音机	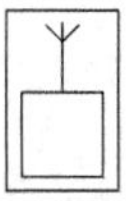	26	闪光器	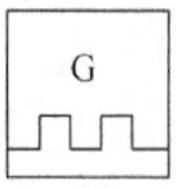
14	音乐系统	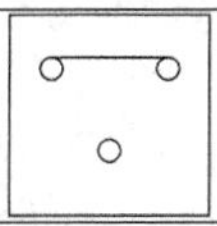	27	间歇刮水继电器	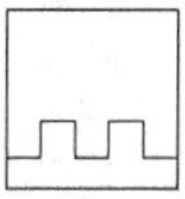
15	传声器 MIC	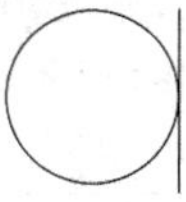	28	霍尔信号发生器	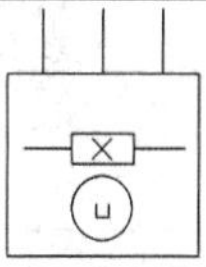
16	点火线圈	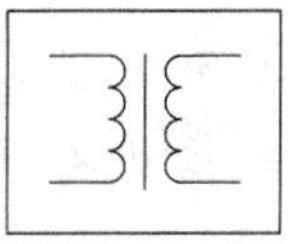	29	磁感应信号发生器	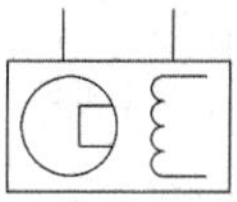
17	分电器	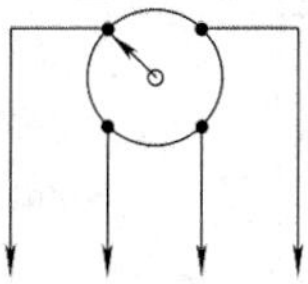	30	直流伺服电动机	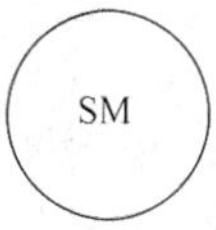

93

（续）

序号	名称	图形符号	序号	名称	图形符号
31	直流发电机	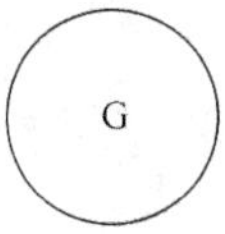 Ⓖ	42	怠速电动机	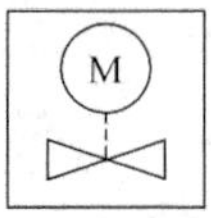 Ⓜ 带阀
32	直流电动机	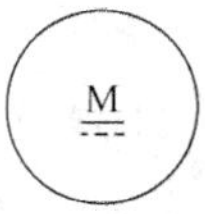 Ⓜ (=)	43	稳压器	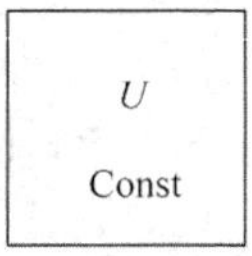 U Const
33	风扇电动机	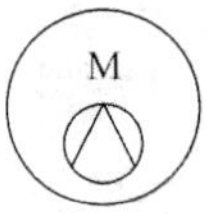 Ⓜ (风扇)	44	过电压保护器	 U>
34	刮水电动机	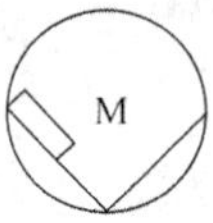 Ⓜ (刮水)	45	过电流保护器	 I>
35	天线电动机	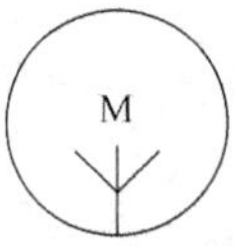 Ⓜ (天线)	46	点烟器	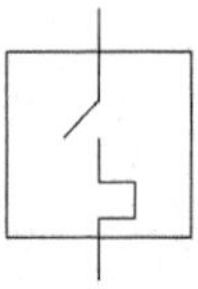
36	串励直流电动机	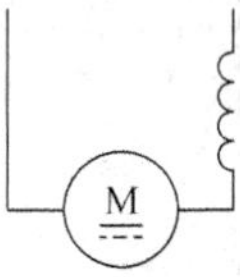 Ⓜ 带串励绕组	47	热继电器	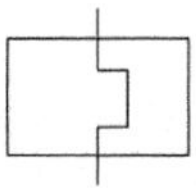
37	并励直流电动机	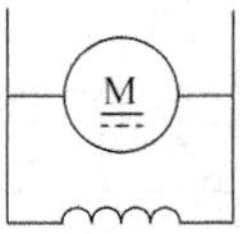 Ⓜ 带并励绕组	48	转速调节器	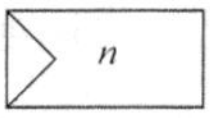 ▷ n
38	永磁直流电动机	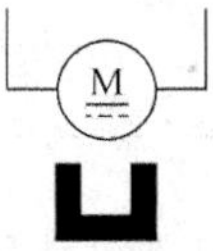 Ⓜ 带永磁	49	电压调节器	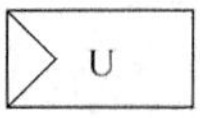 ▷ U
39	起动机	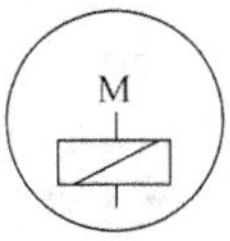 Ⓜ	50	定子绕组为星形联结的交流发电机	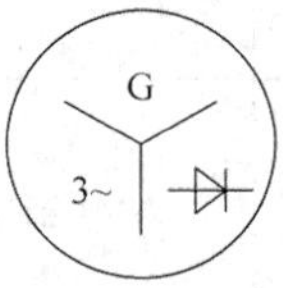 Ⓖ 3~
40	燃油泵、洗涤电机	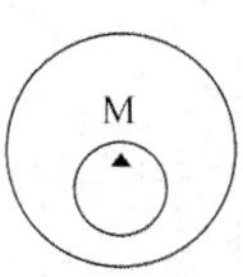 Ⓜ	51	定子绕组为三角形联结的交流发电机	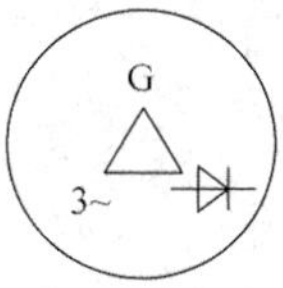 Ⓖ 3~
41	晶体管电动燃油泵	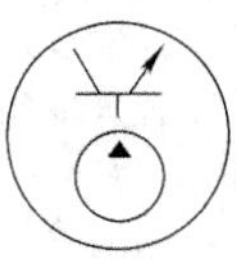	52	调压器外置交流发电机	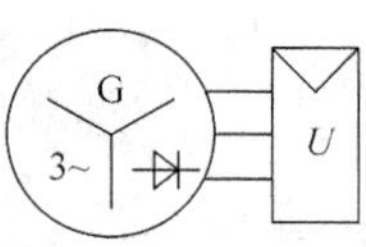 Ⓖ 3~ U

(续)

序号	名称	图形符号	序号	名称	图形符号
53	调压器内置交流发电机	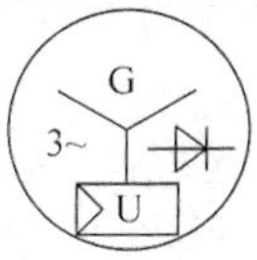	55	起动机	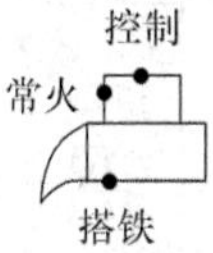
54	滤波器				

3.3.9 开关、警告灯、指示灯标志

开关、警告灯、指示灯标志见表3-9。

表3-9 开关、警告灯、指示灯标志

系统	符号	名称	说明
发动机	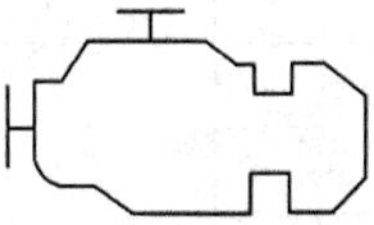	发动机故障灯	黄色灯亮为一般故障，可以继续行驶，方便时可进行排故；红色灯亮为严重故障，应尽快停车熄火
	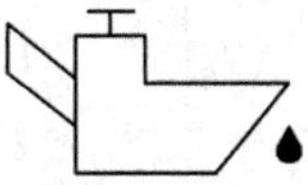	机油压力故障灯	灯亮说明发动机机油压力不足
	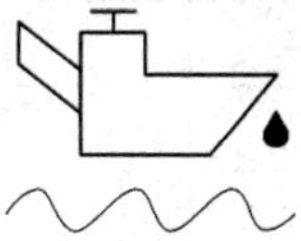	机油液位故障灯	灯亮说明发动机机油液位不足
		汽油指示灯	灯亮说明汽油即将用尽
	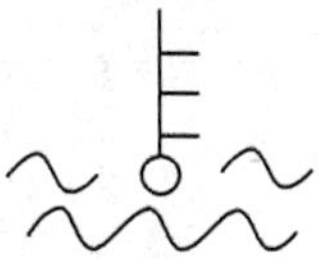	水温故障灯	灯亮说明防冻液温度过高
	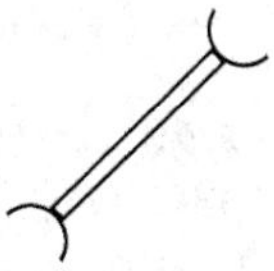	保养灯	灯亮说明车辆需要保养
	EPC	电子油门故障灯	本灯多见于配备电子油门系统的大众车系，车辆自检时亮起，随后应熄灭。灯亮说明电子油门有故障
	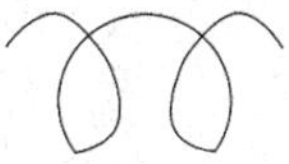	柴油车预热提示灯	灯亮说明柴油发动机正在预热，应等到灯灭才可行驶
	r/min 或 RPM	发动机转速表	
	km/h	脉速表	

(续)

系统	符号	名称	说明
发动机		点火开关（4档）	0档：LOCK 1档：ACC 2档：ON 3档：START
		自动变速器故障灯	
行驶系		车身电子稳定控制系统指示灯	<table><tr><td>名称</td><td>车系</td></tr><tr><td>ESP（Electronic Stability Program）Bosch</td><td>大众、克莱斯勒、福特</td></tr><tr><td>ESC（Electronic Stability Control）</td><td>通用</td></tr><tr><td>ASR（Acceleration Slip Regulation）</td><td>奔驰</td></tr><tr><td>DSC（Dynamic Stability Control）</td><td>宝马</td></tr><tr><td>VSC（Vehicle Stability Control）</td><td>丰田</td></tr><tr><td>VSA（Vehicle Stability Assist）</td><td>本田</td></tr><tr><td>VDC（Vehicle Dynamics Control）</td><td>日产</td></tr><tr><td>TCS（Traction Control System）</td><td>铃木</td></tr><tr><td>VSM（Vehicle Stability Management）</td><td>现代</td></tr></table>
		胎压故障灯	应通过数据流读取哪个胎压出现故障
		空气悬架故障灯	
转向系		巡航指示灯	手动按一次巡航功能键使巡航指示灯亮代表巡航处于待机状态。手动调节加减号键可改变时速，脚不用踩油门，便可保持定速巡航状态，一旦踩刹车就恢复人工控制。手动再按一次巡航功能键使巡航指示灯灭代表退出巡航状态
		电动转向故障灯	

(续)

系统	符号	名称	说明
制动系	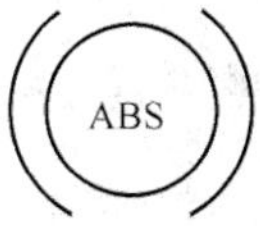 ABS	制动防抱死系统（ABS）故障灯	Antilock Brake System
	EBD	电子制动力分配系统	Electric Brakeforce Dis – tribution
	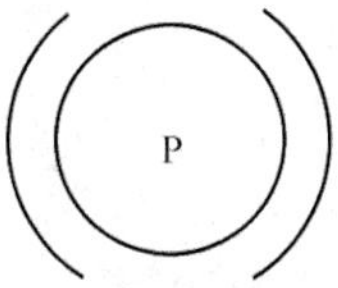 P 或  !	手动制动器	
	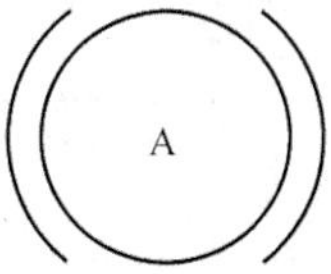 A	电子驻车制动	是自动驻车按键，按下去后，踩刹车电子驻车制动会自动起作用并制动，踩油门后又会自动释放电子驻车制动
	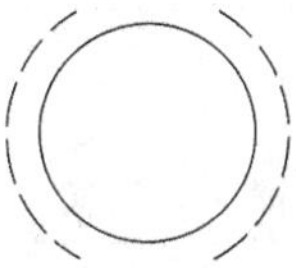 (虚线圆)	刹车片磨损警告灯	应通过数据流读取故障刹车片位置
电器	 (气囊图标)	安全气囊故障灯	应通过数据流读取故障气囊位置
	 (安全带图标)	安全带指示灯	未系安全带报警
	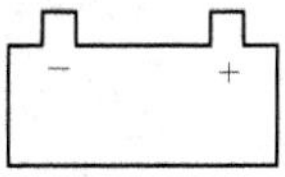 (电池图标)	充电故障灯	发电机不发电故障
	 △	危险警告灯（双闪灯）	紧急停车时或雨雪雾天气行车时开启
	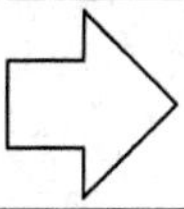 ⇒	右转向灯	
	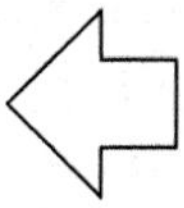 ⇐	左转向灯	

97

(续)

系统	符号	名称	说明
电器		外部照明故障灯	车载电网控制单元可监控照明系统的状态,通过读取数据流确定具体故障位置
	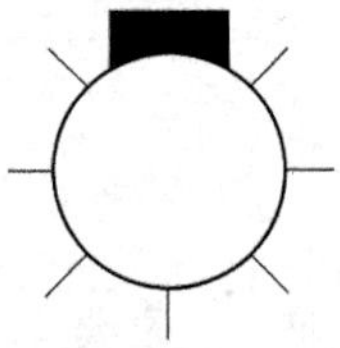	灯光开关指示	灯光控制总成标志
	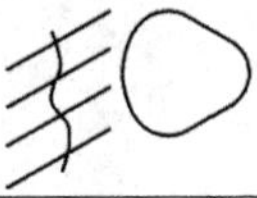	前雾灯	
	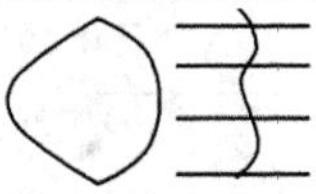	后雾灯	
	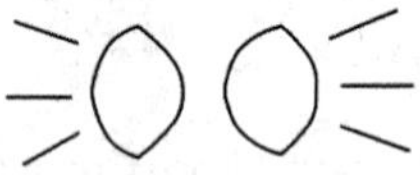	示宽灯	也可称为小灯或行车灯
		近光灯	
	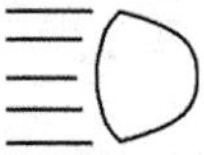	远光灯	
	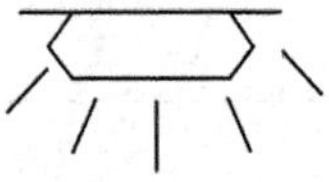	室内灯	
	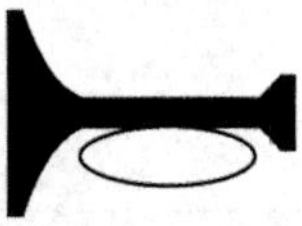	扬声器	
		点烟器	
		发动机罩开启	
		行李箱开启	
	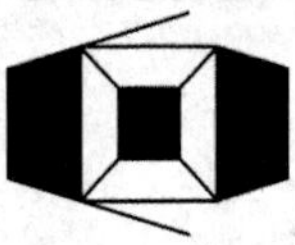	门未关报警	

（续）

系统	符号	名称	说明
电器	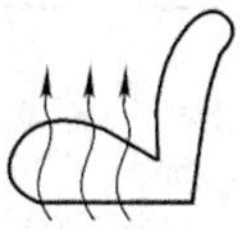	座椅加热	
	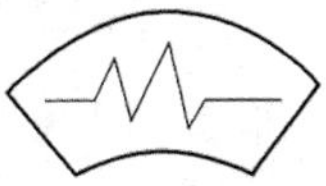	除霜	
		风窗玻璃刮水	
	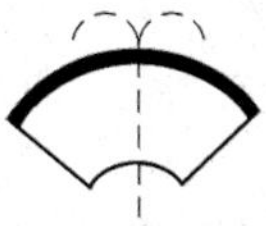	风窗玻璃洗涤	
	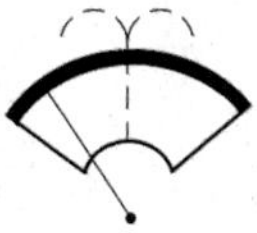	风窗玻璃刮水洗涤	
	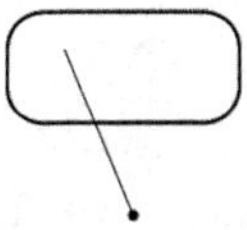	后窗玻璃刮水	
	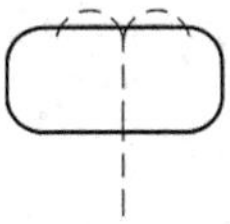	后窗玻璃洗涤	
	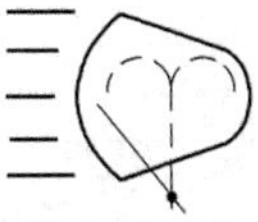	前照灯刮水洗涤	
		中控锁键	同时打开或关闭各车门的门锁
	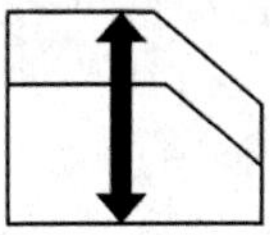	玻璃升降	
	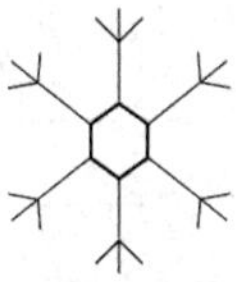	空调开关 A/C	
		空调风扇 FAN	

(续)

系统	符号	名称	说明
电器		空调吹脸档	
		空调吹脚档	
		空调吹脸吹脚双层档	
		空调吹窗吹脚双层档	
	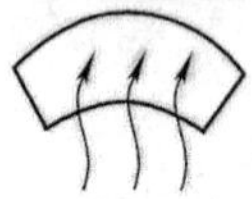	空调吹窗档	
		车外空气循环	
	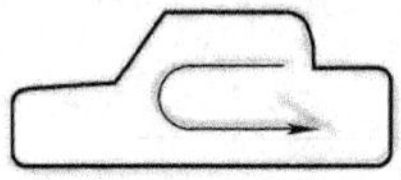	车内空气循环	
		电动折叠后视镜	
	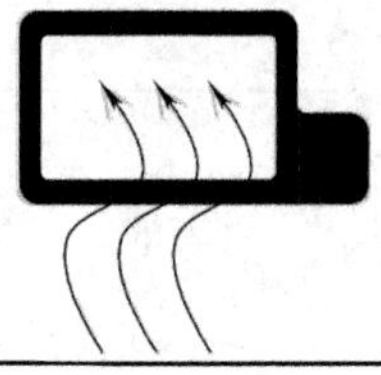	后视镜除雾	

3.3.10 新技术车尾标识

新技术车尾标识见表3-10。

表3-10 新技术车尾标识

英文缩写（标识）	英文全称	注解
T	Turbo	涡轮增压
GDI	Gasoline Direct Injection	三菱 缸内直喷 40:1的超稀空燃比

(续)

英文缩写（标识）	英文全称	注解
EcoBoost		福特 三大关键技术的协同优势：燃油高压直喷、先进涡轮增压器和双独立可变气门正时系统
SDI	Suction Direct Injection	自然吸气直接喷射柴油发动机
TDI	Turbo Direct Injection（Turbo + SDI）	大众 涡轮增压直接喷射柴油发动机
SIDI	Spark Ignition Direct Injection	通用 火花点燃直喷
FSI	Fuel Stratified Injection	奥迪 燃油分层喷射
TFSI	Turbo + FSI	奥迪 带涡轮增压（T）的FSI发动机 国产奥迪没有使用分层燃烧技术，相当于涡轮增压缸内直喷
TSI	Twincharger Fuel Stratified Injection	进口大众 双增压分层直喷发动机 双增压 = 涡轮增压器 Turbocharger + 机械增压器 Supercharger
	Turbo + FSI	国产大众 涡轮增压缸内直喷
DOHC	Double Overhead Camshaft	双顶置凸轮轴
i - VTEC	Intelligent - Variable Valve Timing and Lift Electronic Control System	本田 智能可变气门配气相位和气门升程电子控制系统 （仅是进气门）
DVVT - i	Dual Variable Valve Timing - intelligent	丰田 双智能可变气门正时
MIVEC	Mitsubishi Innovative Valve timing and Lift Electronic Control system	三菱 智能可变气门正时与升程管理系统 （仅是进气门）
AVS	Audi Valvelift System	奥迪 可变气门升程系统 （仅是进气门，伺服电动机控制，没有节气门）
D - CVVT	Dual Continue Variable Valve Timing	现代 双连续可变气门正时
AT	Automatic Transmission	行星齿轮组自动变速器
CVT	Continuously Variable Transmission	无极自动变速器
DCT	Dual Clutch Transmission	双离合自动变速器

(续)

英文缩写（标识）	英文全称	注解
AMT	Automated Mechanical Transmission	电控机械式自动变速器
DM	Dual Mode	双模电动车
4WD 或 4x4	4 Wheels Drive	四轮驱动 分时四驱无中央差速器分动，最大 50%； 全时四驱经托森差速器分动，最大 80%； 适时四驱经多片离合器式差速器分动，最大 50%
AWD Quattro 4MATIC xDrive	All–wheelDrive	全时四驱 奥迪全时四驱 奔驰全时四驱 宝马全时四驱
DM	Dual Mode	双模电动车
BEV	Battery Electric Vehicle	纯电动汽车
HEV	Hybrid Electric Vehicle	混合动力汽车
PHEV	Plug–in Hybrid Electric Vehicle	插电式混合动力汽车
EREV	Extended–Range Electric Vehicle	增程式电动汽车
FCEV	Fuel Cell Electric Vehicle	燃料电池汽车

3.4 实训

1. 根据单元电路测绘（30 分）。
全局电路原理图 5 分；
局部电路原理图 10 分；
器件位置图 5 分；
引脚顺序图 5 分；
线束位置图 5 分。

2. 制定诊断策略（如图 3-32 所示）（30 分）。
诊断策略可行 10 分；
诊断策略正确 10 分；
诊断策略优化 10 分。

3. 排除故障（40 分）。
成功排除 1 处故障点得 20 分，共设置 2 处故障点。

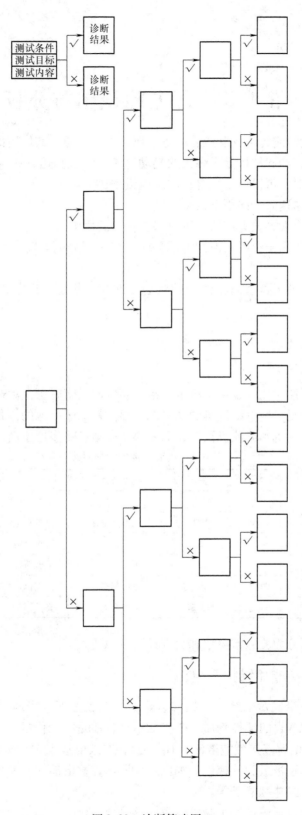

图 3-32 诊断策略图

第4章 蓄电池识图与分析

蓄电池是一个将化学能转化成电能的设备，属于直流电源。其作用如下所述。
1）起动发动机时，给起动机提供强大的起动电流（一般高达200~600A）。
2）当发电机过载时，可以协助发电机向用电设备供电。
3）当发动机处于怠速时，向用电设备供电。
4）蓄电池还是一个大容量电容器，可以保护汽车的用电器。
5）当发电机端电压高于铅蓄电池的电动势时，将一部分电能转变为化学能储存起来，也就是进行充电。

蓄电池总是处于3种工作状态中的一种状态，即放电状态、充电状态和既不放电又不充电状态。

4.1 蓄电池构造

当前主流电池的特性对比如表4-1所示，铅酸蓄电池具有容量大和造价低的特点，适合汽车的起动需要。但是如果用于纯电动汽车的动力源，显然锂离子电池的体积比蓄电池小很多。因此蓄电池适用于传统的汽油机和柴油机汽车，而锂离子电池则更多用于新能源汽车中。

表4-1 主流电池的特性对比

	体积	容量	造价	充电特性	应用
锂离子电池	小	大	较高	可充电	手机，UPS，高档轿车电池
镍镉电池	小	大	较低	可充电但有记忆性	由于有记忆性，已被淘汰
铅酸蓄电池	大	大	低	可充电	汽车电池
干电池	小	小	低	不可充电	手电筒等
氧化银钮扣电池	非常小	非常小	较高	不可充电	计算机、手机主板BIOS电源
燃料电池	大	大	非常高	不可充电	高档轿车

常见汽车蓄电池可分为普通蓄电池和免维护蓄电池两大类。

4.1.1 普通蓄电池（非免维护蓄电池）

普通蓄电池又称为铅酸蓄电池，以铅锑合金为骨架，上面紧密地涂上铅膏，经过化学处理后，正、负极板上形成各自的活性物质，正极的活性物质是二氧化铅（PbO_2），负极的活性物质是海绵状纯铅（Pb），电解液是硫酸溶液（H_2SO_4），在放电过程中，负极被氧化，正极被还原，负极板一般为深灰色，正极板为暗棕色。如图4-1所示，蓄电池的主要构成部分包括正极板、负极板、隔板、电解液、壳体和联条等。

普通蓄电池在使用过程中会发生减液现象，这是由于栅架上的锑会污染负极板上的铅，造成水的过度分解，大量氧气和氢气分别从正、负极板上逸出，使电解液减少。普通蓄电池的主要优点是电压稳定、价格便宜。缺点是日常维护频繁，需定期检查电解液的高度并添加蒸馏水。

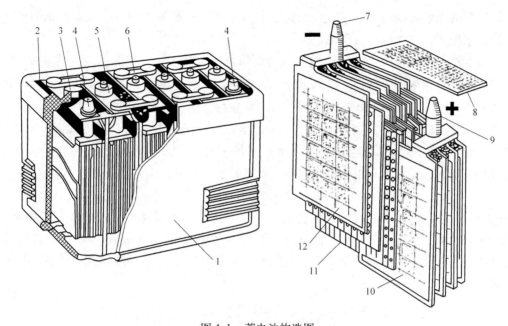

图 4-1 蓄电池构造图

1—壳体 2—密封胶 3—加液口 4—正、负极接线柱 5—加液口塞 6—联条
7—负极板组 8—护板网 9—正极板组 10—二氧化铅 11—隔板 12—海绵状纯铅

4.1.2 免维护蓄电池

顾名思义，免维护蓄电池的最大特点就是"免维护"。它采用了铅钙合金做栅架，所以充电时产生的水分解量少，水分蒸发量也低，加上外壳采用密封结构，释放出来的硫酸气体也很少，和普通蓄电池比，它的电解液的消耗量非常小，在使用寿命内基本不需要补充蒸馏水。它还具有耐震、耐高温、体积小和自放电小的特点，但是售价也会比普通蓄电池更贵。正常情况下，建议免维护蓄电池更换周期为 3 年左右，与普通蓄电池时间相当。如果条件具备，应依据蓄电池综合测试仪的测试结果来判断是否需要更换蓄电池。

问题

1. 蓄电池是一个将_____能转化成_____能的设备，属于直流电源。
2. 常见汽车蓄电池可分为_____和_____两大类。

4.2 蓄电池工作原理与常见故障

4.2.1 双硫化理论

蓄电池放电过程是将化学能转变成电能向用电设备供电；充电过程是将电能转化为化学能储存在蓄电池里，其充电过程与放电过程是可逆的。

双极硫化盐理论（双硫化理论）是蓄电池工作的理论根源，如下所示：

$$\underset{\text{正极板}}{PbO_2} + \underset{\text{负极板}}{Pb} + \underset{\text{电解液}}{2H_2SO_4} \underset{\overleftarrow{充电}}{\overrightarrow{放电}} \underset{\text{正负极板}}{2PbSO_4} + \underset{\text{电解液}}{2H_2O}$$

放电过程是化学能变成电能的过程，这时正极的活性物质二氧化铅（PbO_2）变为 $PbSO_4$，负极活性物质海绵状纯铅（Pb）变为 $PbSO_4$，生成 H_2O，电解液中 H_2SO_4 浓度逐渐降低，pH 增高，电池内阻增大，电池电动势降低。

充电过程中，正、负极板上的有效物质逐渐恢复，电解液 H_2SO_4 浓度逐渐增高，pH 降低，电池内阻减小，电池电动势增高。电解液中，正极不断产生游离的 H^+ 和 SO_4^{2-}，负极不断产生 SO_4^{2-}，在电场的作用下，H^+ 向负极移动，SO_4^{2-} 向正极移动，形成电流。

某些极端情况值得注意，如充电终期，$PbSO_4$ 绝大部分反应为二氧化铅（PbO_2）和海绵状纯铅（Pb），如果继续充电，就要引起水的分解，正极放出 O_2，负极放出 H_2。因此经常的过充电，会造成电解液缺失，需要补充电解液。如果发电机输出电压过高，将会造成过充电。

$$2H_2O \rightarrow 2H_2 \uparrow + O_2 \uparrow$$

根据双硫化理论制作的单格电池标称电压仅仅为 2V。12V 蓄电池需要 6 支单格电池串联组成，如图 4-2 所示。同理可知，24V 蓄电池需要 12 支单格电池串联组成。这样就可以设计出各种输出电压的蓄电池，当然必须是 2V 的整数倍。同时也可以通过增加单格电池的容积来提升蓄电池的储电容量。

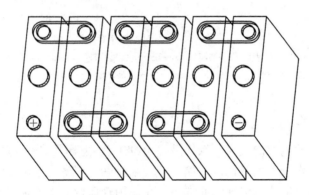

图 4-2 蓄电池构造图

4.2.2 硫化现象

电池过放电、放电后长期存储或在放电状态下存储，极板上将在硫酸铅的溶解、重结晶作用下生成一种粗大、难于接受充电的白色硫酸铅结晶，接受电化学反应的能力差，充电的时候无法转化为活性物质（PbO_2 和 Pb），此现象称为不可逆硫酸盐化（简称为硫化）。严重时电极失效，无法充电。

硫化现象如下所述。

1）蓄电池容量降低。
2）电解液密度低于正常值。
3）蓄电池在开始充电及充电完毕时电压过高，单格电压高达 2.7V。
4）蓄电池在充电时过早地产生气泡，甚至一开始充电就有气泡。
5）蓄电池充电时升温过快，容易超过 45℃。

2~3A 的小电流长时间过充电，或者全放、全充的方式反复循环直至使活性物质还原。硫化严重的蓄电池可使用去硫化充电工艺消除。

4.2.3 爬酸现象

汽车起动用蓄电池在使用一段时间后，在其正负极柱、连接线上逐渐出现白色酸性物质，严重者极柱部位出现漏液、极柱根部烧损或熔蚀现象，行业上通称为爬酸或渗漏。

1. 爬酸现象产生机理

蓄电池盖和极套是通过注塑机一次性压注而成的，为了防止极套脱落及电解液从结合部渗出，极套外部设计成螺纹状。为了防止转动，螺纹之间有间断的垂直条。极套和内极柱通过焊接而形成端子，对于100Ah以下的小容量蓄电池，如图4-3a所示，因极套较长，故从顶部焊接，焊接深度在5mm以上。对于100Ah以上的大容量蓄电池，如图4-3b所示，因极套较短，故从根部焊接，上端为焊接的端子。

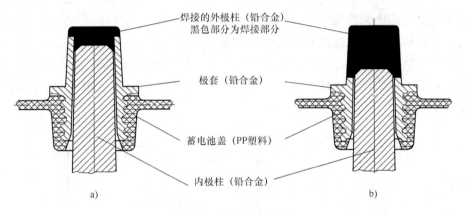

图 4-3 蓄电池极柱结构
a) 小容量蓄电池 b) 大容量蓄电池

对爬酸蓄电池的解剖发现，从极套及焊接处出现渗酸的较少，常见的是从极套和塑料结合处渗酸。H_2SO_4沿着腐蚀通道在内部气压或液面波动等作用下渗出，在端子表面或蓄电池盖上形成一层硫酸液膜，即爬酸现象。极套结构、蓄电池盖加工工艺、端子焊接过程对蓄电池爬酸存在一定的影响。根据对大量的爬酸蓄电池的分析总结，发现使用过程中出现以下情况容易导致蓄电池端子爬酸。

1）蓄电池接线及连接处电阻较大。

2）蓄电池正负极柱长期处于微短路，形成化学腐蚀。

3）蓄电池经常处于亏电状态。

2. 爬酸现象的预防

1）选用符合起动要求且合格的电缆线和电阻较小的连接卡子。

2）安装蓄电池时先用砂纸打磨掉端柱表面、线夹表面的氧化层，连接可靠，然后在端柱和线夹上涂一层黄油或凡士林。定期清洗端柱表面白色酸性物质，保证接线连接可靠。

3）给蓄电池加入符合国家标准且合格的电解液和补充液。加液或加补充水时，液面与蓄电池槽上的最高液面线平齐，蓄电池槽上没有最高液面线标记时，电解液液面应高出最低液面线10~15mm，无液面线的应高出隔板顶部10~15mm。

4）经常保持蓄电池表面的清洁。发现表面有灰尘和酸液时，应及时擦拭，擦拭时可先用蘸有苏打水的擦布擦拭一遍，然后用清水冲洗干净。

5）经常清洗排气栓，保持通气良好。

6）加强蓄电池的维护补充电。

7）由于蓄电池亏电等容量不足时，每次接通起动机的时间不应超过6s，再次起动时，应间隔60s后进行。

4.2.4 充电接管过程

在行车过程中，蓄电池在什么情况下进入充电过程，又在什么情况下进入放电过程，此外如果在发动机还未熄火的情况下，将蓄电池移除，汽车还能否继续正常行驶呢？

当大多数用电设备都打开，发电机无法负担时，蓄电池进入放电过程。反之，蓄电池进入充电过程。

发电机在起动过程中完成充电的接管过程，见图4-4。发动机起动时，需要由蓄电池给起动机供电，再由起动机带动曲轴使活塞往复运动，进入第一次做功行程。发动机起动之前，由蓄电池为发电机转子提供励磁电流。当发动机起动后，发电机有电压输出，"接管"了蓄电池，此时蓄电池可以被移除。因此在发动机还未熄火的情况下，将蓄电池移除，汽车仍能正常行驶。这里涉及"接管"的概念。

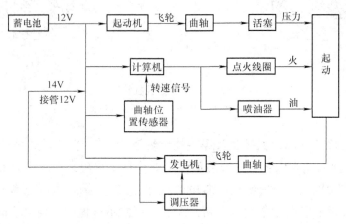

图4-4 充电接管过程

4.2.5 常见故障分析

汽车蓄电池的故障，仅用单一检测方法只能作出初步的判断。因为当汽车蓄电池发生故障时，其电压、密度和容量等都将发生变化。综合检验分析蓄电池的故障现象有利于对故障的正确判断，以便采取妥当的处理方法，表4-2列出汽车蓄电池常见故障的分析。

表4-2 蓄电池常见故障的分析

	空载电压/V	带载电压/V	密度/g·cm^{-3}	充电密度/g·cm^{-3}	容量（%）	处理意见
正常	12.5以上	绿色区	1.285	1.285	100	维护
缺电	11.5~12.5	由绿色区很快下降至黄色区	1.22~1.25	密度上升	60~70	充电
短路	10左右	黄色区	低	密度不升	0	更换
断路	0	红色区	1.285	无反应	0	维修
反极	8左右	红色区	1.1以下	上升缓慢	低	维修
硫化	11.5左右	由绿色区很快下降至红色区	1.1~1.22	无反应	50以下	除硫

问题

1. 简述双极硫化盐理论（双硫化理论）。
2. 简述硫化现象。
3. 简述爬酸现象。

4.3 蓄电池型号编制

4.3.1 蓄电池图示画法

蓄电池的图示画法如图 4-5 所示。

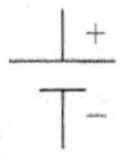

图 4-5 蓄电池图示画法

4.3.2 蓄电池铭牌

按 JB2599~1985 规定，铅蓄电池产品型号共分为 3 部分，如图 4-6 所示。

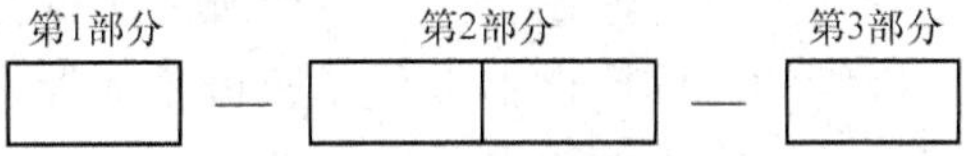

第 1 部分表示串联的单格电池数，用阿拉伯数字组成，蓄电池标准电压为这个数字的两倍。

第 2 部分表示蓄电池的类型和特征，用两个汉语拼音字母组成。其中第一个字母 Q 表示起动型铅蓄电池；第二个字母表示蓄电池结构特征，如：

A：干荷电式；B：薄型极板；W：免维护式；J：胶体电解液；H：湿荷电式；无字母：干封式铅蓄电池。

图 4-6 蓄电池铭牌参数结构

第 3 部分表示蓄电池的额定容量，我国目前规定采用 20h 放电率的容量（单位是：安培·小时或 A·h）。有时在额定容量后面用一个字母表示蓄电池的性能特征，如：

G：高起动率；S：塑料槽；D：低温起动性能好。

例如额定容量 100Ah 的干荷电式免维护蓄电池，其铭牌参数的意义如图 4-7 所示。

图 4-7 蓄电池铭牌参数意义

问题

车主晚 8 点到家，但熄火后忘记关掉近光灯，问明早 7 点上班时，还能否顺利起动发动机，蓄电池容量为 60Ah，每个近光灯功率为 40W。

参考答案：

$\dfrac{60Ah \times 12V}{40W \times 2} = 9h$，而晚 8 点到早 7 点共 11h，所以无法顺利起动发动机。

4.4 实训

1. 测试蓄电池的电压、容量、内阻和寿命。
2. 测试蓄电池带载电压。
3. 测试电解液密度。
4. 测试电解液 pH 值。
5. 为蓄电池充电。

第 5 章 发电系电路识图与分析

发电机是汽车的主要电源，其功用是在发动机正常运转时（怠速以上），向所有用电设备（起动机除外）供电，同时向蓄电池充电。

随着汽车技术的进步，汽车的用电量越来越高。几十年前，中级轿车的发电机输出功率一般只有 500W 左右，现在，一般中级轿车发电机都在 1000W 左右。发电机功率的增加是随着车上用电设备的增加而增加的。

依靠整流子换向的直流发电机因不能适应现代汽车的要求，已经被淘汰。现代汽车发电系普遍采用三相同步交流发电机，由硅二极管组成的三相桥式整流电路将发电机定子绕组所感应的交流电变为直流电输出，因此也被称之为硅整流发电机。交流发电机与直流发电机的根本区别是用硅二极管的固体换向器取代了机械整流器。硅整流发电机受到电压调节器的稳压控制，对除起动机以外的所有用电设备供电，并向蓄电池充电。当大多数用电设备都打开，发电机无法负担时，蓄电池进入放电过程。反之，蓄电池进入充电过程。这里涉及"接管"的概念，如图 4-4 所示。发动机起动时，需要由蓄电池给起动机供电，再由起动机带动曲轴使活塞往复运动，进入第一次做功行程。当发动机起动后，发电机有电压输出，"接管"了蓄电池，从而完成了先他励后自励的过程。

随着发电机和电压调节器的发展，发电机的 kg/kW 指标不断下降，即发电机功率不断提高，质量不断减少，可靠性却不断提高。如图 5-1 所示，发电机主要经历了直流发电机、传统型交流发电机和整体式交流发电机 3 个阶段。现在使用的整体式交流发电机由三相同步交流发电机、硅整流器和集成电路电压调节器组成。电压调节器主要经历了直流发电机用三联调节器（逆流截断器＋电流限制器＋电压调节器）、交流发电机用触点式电压调节器、晶体管电压调节器、集成电路电压调节器、内置多功能集成电路电压调节器这几个阶段。至今，采用以计算机控制式发电

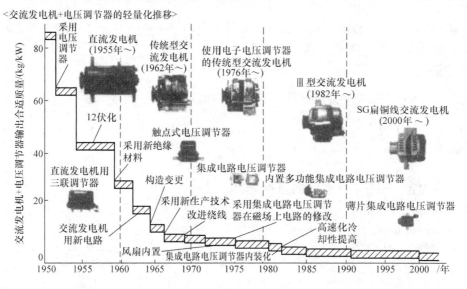

图 5-1 发电机发展历程图

系为核心的电源管理系统，成为当代高端汽车的主流配置。

5.1 硅整流交流发电机构造

普通交流发电机由转子、定子、整流器、端盖及电刷组件、调压器、风扇及带轮等组成。图5-2 所示为 JF132 型交流发电机组件图和结构图。

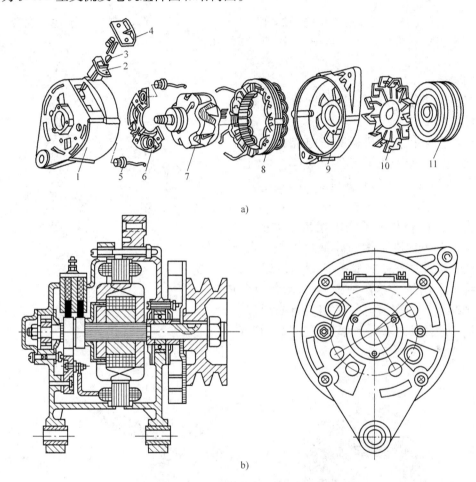

图 5-2 JF132 型交流发电机组件图和结构图
a）解体图 b）结构图
1—后端盖 2—电刷架 3—电刷 4—电刷弹簧压盖 5—硅二极管
6—元件板 7—转子 8—定子 9—前端盖 10—风扇 11—带轮

1. 转子

转子是交流发电机的磁场部分，由爪极、磁轭、励磁绕组、滑环和转子轴等组成，交流发电机转子实物图如图5-3 所示，交流发电机转子原理图如图5-4 所示。

转子轴上压装着两块爪极，爪极被加工成鸟嘴形状，爪极空腔内装有励磁绕组和磁轭。滑环由两个彼此绝缘的铜环组成，压装在转子轴上并与轴绝缘，两个滑环分别与励磁绕组的两端相连。当给两滑环通入直流电时，励磁绕组中就有电流通过，并产生轴向磁通，使爪极一块被磁化为 N 极，另一块被磁化为 S 极，从而形成六对（或八对）相互交错的磁极，如图5-5 所示。当转子转动时，就形成了旋转的磁场。

111

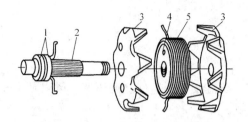

图 5-3 交流发电机转子实物图　　　　图 5-4 交流发电机转子原理图
1—滑环　2—转子轴　3—爪极　4—磁轭　5—励磁绕组

2. 定子

定子又称为电枢，是三相同步交流发电机产生三相交流电的部件。

注：电枢是电机实现机械能与电能相互转换过程中起关键和枢纽作用的部件。对于发电机来说，电枢产生电；对于电动机来说，电枢产生磁。

定子由定子铁心和定子绕组组成。如图 5-6 所示，定子铁心由内圈带槽的硅钢片叠成，定子绕组的导线就嵌放在铁心的槽中。定子绕组有三相，三相绕组采用星形接法或三角形（大功率）接法，用来产生三相交流电。三相绕组必须按一定要求绕制，才能使之获得频率相同、幅值相等、相位互差 120°的三相电动势。

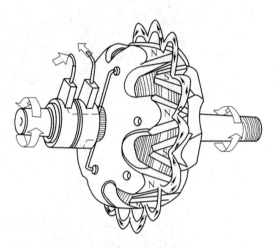

图 5-5 转子磁场的磁力线分布

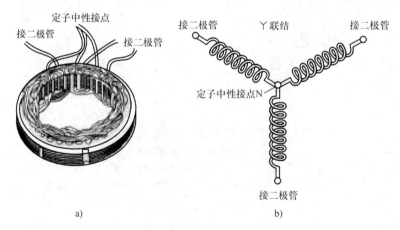

图 5-6 定子的结构
a) 定子总成　b) 定子星形绕组

1) 每个线圈的两个有效边之间的距离应和一个磁极占据的空间距离相等；
2) 每相绕组相邻线圈始边之间的距离应和一对磁极占据的距离相等或成倍数；
3) 三相绕组的始边应相互间隔 $2\pi + 120°$ 电角度（一对磁极占有的空间为 360°电角度）。

例如：国产 JF13 系列交流发电机三相绕组的绕制，如图 5-7 所示。

结构参数如下：磁极对数 p 为 6 对；定子槽数 z 为 36 槽；定子绕组相数 m 为 3 相；每个线

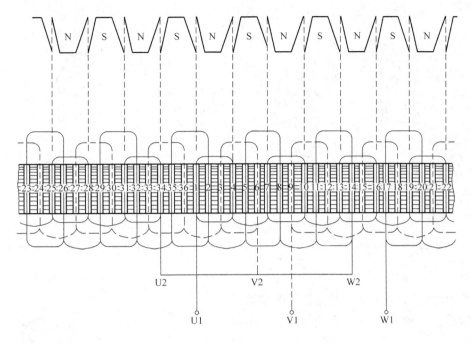

图 5-7 JF13 系列交流发电机三相绕组的展开图

圈匝数 N 为 13 匝；绕组为丫联结。

在国产 JF13 系列交流发电机中，一对磁极占 6 个槽的空间位置（每槽 60°电角度），一个磁极占 3 个槽的空间位置，所以每个线圈两条有效边的位置间隔是 3 个槽，每相绕组相邻线圈始边之间的距离为 6 个槽，三相绕组的始边的相互间隔可以是 2 个槽、8 个槽、14 个槽等。

3. 整流器

交流发电机整流器的作用是将定子绕组产生的三相交流电变为直流电。普通交流发电机的整流器是由 6 只硅整流二极管组成的三相全波桥式整流电路。每只二极管只有一根引线。引出线为正极的管子叫正极管，引出线为负极的管子叫负极管，因此整流二极管有正二极管和负二极管之分。6 只整流管分别压装（或焊装）在两块整流板上。

将正极管安装在一块铝制散热板上称为正整流板；将负极管安装另一块铝制散热板上称为负整流板，也可用发电机后盖代替负整流板。如图 5-8 所示，在正整流板上有一个输出接线柱 B（即发电机的输出端）。负整流板上直接搭铁，负整流板一定和壳体相连接。

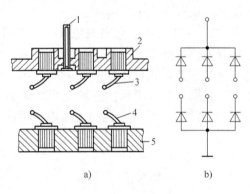

图 5-8 二极管安装示意图
a）压装式 b）电路图
1—输出接线柱 B 2—元件板 3—二极管正极
4—二极管负极 5—后端盖

整流板的形状各异，有马蹄形、长方形和半圆形等，如图 5-9 所示。

4. 端盖及电刷组件

端盖一般分为前端盖和后端盖，起固定转子、定子、整流器和电刷组件的作用。端盖一般用铝合金铸造，既可有效地防止漏磁同时又有良好的散热性。

后端盖上装有电刷组件，包括电刷、电刷架和电刷弹簧。电刷的作用是将电源通过集电环引

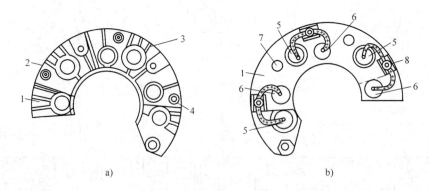

图 5-9　发电机整流器总成
a）定子总成　b）定子星形绕组
1—负整流板　2—正整流板　3—散热片　4—连接螺栓　5—正极管　6—负极管　7—安装孔　8—绝缘垫

入磁场绕组。

如图 5-10 所示，目前交流发电机的电刷架有两种结构形式，一种是电刷架可以直接从发电机的外部进行拆装，如图 5-10a 所示，称为外装式；另一种是电刷架不可以从发电机的外部进行拆装，如图 5-10b 所示，称为内装式。外装式电刷架拆装和更换电刷在发电机外部即可进行，拆装检修十分方便，因此被普遍采用；内装式电刷架若需更换电刷，则必须将发电机解体。由于拆装检修不便，因此现在很少采用。

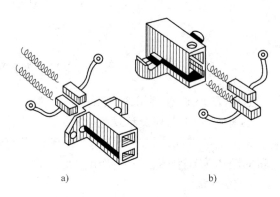

图 5-10　电刷架结构
a）外装式　b）内装式

如图 5-11 所示，电刷的搭铁方式不同，把发电机分为内搭铁型和外搭铁型两种。磁场绕组负电刷直接和壳体相连搭铁的发电机为内搭铁型发电机，如图 5-11a 所示；磁场绕组的两只电刷都和壳体绝缘的发电机为外搭铁型发电机，如图 5-11b 所示。外搭铁型发电机的磁场绕组负极（负电刷）通过调节器后再搭铁。

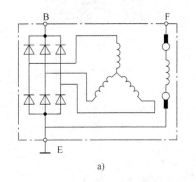
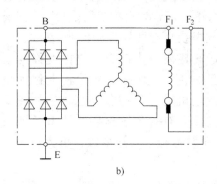

图 5-11　交流发电机搭铁型式
a）内搭铁型交流发电机　b）外搭铁型交流发电机

5. 调压器

由于交流发电机的转子是由发动机通过皮带驱动旋转的，且发动机和交流发电机的速比为

1.7~3，因此交流发电机转子的转速变化范围非常大，这样将引起发电机的输出电压发生较大变化，无法满足汽车用电设备的工作要求。为了满足用电设备恒定电压的要求，交流发电机必须配用电压调节器，使其输出电压在发动机所有工况下基本保持恒定。

由交流发电机的工作原理可知，交流发电机的三相绕组产生的相电动势的有效值

$$E_\varphi = C_e \Phi n$$

这里 C_e 为发电机的结构常数，n 为转子转速，Φ 为转子的磁极磁通，也就是说，交流发电机所产生的感应电动势与转子转速和磁极磁通成正比。

当转速升高时，E_φ 增大，输出端电压 B+ 升高，当转速升高到一定值时（空载转速以上），输出端电压达到极限，要想使发电机的输出电压 B+ 不再随转速的升高而上升，只能通过减小磁通 Φ 来实现。又因磁极磁通 Φ 与通过转子绕组的励磁电流 I_f 成正比，减小磁通 Φ 也就是减小励磁电流 I_f。

所以，交流发电机调节器的工作原理是：当交流发电机的转速升高时，调节器通过减小发电机的励磁电流 I_f 来减小磁通 Φ，使发电机的输出电压 B+ 在一定范围内保持波动。

触点式电压调节器通过触点开闭，接通和断开磁场电路，来改变磁场电流 I_f 大小；晶体管调节器、集成电路调节器等利用大功率晶体管的导通和截止，接通和断开磁场电路，来改变磁场电流 I_f 大小。

总结：交流发电机的电压调节器是通过控制励磁电流的方法来调节输出电压的。

6. 带轮与风扇

现在汽车上的发电机都是风冷式发电机，由皮带轮后的风扇吹风进入机壳进行冷却。

交流发电机的前端装有带轮，由发动机通过风扇传动带驱动发电机旋转。在带轮的后面装有叶片式风扇，前后端盖上分别有出风口和进风口。当发动机带动发电机高速旋转时，可使空气流经发电机内部进行冷却。对于一些高档轿车，其发电机的功率大，体积小，为了提高散热强度，装有两个风扇，且将风扇叶直接焊在转子上。

在现有风冷式发电机构造的限制下，功率的增加必然会导致发电机体积的加大。

问题

1. 定子又称为_____，是三相同步交流发电机产生_____的部件。
2. 电枢在电机实现机械能与电能相互转换过程中，起关键和枢纽作用的部件。对于发电机来说，它是产生_____的部件；对于电动机来说，它是产生_____的部件。
3. 交流发电机的电压调节器是通过_____的方法来调节输出电压的。

5.2　交流发电机工作原理

5.2.1　电机的理论依据

1820 年，丹麦科学家奥斯特发现电流磁效应后，许多物理学家便试图寻找它的逆效应，提出了磁能否产生电，磁能否对电作用的问题。1831 年，英国科学家法拉第根据大量实验事实总结出了法拉第电磁感应定律，1895 年，荷兰科学家洛伦兹计算出磁场对运动电荷的作用力，而安培力则是洛伦兹力的宏观表现，从而解开了由"磁"和"电"两大要素结合在一起就可以产生"力"的自然现象之谜，为电机的发明奠定了理论基础。1865 年，英国物理学家麦克斯韦根据库仑定律、安培力公式、电磁感应定律等经验规律，总结出麦克斯韦方程组，描述电场、磁场与电荷密度、电流密度之间的关系，从麦克斯韦方程组，可以推论出光波是电磁波。麦克斯韦方

程组和洛伦兹力方程共同形成了经典电磁学的完整组合。牛顿的伟大在于把天上和地上的运动规律统一起来，而麦克斯韦的伟大在于把电、光统一起来。因此，电机核心理论三大主要脉络，如图 5-12 所示，为电机提供了理论依据。

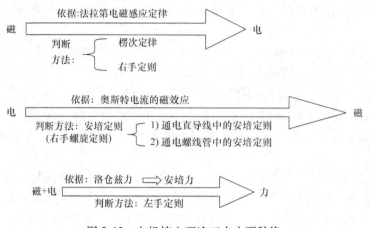

图 5-12　电机核心理论三大主要脉络

1885 年，美国科学家特斯拉发明了交流电机。交流电机是用于实现机械能和交流电能相互转换的机械。由于交流电力系统的巨大发展，交流电机已成为最常用的电机。交流电机与直流电机相比，由于没有换向器，因此结构简单，制造方便，比较牢固，容易做成高转速、高电压、大电流、大容量的电机。交流电机功率的覆盖范围很大，从几瓦到几十万千瓦、甚至上百万千瓦。20 世纪 80 年代初，最大的汽轮发电机已达 150 万千瓦。

三相交流异步电机的工作原理是由定子绕组产生旋转磁场，转子绕组产生感应电流，转子绕组在安培力的推动下旋转，结构上是无刷的，如图 5-13 所示。三相交流发电机可以看作是三相

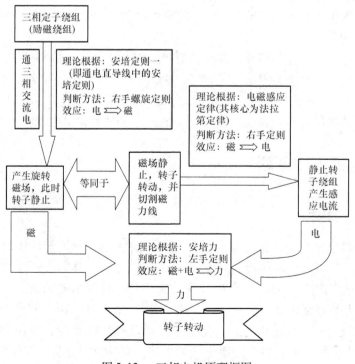

图 5-13　三相电机原理框图

交流异步电机的逆向应用，转子绕组经电刷供直流电，并在外力带动下产生旋转磁场，定子绕组切割磁力线产生三相交流电，如图5-14所示。汽车中的发电机与三相交流发电机原理一致，只不过增加了整流器和调压器，将输出电压转化为某一固定的（如13.7V）的直流电，如图5-15所示。电枢是在电机实现机械能与电能相互转换过程中，起关键和枢纽作用的部件。对于发电机来说，它是产生电动势的部件；对于电动机来说，它是产生电磁力的部件。在三相交流异步电动机和三相交流发电机中，电枢都是指三相定子绕组。在三相交流异步电机中三相定子绕组作为励磁绕组，在三相交流发电机中转子绕组作为励磁绕组。熟练掌握电机核心理论三大主要脉络，可以解释各种电机的工作原理，如图5-12所示，无论是一般旋转电机还是控制电机，交流的或是直流的，有刷或是无刷，电动机或是发电机等。

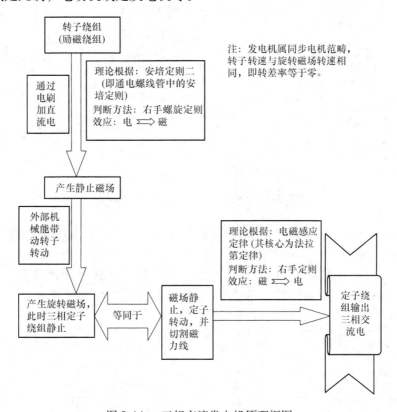

图5-14　三相交流发电机原理框图

5.2.2　发电机理论计算

根据发电机原理，如图5-16a所示，定子三相绕组感生电动势的大小为：

$$e_U = E_m \sin\omega t = \sqrt{2} E_\phi \sin\omega t$$

$$e_V = E_m \sin\left(\omega t - \frac{2}{3}\pi\right) = \sqrt{2} E_\phi \sin\left(\omega t - \frac{2}{3}\pi\right)$$

$$e_W = E_m \sin\left(\omega t + \frac{2}{3}\pi\right) = \sqrt{2} E_\phi \sin\left(\omega t + \frac{2}{3}\pi\right)$$

式中，E_m为每相电动势的最大值；E_ϕ为每相电动势的最大值。

定子每相电动势的有效值

$$E_\phi = \frac{E_m}{\sqrt{2}} = 4.44 KfN\phi = 4.44 K \frac{p \cdot n}{60\phi} N\phi = C_e \phi_n$$

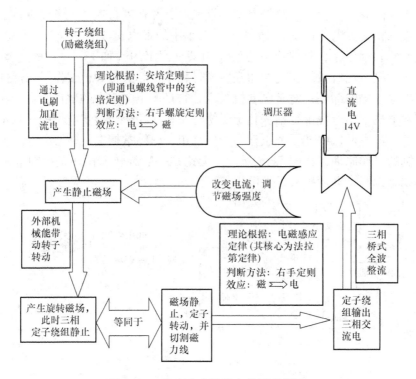

图 5-15 汽车中交流发电机原理框图

式中，K 为绕组系数（和发电机定子绕组的绕线方法有关）；N 为每相匝数；ϕ 为每极磁通（Wb）；C_e 为电机结构常数。

如图 5-16b 所示，对发电机的三相绕组和 6 只整流二极管分别命名为 A、B、C 三相和 $VD_1 \sim VD_6$，可以看到发电机输出的三相交流电具有相位相差 120°的特点。

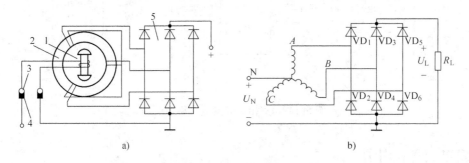

图 5-16 交流发电机原理和电路图
a）交流发电机原理图　b）交流发电机电路图
1—转子绕组（励磁绕组）　2—电枢（三相定子绕组）　3—集电环　4—碳刷　5—整流器

如图 5-17 所示，在发电机电压波形中选取 $t_1 \sim t_2$ 时间段。

如图 5-16b 所示，二极管 VD_1、VD_3、VD_5 的负极相连，即电位相等。那么只能是正极电位最高的那只二极管首先导通。同时因为该二极管导通后，就使另外两只二极管的负极电位高于正极而不能导通。在此时间段 A 点电位最高，因此 VD_1 首先导通。同时正是因为 VD_1 的导通使得 VD_3、VD_5 处于反向截止区（反向偏置），不能导通。

二极管 VD_2、VD_4、VD_6 的正极相连，即电位相等。那么只能是负极电位最低的那只二极管首先导通。同时因为该二极管导通后，就使另外两只二极管的正极电位低于负极而不能导通。在

此时间段 B 点电位最高,因此 VD_4 首先导通。同时正是因为 VD_4 的导通使得 VD_2、VD_6 处于反向截止区(反向偏置),不能导通。

$t_1 \sim t_2$ 时间段等效电路,如图 5-18 所示,硅管的正向压降为 0.7V。

$$u_L = u_{AN} - u_{BN} - 0.7 - 0.7(V)(t_1 \sim t_2)$$

$$u_N = \frac{1}{2}u_L$$

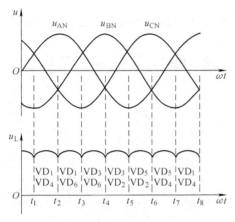

图 5-17 发电机电压波形

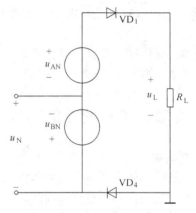

图 5-18 $t_1 \sim t_2$ 时间段等效电路

5.3 交流发电机铭牌

根据我国汽车行业标准 QC/T73—1993《汽车电气设备产品型号编制方法》的规定,汽车交流发电机的型号组成如下:

$$\boxed{1}\quad\boxed{2}\quad\boxed{3}\quad\boxed{4}\quad\boxed{5}$$

1——产品代号。交流发电机的产品代号有 JF、JFZ、JFB、JFW 四种,分别表示交流发电机、整体式交流发电机、带泵交流发电机和无刷交流发电机。

例如:JF132(EQ140 用)为普通交流发电机(使用时需要配装电压调节器的发电机);

别克轿车的发动机上装配的是 CS 型发电机(包括 CS—121、CS—130 和 CS—144 三种不同的型号)为整体式交流发电机(发电机和调节器制成一个整体的发电机);

JFZB292 发电机为带泵交流发电机(和汽车制动系统用真空助力泵安装在一起的发电机)。多用于柴油车,在发电机后端带有真空制动助力泵。

JFW1913 为无刷交流发电机(不需要电刷的发电机)。

2——电压等级代号。用一位阿拉伯数字表示,其意义如表 5-1 所示。

3——电流等级代号。用一位阿拉伯数字表示,其意义如表 5-2 所示。

4——设计序号。按产品的先后顺序,用阿拉伯数字表示。

5——变形代号。交流发电机以调整臂的位置作为变形代号。从驱动端看,Y 表示右边;Z 表示左边;在中间时不加标记。

表 5-1 发电机电压等级代号

电压代号	1	2	3	4	5	6
电压等级/V	12	24	—	—	—	6

表 5-2 发电机电流等级代号

	1	2	3	4	5	6	7	8	9
整体式交流发电机 带泵式交流发电机 无刷式交流发电机 永磁式交流发电机	~19	≥20~29	≥ 30~39	≥ 40~49	≥ 50~59	≥ 60~69	≥ 70~79	≥ 80~89	≥90

例如：JF152——表示电压等级为12V、电流等级为大于50~59A，第二次设计的普通交流发电机。

例如：桑塔纳、奥迪100型轿车用JFZ1913Z型交流发电机，其电压等级为12V、电流等级为大于90A、第13次设计，调整臂在左边的整体式交流发电机。

5.4 交流发电机的性能指标

1. 额定电压

交流发电机的电压受电压调节器控制，一般比较稳定，只是在发动机起动阶段略有变化，正常情况下，发动机达到怠速转速时，发电机的输出电压应能达到一个稳定值，这个电压值称为发电机的额定电压（12V系统的发电机额定电压为14V，24V系统的发电机额定电压为28V）。

2. 空载转速

交流发电机不带负载，能够达到额定电压时的初始转速值定为空载转速，空载转速在发电机出厂时通过试验确定，列入产品说明书。空载转速是汽车设计时选择发动机和发电机速比的主要依据，也是发电机使用过程中性能是否下降的评价指标之一。

3. 额定电流和额定转速

交流发电机受结构、转速等条件的限制，对外输出电流的能力是有限的，为了评价发电机的对外输出电流能力，把发电机输出最大电流的2/3定为发电机的额定电流，达到额定电流时的转速定为额定转速。发电机出厂时，通过试验确定额定转速和额定电流，并列入产品说明书，发电机的额定转速和额定电流是评价发电机性能的重要指标。

5.5 交流发电机的分类

汽车用发电机可分为直流发电机和交流发电机，由于交流发电机在许多方面优于直流发电机，直流发电机已被淘汰，目前所有汽车均采用交流发电机，交流发电机可按照其组成部件的各自特点进行分类。

5.5.1 按整流器结构分类

整流器中的6只二极管，其中3只是正极管（VD_1、VD_3、VD_5），另外3只是负极管（VD_2、VD_4、VD_6），可以构成6管式交流发电机。在6管式的基础上增加2只中性二极管（VD_{10}、VD_{11}），可以构成8管式交流发电机，当发电机处于高速时，输出功率可增加15%。在6管式的基础上增加3只小功率二极管（$VD_7 \sim VD_9$），并与3只小功率激磁二极管组成三相桥式整流电路专供磁场电流，并且控制充电指示灯，可以构成9管式交流发电机。11管式交流发电机，如图5-19所示，综合了8管和9管式的结构特点。按整流器结构分类，如表5-3所示，可分为6、8、9、11管式交流发电机。

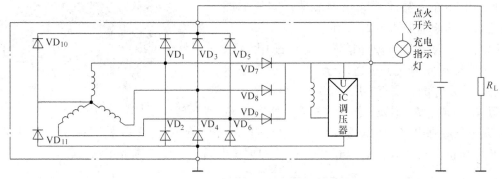

图 5-19　11 管式交流发电机电路图

表 5-3　交流发电机按整流器结构分类

分类	名称	结构	功能	示例
交流发电机按整流器结构分类	6 管	普通交流发电机，仅具有三相桥式整流电路的 6 只二极管（$VD_1 \sim VD_6$）	效能低，不具有使用价值	JF1522（东风汽车用）
	8 管	增加 2 只中性点二极管（VD_{10}、VD_{11}）	当发电机中高速时，输出功率增加 15%	JFZ1542（天津夏利汽车用）
	9 管	增加 3 只小功率激磁二极管（$VD_7 \sim VD_9$），并与 3 只负极管组成三相桥式整流电路专供磁场电流	控制充电指示灯	（日本日立、三菱、马自达汽车用）
	11 管	综合 8 管和 9 管式的结构特点（$VD_1 \sim VD_{11}$）	增加功率输出控制充电指示灯	JFZ1913Z（奥迪、桑塔纳汽车用）

5.5.2　按调压器分类

1. 按开关形式分类

$$
按开关形式分类\begin{cases} 触点式\begin{cases}单触点式\\双触点式\end{cases} \\ 电子式\begin{cases}晶体管调节器\\计算机控制式调节器\end{cases}\end{cases}
$$

触点式电压调节器应用较早，这种调节器触点分为单触点和双触点式，由于振动频率慢，存在机械惯性和电磁惯性，电压调节精度低，触点易产生火花，对无线电干扰大，可靠性差，寿命短，现已被淘汰。

随着半导体技术的发展，采用了电子式调压器。其优点是：晶体管的开关频率高，且不产生火花，调节精度高，还具有重量轻、体积小、寿命长、可靠性高、电磁干扰小等优点。电子式调压器包括晶体管和计算机控制式调节器。

（1）晶体管式调压器

晶体管电压调节器是利用晶体管的开关作用，控制发电机励磁电路的通、断，在发电机转速发生变化时，调节励磁电路的电流，使发电机电压保持稳定。这种调节器没有触点，使用过程中无须保养和维护，结构简单，体积小，重量轻，目前已经逐步取代触点式调节器。由 1~2 个稳压管、1~3 个二极管、2~3 个晶体管、若干个电阻、电容等元器件组成。由印制电路板连成电路，外壳由薄而轻的铝合金制成，表面有散热片，外有 3 个接线柱，分别为"＋"（或火线、电枢）接线柱，"－"（或搭铁）接线柱，"F"（或磁场）接线柱，分别与发电机的 3 个接线柱对应连接。

例如：JFT106型晶体管电压调节器，实物如图5-20所示，电路原理如图5-21所示。

这种调节器为14V负极外搭铁，可以配用14V、750W的9管交流发电机，也适用于14V、功率小于1000W的6管发电机。调节电压为13.8～14.6V。

图5-20 JFT106型晶体管电压调节器实物图

电阻R_1、R_2、R_3构成分压器；R_6和稳压管VDZ_1构成电压敏感电路，晶体管VT_1与复合连接的晶体管VT_2、VT_3构成两个开关电路，开关控制由VT_1承担。R_5、R_6、R_7、R_8是晶体管的偏置电阻，保证晶体管正常工作。

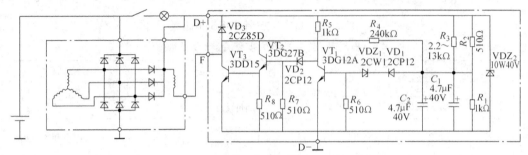

图5-21 JFT106型晶体管电压调节器电路原理图

二极管VD_3构成的自感电流闭合回路，保护了VT_3管。

VD_2为温度补偿二极管，用来减少温度对调节器调压值的影响。

二极管VD_1接在稳压管VS_2之前，当交流发电机端电压过高时，能限制稳压管电流不致过大而被烧坏。当发电机端电压降低时，二极管VD_1能迅速截止，保证稳压管可靠截止。

R_6是正反馈电阻，用来提高VT_3的导通和截止的速度，使调节电压稳定。

电容器C_1和C_2用来降低的开关频率，减少功率损耗。

VDZ_2起过压保护作用，限定发电机的输出电压不超出某定值，保护汽车上的用电设备不因瞬时过电压而损坏。

接通点火开关，发动机起动点火前及点火后发电机电压低于调压值时，蓄电池电压经点火开关作用在分压器两端，稳压管VDZ_1承受反向电压。由于蓄电池电压低于调压值，反向电压低于VDZ_1的反向击穿电压，因此，此时VDZ_1截止，晶体管VT_1也截止，二极管VD_2承受正向电压而导通，于是晶体管VT_2、VT_3也导通，接通了发电机励磁绕组的电路。其电路为：蓄电池"＋"→点火开关→励磁绕组→调节器"F"接线柱→VT_3的集电极→VT_3的发射极→搭铁→蓄电池"D-"极。

发动机转速逐步上升，发电机转速也随之上升。当发电机电压升高到规定值时，稳压管VDZ_1承受的反向电压，超过其反向击穿电压而被反向击穿导通，晶体管VT_1也导通。VT_1的导通，二极管VD_2承受反向电压而截止，使VT_2、VT_3也截止，切断了发电机的励磁电路，励磁电流中断，发电机磁场消失，发电机电压下降。当电压下降到调压值以下时，稳压管VDZ_1又截止，于是VT_1也截止，VT_2、VT_3又导通，发电机电压重新升高。这样反复循环，控制励磁电路的通断，使发电机在转速变化时，发电机电压能够保持恒定。

（2）计算机控制式调压器

计算机控制式电压调节器是使发动机计算机与发电机调压器协同工作，是汽车电源管理系统的重要组成部分，代表了现代汽车发电系统的发展方向。德国博世（BOSCH）公司和日本电装（DENSO）公司在计算机控制式调压器的发展进程中发挥了重要的推动作用。计算机控制式电压调节器是现在轿车采用的一种新型调节器，由电负载检测仪测量系统总负载后，向发电机计算机发送信号,然后由发动机计算机控制发电机电压调节器,适时地接通和断开磁场电路,即能可靠地保证电器系统正常工作,使蓄电池充电充足,又能减轻发动机负荷,提高燃料经济性。

计算机控制式调压器的功能:

1) 转速补偿功能。

对于传统调压器会通过增加励磁电流的方法来应对用电负荷增大,以保持输出电压的稳定。当励磁电流增大到全励磁时,便无计可施,只能面对输出电压的下降。对于带负荷管理的发电系统,发动机计算机可以随时监测到用电负荷的变化,当发现负荷增大时,会通过增加发动机的转速来稳定输出电压。这样通过调压器自身的稳压性能和发动机转速的补偿功能可以有效改善输出电压的品质。

2) 加速卸荷功能。

对于加速工况,可以通过减小励磁电流的方式,为发动机卸荷,可以有效增加加速工况的动力输出约10%。加速时踩下油门,输出低电压。减速时松开油门,输出高电压。

3) 制动阻尼功能。

制动时,通过增加励磁电流,增加了发动机阻尼,节省了制动片的机械磨损,将机械能转化为电能回收存储。

4) 负载响应功能。

起动时,发电机不为发动机添加负荷。如果负载较大电流需求上升很快,只能以斜升形式提供发电机电流,如图5-22所示。

5) 负荷管理功能。

电网电源管理系统对蓄电池电压和发电机负荷进行监控,从而控制发电量和发动机转速。

调压器通过某个发电机输入端子(电装系统中是S端子)检测蓄电池电压。

ECU通过某个发电机输出端子(电装系统中是M或FR端子,博世系统中是DMF端子)接受发电机磁场脉宽调制信号,计算出发电机负荷。

ECU根据发动机的工作状态以及蓄电池电流、蓄电池温度、发电机负荷信号等,通过某个输入端子(电装系统中是C或G或RLO端子,博世系统中是L端子)改变发电机调节器功率晶体管的负荷循环,控制发电机的输出电压。C端子是高电压和低电压2个状态,G或RLO或L端子是脉宽调制信号。

6) 故障诊断功能。

ECU通过监控蓄电池电流、蓄电池温度、发电机负荷等信号来判断充电系统是否有故障,如果发电机不发电,或相关电路断路或短路,则会输出故障代码(如P0622)。

计算机控制发电机基础模型如图5-23所示,由图中可以看出,电脑板和调压器各自发挥自己的作用。调压器通过调整励磁电流的方式稳定输出电压,同时向电脑板通过脉宽调制传送发电机负荷

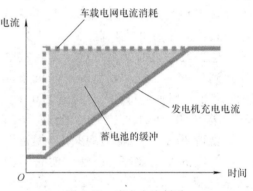

图5-22 充电电流斜升

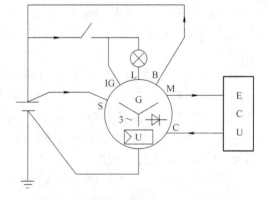

图5-23 计算机控制发电机基础模型
S—蓄电池电压检测端子 IG—调压器供电端子
L—充电指示灯控制端子 B—发电机电压输出端子
M—发电机负荷端子(电装为M或FR;博世为DMF)
C—发电量控制端子(电装为C或G或RLO,博世为L)

信号，电脑板依据发电机负荷的变化控制发电量。维修人员在检修计算机控制发电系统故障时，可以通过数据流了解发电机负荷的情况，例如大众车系，可以通过01-08-053组数据流读取来自DFM针脚提供的数据。

关于本文所述的计算机控制发电机基础模型和计算机控制式调压器的功能是对当前大多数智能发电机特征的概括，无论是功能还是端子都是概括性的描述。并不代表任何一款计算机控制发电机都将具备所有的功能和所有的端子，但是每款计算机控制发电机都会具备部分的功能和部分端子。

德国博世公司在20世纪90年代开发出了LIC-B系列发电机，发电效率一般在50%~60%。在2000年博世公司对传统爪极式发电机进行了更进一步的改进和完善，并在原紧凑型系列发电机的基础上开发出了第三代高效率计算机控制LI-E系列发电机，这种发电机的突出特点就是其发电效率达到了74%。这种新型的发电机非常有助于降低燃料消耗每百公里可省油0.1~0.5L（若以其他的方式每百公里省油0.1L，就得使汽车重量减轻50kg）。博世不仅提高了它的发电效率，而且还使它的输出功率提高了25%（与同体积机相比）。这就意味着这种发电机在空转时就可以向蓄电池输出95A的电流，在发动机转速2000r/min时输出达180A的电流。图5-24所示为迈腾计算机控制发电机的电路原理图。

日本株式会社电装公司的集成电路电压调节器主要有M型、D型和G型，其中D型和G型属于计算机控制调压器。图5-35所示为电装公司计算机控制式调压器GC1M（G型）的电路原理图。

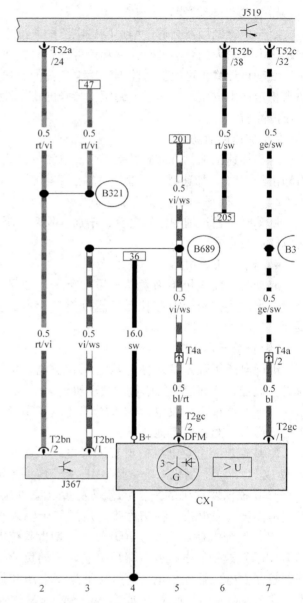

图5-24 迈腾计算机控制发电机电路原理图

三菱新款格蓝迪、蓝瑟EVO、V97等车型均使用B端子和L、S、FR、G四针脚插头的计算机控制发电机，计算机控制式调压器型号为MD619268，20℃时调节电压均为13.9~14.9V，发电机电路原理如图5-25所示。

2. 按搭铁形式分类

如图5-26所示，调压器按照搭铁形式可分为内搭铁型调压器和外搭铁型调压器。励磁线圈作为调压器的负载其控制方式如果为常铁控火，则调压器为内搭铁型调压器，发电机为内搭铁型交流发电机；励磁线圈作为调压器的负载其控制方式如果为常火控铁，则调压器为外搭铁型调压

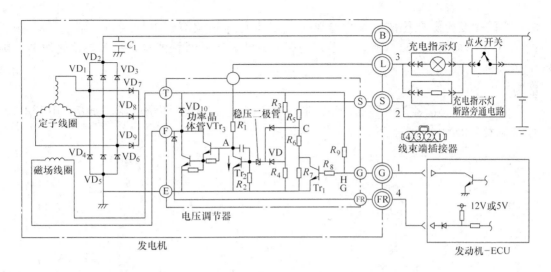

图 5-25 三菱发电机电路原理图

器，发电机为外搭铁型交流发电机。内搭铁型调压器必须与内搭铁型交流发电机匹配，外搭铁型调压器必须与外搭铁型交流发电机匹配。内搭铁型调压器电路中的晶体管为 PNP 型，外搭铁型调压器电路中的晶体管为 NPN 型。内搭铁型交流发电机磁场绕组的一端（负极）直接搭铁（和壳体相联），外搭铁型交流发电机磁场绕组的一端（负极）接入调压器，通过调压器后再搭铁。

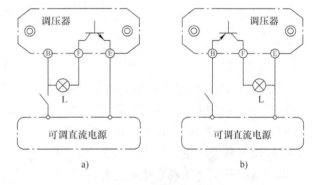

图 5-26 调压器检测电路
a) 外搭铁型调压器 b) 内搭铁型调压器

为交流发电机配用调节器时，交流发电机的电压等级必须与调节器电压等级相同，交流发电机的搭铁类型必须与调节器搭铁类型一致，调节器的功率不得小于发电机的功率，否则系统不能正常工作。

调压器的测试与替换：

在使用过程中，对于晶体管调节器，最好使用汽车说明书中指定的调节器，如果采用其他型号替代，除标称电压等规定参数与原调节器相同外，代用调节器必须与原调节器的搭铁形式相同，否则，发电机可能由于励磁电路不同而不能正常工作。对于集成电路调节器，必须是专用的，是不能替代的。

1) 电压调节器搭铁类型的检测。

如图 5-26 所示，将可调直流电源正极接在调节器 B（或"+"）端，负极接调节器 E（或"-"）端，将白炽灯一端接 F，另一端暂时悬空，稳压电源电压调到 12V（28V 调节器则调到 24V）。将白炽灯悬空的一端搭在电源 B 上，接通开关 S，若灯亮，则调节器为外搭铁型；若灯不亮，则关断开关 S 进入下一步。将白炽灯悬空的一端搭在搭铁端 E 上，接通开关 S，若灯亮，则调节器为内搭铁型；若两种情况下白炽灯都不亮，说明接线有问题或调节器损坏。

2) 电压调节器性能的检测。

将电压调节前搭铁类型接线，如图 5-26 所示。连好电路后，先将可调直流电源电压调至 12V（14V 调压器）或 24V（28V 调压器），接通开关 S，此时白炽灯应发亮，然后逐渐调高电压，白炽灯的亮度应随电压的升高而增强，当电压升高到调节器电压（14V 调节器为 13.5～14.5V，28V 调节器为 27～29V）时，若灯熄灭，说明调节器时性能良好；若灯始终发亮，则调节器是损坏的。

案例 1：

国产 JFT151 型调压器为薄膜混合集成电路调压器，为外搭铁型调压器，安装在 JF132E 型和 JF15 型交流发电机的外壳上，其线路如图 5-27 所示。

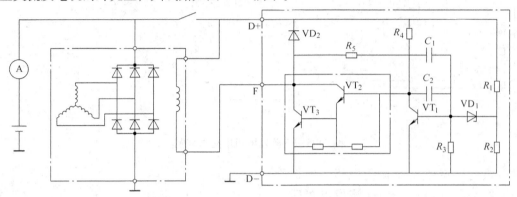

图 5-27　JFT151 型调压器局部原理图

JFT151 集成块构成的发电机充电系统。R_1 与 R_2 构成分压电路，用于控制 VD_1 的状态，VT_1 的状态受 VD_1 的控制，VT_2 与 VT_3 又受 VT_1 的控制，VT_2 与 VT_3 构成的复合管，用于控制磁场线圈的电流。C_1 与 R_5 构成了交流反馈电路。

在该调节器电路中，由分立元件 R_1、R_2 组成分压器，稳压管 VS_1 从分压器上获得比较电压。当发电机电压低于规定值时，稳压管 VD_1 和晶体管 VT_1 截止，在 R_4 偏置下集成电路 VT_2、VT_3 导通，此时发电机磁场绕组中有励磁电流通过，VT_1 导通，VT_2、VT_3 截止，切断了发电机的磁场电路，使发电机端电压下降。当发电机端电压下降到低于规定值时，VD_1 和 VT_1 又截止，VT_2 和磁场电路又接通，发电机端电压又升高。如此循环下去，使发电机端电压保持稳定。

该线路属蓄电池电压检测法线路，可以改善因蓄电池受温度影响而造成的充电电压不稳定状况。

案例 2：

JFT141 为内搭铁型调压器，其线路如图 5-28 所示。

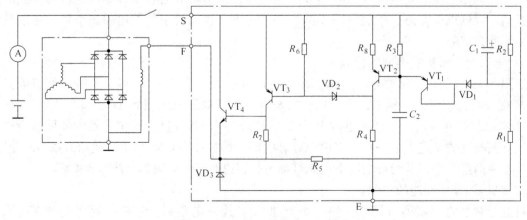

图 5-28　JFT141 型调压器局部原理图

3. 按安装方式分类

按照调压器的安装方式可分为外装式调压器和内装式调压器，分别对应调压器外置交流发电机和调压器内置交流发电机，其图示符号如图5-29所示。

调压器内置交流发电机属于整体式交流发电机，由于结构简单，稳定可靠，基本上取代了调压器外置交流发电机。例如JFT103型调压器属于外装式调压器，从发电机局部原理图可知，如图5-30所示，其调压器与发电机是分离的。例如夏利八管发电机，其调压器为内装式外搭铁型（JFT1506B），该发电机为整体式交流发电机，从发电机局部原理图可知，如图5-31所示，其调压器与发电机是整合的。

图5-29 调压器外置和内置的发电机图示符号
a) 调压器外置交流发电机图示符号
b) 调压器内置交流发电机图示符号

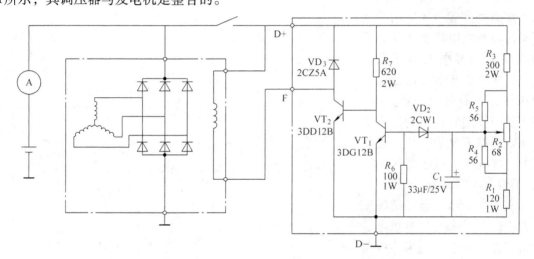

图5-30 JFT103型外装式调压器局部原理图

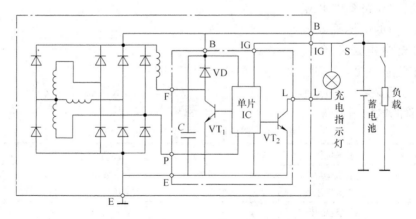

图5-31 JFT1506B型内装式调压器局部原理图

4. 按电压检测方式分类

对于调压器内置型发电机，调压器对电压的检测方法可分为发电机电压检测法和蓄电池电压检测法。

发电机电压检测法就是调压器直接检测发电机的输出电压，根据此电压的高低调节励磁电流，从而实现稳压。发电机电压检测法的线路，如图5-32a所示，加在分压电阻 R_1、R_2 上的电压为发电机输出电压。这种检测方式结构简单,但是无法检测到蓄电池的电压,有可能由于线路的电阻过大,造成无法充电。

蓄电池电压检测法就是调压器通过单独的线路检测蓄电池电压,根据此电压的高低调节励磁电流,从而实现稳压。蓄电池电压检测法的线路,如图 5-32b 所示,加在分压电阻 R_1、R_2 上的电压为蓄电池电压。由于通过检测点 P 加到稳压管 VD 上的反向电压与蓄电池的电压成正比,所以该线路称为蓄电池电压检测法。如果接线柱 B 和蓄电池电压检测接线柱 S 有任意一条断路,则调压器因检测到过低的发电电压会使励磁线圈全力工作,导致过高的发电电压(可达到 50V 以上),易烧毁用电设备。

如表 5-4 所示,上述两种基本电路中,如果采用发电机电压检测法线路,发电机的引出线可以少一根。不足之处在于,当发电机电压检测法的线路图中 B 点到蓄电池正极之间的电压降较大时,蓄电池的充电电压将会偏低,使蓄电池充电不足。因此,一般大功率发电机要采用蓄电池电压检测法线路的电压调节器。

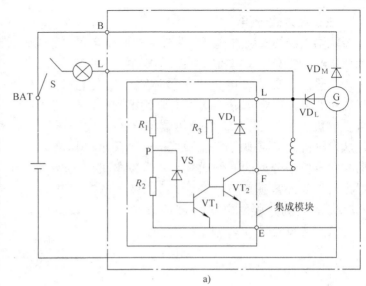

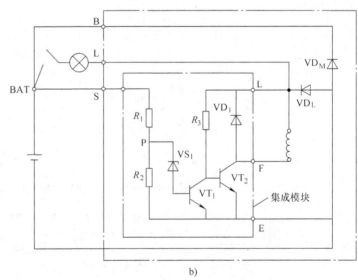

图 5-32 调压器电压检测方法
a) 发电机电压检测法 b) 蓄电池电压检测法

表 5-4 调压器电压检测方法对比

	被测电压	检测线路	弊端	适用
发电机电压检测法	发电机输出电压控制调压器	无电压检测线	导致发电电压过低	小功率发电机
蓄电池电压检测法	蓄电池电压控制调压器	有电压检测线	导致发电电压过高	大功率发电机

日本株式会社电装的集成电路电压调节器按照电压检测方式分类主要有 M 型、D 型和 G 型,其中 M 型是蓄电池电压检测法调节器,D 型是发电机电压检测法调节器,G 型是蓄电池电压检测法和发电机电压检测法综合运用调节器。

1)蓄电池电压检测法实例如图 5-33 所示。

M 型电压调节器端子说明:

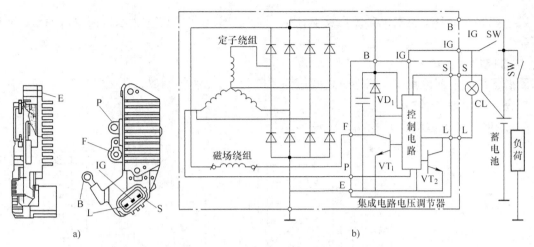

图 5-33 蓄电池电压检测法实例
a) M 型多功能集成电路电压调节器　b) M 型调压器发电机电路原理图

在发电机内部，调节器上的 F、P、E 三个端子用螺钉直接和发电机连接。F 端子用于控制磁场绕组的通断，P 端子用于侦测三相电枢绕组的相电压，E 端子为调节器的搭铁端。B 端子用螺钉引出，用于向蓄电池充电，同时也作为发电机输出电压的侦测端。IG、L、S 三个端子通过插接器引出，IG 端子与点火开关连接，为集成电路提供电源，L 端子与充电指示灯连接，用于控制其点亮或熄灭，S 端子与蓄电池连接用于侦测蓄电池电压。

电压调节器工作分析：

① 点火开关接通，发动机停机时。

点火开关接通，蓄电池通过 IG 端子向控制电路供电。IC 检测到 $U_P = 0V$，$U_S = 12V$，使 VT_1 间断导通。磁场绕组小电流通电，约为 0.2A，从而防止磁场绕组过热。同时，使 VT_2 导通，充电指示灯亮，表示蓄电池处于放电状态。

② 输出电压低于调节电压时。

发动机起动以后，随着发电机发电，U_P 增加到 6~7V 时，IC 控制 VT_2 截止，充电指示灯熄灭，表示发电机开始发电。

③ 输出电压达到（或高于）调节电压时。

随着发电机输出电压的提高，蓄电池端电压也随着提高，IC 根据 U_S 控制发电机发电。当 $U_S > 14.5V$，VT_1 截止，磁场绕组电流经二极管 VD_1 迅速衰减，使得输出电压 U_B 降低；当 $U_S < 13.5V$，VT_1 导通，接通磁场电流，使得输出电压 U_B 升高。IC 通过控制 VT_1 的通断，将 S 端子处的电压（蓄电池电压）调节在某一范围。

故障警告：

① S 端子断路警告。

若 S 端子断开，IC 检测到 $U_S = 0V$，将控制 VT_2 导通，充电指示灯亮。同时 IC 将 U_B（发电机输出电压）取代 U_S（蓄电池电压）的信号，控制 VT_1。因此使 U_B 调节为规定电压约 14V，以防止端子 B 处电压的异常增加。

② 端子 B 与蓄电池接线断路警告。

若端子 B 与蓄电池接线断路，此时蓄电池不能充电。S 端子电压逐步减小。尚未降到最低点 13.5V 时，IC 控制 VT_1 导通，将使 U_B 上升；当 $U_B - U_S > 2V$ 时，IC 检测到这一情况，控制 VT_2 导通，充电指示灯亮。同时把 U_B 控制在 17.5V，防止输出电压不正常升高。

③ 磁场绕组断路警告。

磁场绕组断路时,发电机会停止发电,$U_P = 0V$。IC 检测到这一状态,使 VT_2 导通,充电指示灯亮。

④ 过电压警告。

因磁场绕组短路或集成电路端子之间短路,使得 U_B 无法控制时,IC 控制 VT_2 导通,使充电指示灯亮,发出警告信号。

2)发电机电压检测法实例如图 5-34 所示。

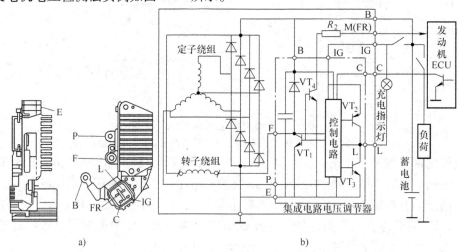

图 5-34 发电机电压检测法实例
a)D 型多功能集成电路电压调节器 b)D 型调压器发电机电路原理图

3)蓄电池电压检测法和发电机电压检测法综合运用实例,如图 5-35 所示。

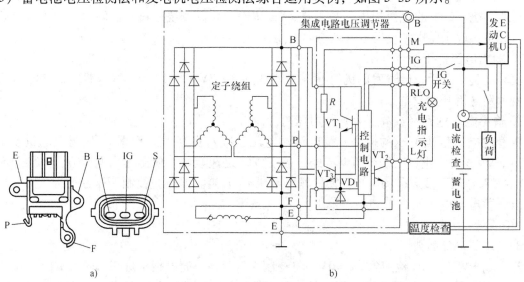

图 5-35 蓄电池电压检测法和发电机电压检测法综合运用实例
a)G 型多功能集成电路电压调节器 b)G 型调压器发电机电路原理图

5.5.3 按定子结构分类

如图 5-36 所示,交流发电机中作为电枢的定子三相绕组可分为星形联结和三角形联结两种形式。

某种发电机的定子（电枢）绕组具有两组独立的三相线圈和整流器，例如丰田锐志发电机，如图 5-37 所示，这两组三相线圈的电相位角相差 30°，可减小定子磁性的变动，大幅度降低发电机所发出的噪声和输出电压的脉动，同时提高发电机输出功率。

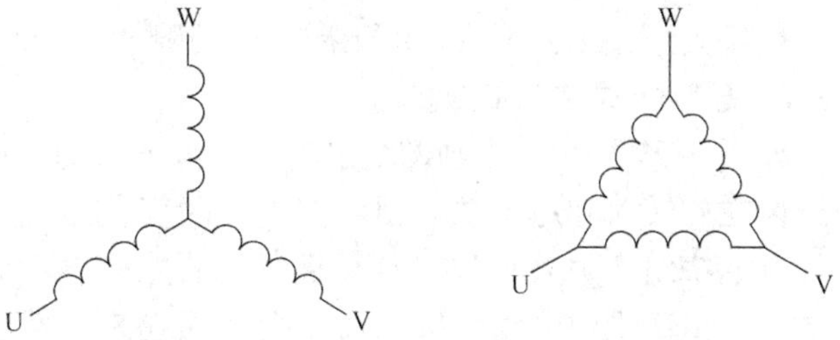

a)　　　　b)

图 5-36　定子三相绕组的连接方式

a）星形联结的定子三相绕组　b）三角形联结的定子三相绕组

5.5.4　按转子结构分类

按照转子结构，发电机可分为励磁式和永磁式两类，而励磁式又可分为有刷式和无刷式两类。当前大多数汽车发电机仍属于有刷励磁式发电机，无刷发电机一般包括爪极式、感应子式和永磁式 3 种发电机。

- 按转子结构分类
  - 励磁式
    - 有刷
    - 无刷
      - 爪极式
      - 感应子式
  - 永磁式（无刷）

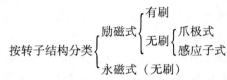

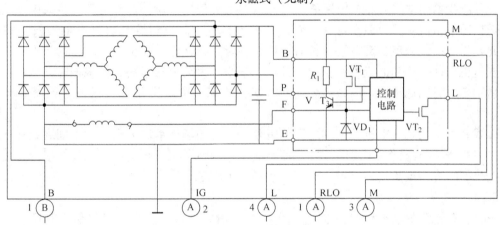

图 5-37　丰田锐志发电机电路原理图

1. 爪极式交流发电机

1）爪极式无刷交流发电机的结构及工作原理如图 5-38 所示。

爪极式无刷交流发电机磁场绕组是静止的，它通过一个磁轭托架固定在后端盖上，所以，不再需要电刷。两个爪极中只有一个爪极直接固定在电机转子轴上，另一爪极则用非导磁联接环固定在前一爪极上。当转子旋转时，一个爪极就带动另一爪极一起在定子内转动，当磁场绕组中有直流电通过时，爪极被磁化，就形成了旋转磁场。

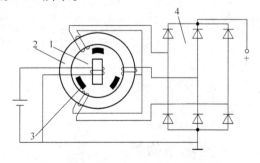

图 5-38　爪极式交流发电机原理图

1—磁场绕组（定子）　2—三相定子绕组（电枢）　3—爪形磁极　4—整流器

2）优点。

结构简单、维护方便、工作可靠；不存在电刷与集电环接触不良导致发电不稳或不发电故障。

3）缺点。

爪极间连接工艺困难;由于磁路中间隙加大,发电机相同输出功率下需加大励磁电流。

2. 感应子式交流发电机

如图5-39所示,当励磁绕组中有直流电流通过时,其周围产生磁场,转子被磁化。由于转子凸齿在旋转时和定子铁心相对位置不断变化,使得定子上的电枢绕组产生大小和方向不断变化的感应电动势。将各电枢绕组产生的电动势按相加原则串联起来,再经整流器整流后便得到直流电。由于发电机工作时在电枢绕组中产生的是单相交流电,所以其整流器是由两个硅二极管组成的单相全波整流器。

3. 永磁式交流发电机

车用永磁交流发电机采用国际最新导磁材料——钕铁硼为磁场,与线绕励磁发电机相比:没有黑色金属铸(锻)造的爪极和磁轭,没有漆包线绕制的励磁线圈,没有电刷和集电环。其性能特点主要表现在,可以满足现代

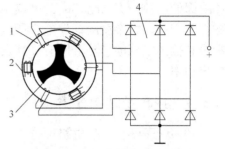

图 5-39 感应子式交流发电机原理图
1—三相定子绕组(电枢) 2—磁场绕组
（定子）3—感应子 4—整流器

汽车在多种情况下对发动机的高标准要求,而且高效节能,无电刷,可靠性高,对车载电器不产生干扰,并减少蓄电池的充、放电频率,延长蓄电池的使用寿命,在蓄电池完全无电或脱离蓄电池的特殊情况下,汽车仍可启动行驶,而且功率大。由于此系列发电机具有低转发电的独特设计,因此,受到广大城市公交系统及长时间低速慢行,频繁起动停车用户的广泛认可与应用。汽车永磁发电机设计,成功的应用到各类汽油机、柴油机为动力的车辆,但根据它的低转速发电特点,更适用于长时间低速慢行的城市公交车、矿山机械、市政道路施工机械等频繁起步停车的车辆。

爪极式和感应子式发电机的相同之处为三相绕组与磁场绕组均为定子,不同之处在于爪极作为转子在三相绕组与磁场绕组之间旋转,而感应子作为转子在三相绕组和磁场绕组内部旋转。永磁式发电机的结构特点是三相绕组为定子,永磁体为转子。

问题

1. 11管式交流发电机包括6只_____二极管,2只_____二极管,3只_____二极管。

2. 11管式交流发电机包括_____只整流二极管,_____只中性二极管,_____只激磁二极管。

3. 调压器按照搭铁形式可分为_____型调压器和_____型调压器。作为内搭铁型调压器的励磁线圈,其控制方式为_____,作为外搭铁型调压器的励磁线圈,其控制方式为_____。内搭铁型调压器电路中的晶体管为_____型,外搭铁型调压器电路中的晶体管为_____型。

4. 对于调压器内置型发电机,调压器对电压的检测方法可分为_____检测法和_____检测法。

5.6 发电系检修

发电系统常见故障有:充电指示灯不亮、充电系统不充电、充电指示灯时亮时灭、蓄电池充电不足、发电机充电电流过大等故障。

5.6.1 发电机分类信息采集单

对汽车发电机进行信息采集有助于检测与维修，发电机分类信息采集单如表 5-5 所示。

表 5-5 发电机分类信息采集单

发电机型号			
调压器型号			
发电机参数	额定电压（　）V 空载转速（　）r/min 额定电流（　）A 额定转速（　）r/min		
按整流器结构分类	6 管（　）　8 管（　）　9 管（　）　11 管（　）		
按调压器分类	按开关形式分类	触点式	单触点式（　）
			双触点式（　）
		电子式	晶体管调节器（　）
			计算机控制式调节器（　）
	按搭铁形式分类	外搭铁式调压器（　）	
		内搭铁式调压器（　）	
	按安装方式分类	外装式调压器（　）	
		内装式调压器	发电机电压检测法（　）
			蓄电池电压检测法（　）
按定子结构分类	星形联结（　）		
	三角形联结（　）		
按转子结构分类	有刷（　）		
	无刷	爪极式（　）	
		感应子式（　）	
		永磁式（　）	

5.6.2 发电系就车检查

1. 检查发电机驱动带

外观检查：检查驱动带的外观有无裂纹或磨损现象，如有则应更换。

绕度检查：用 100N 的力压在带的两个驱动轮之间，新带绕度约为 5~10mm，旧带约为 7~14mm。

2. 检查导线的连接

1）接线是否正确。

2）接线是否牢靠。

3）发电机输出端接线螺钉必须加弹簧垫。

3. 检查运转时有无噪声

4. 检查是否发电

1）观察充电指示灯的熄灭情况：若充电指示灯一直亮着，说明发电机或调节器有故障，也可能是充电指示灯线路有故障,应及时维修。

2)用万用表直流电压档测量电压:在发电机未转动时测量蓄电池端电压,并记录下来,起动发动机并将转速提高到怠速以上转速,测量蓄电池端电压,若能高于原记录,说明发电机能发电,若测量电压一直不上升,说明发电机或调节器有故障,应及时维修。

5.6.3 发电机内部测试

当发电机不发电时或发电量不足等故障时,应首先判断故障发生在外电路还是发电机内。若初步判定故障在发电机内部,应将发电机从车上拆下来,对其进行检测、修理。

发电机内部测试,应区分发电机的3种基础模式。如图5-40所示,8管式发电机包括6只整流二极管(其中以负极为公共端的3只二极管为正整流二极管,另外以正极为公共端的3只二极管为负整流二极管)和两只中性点整流二极管。11管式发电机增加了3只小功率激磁整流二极管,通过电刷供应转子的励磁电流,一般转子绕组的控制方式为常火控铁,因此11管式发电机为外搭铁式,通常匹配NPN型调压器。11管式发电机的激磁整流二极管还可以控制充电系故障灯,而8管式发电机一般都需要具备独立的充电系故障灯的控制电路。

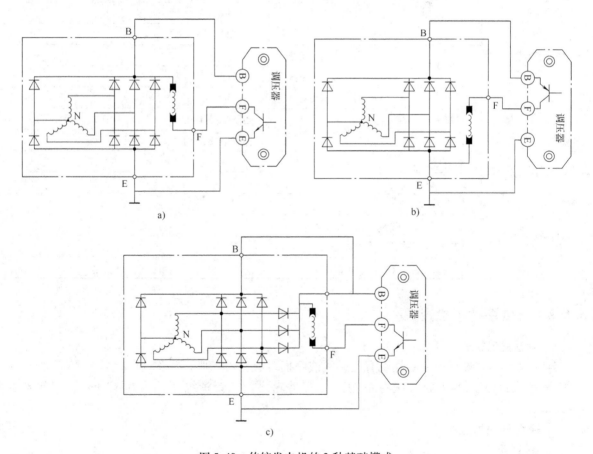

图5-40 传统发电机的3种基础模式
a)外搭铁8管式发电机 b)内搭铁8管式发电机 c)外搭铁11管式发电机

汽车医生应该善于把握3种基础模式的特点,在发电机拆解过程中正确识别出常火测试点B,搭铁E,中性点N,激磁控制点F。于是可以对于不同的二极管进行导通与截止测试,对转子绕组和定子绕组进行电阻测试,对调压器进行稳压点测试。发电机内部测试表如表5-6所示。

表 5-6　发电机内部测试表

	测试项目	测试点	测试结果
1	正整流二极管测试	定子绕组三端和常火 B	正向 0.7V；反向截止
2	负整流二极管测试	定子绕组三端和搭铁 E	正向 0.7V；反向截止
3	正中性整流二极管测试	B 和中性点 N	正向 0.7V；反向截止
4	负中性整流二极管测试	E 和 N	正向 0.7V；反向截止
5	激磁整流二极管测试	定子绕组三端和激磁整流二极管公共端	正向 0.7V；反向截止
6	定子绕组电阻测试	定子绕组三端和 N	合理值
7	转子绕组电阻测试	对于外搭铁 8 管式，测 B 和 F；对于内搭铁 8 管式，测 E 和 F；对于外搭铁 11 管式，测激磁整流二极管公共端和 F	12V 发电机为 4.5Ω；24V 发电机为 9Ω
8	外搭铁型调压器	依据图 5-26a 测试	稳压范围：13.5～14.5V
9	内搭铁型调压器	依据图 5-26b 测试	稳压范围：13.5～14.5V

5.6.4　发电机波形测试

当交流发电机有故障时，其输出电压波形将出现异常。在有条件的情况下，可利用示波器观察发电机输出电压波形。典型的故障包括主整流二极管、激磁整流二极管、中心点二极管出现的断路或短路故障，定子绕组、励磁绕组出现的断路故障，部分测试波形如图 5-41 所示。

5.6.5　发电系电流测试

发电系的老化及故障会造成发电机的最大输出功率低于额定功率，严重情况下发电机无法支持较小的用电负荷，会使电瓶长期缺电。可以通过对发电系电流的测试，了解发电系的健康情况。如图 5-42 所示，这里主要关心的电流为发电机输出电流和蓄电池电流。

当发电机处于小负荷用电工况时，发电机不但能够为负载提供足够的电流，同时还可以将剩余能量为蓄电池充电。此时

发电机电流 = 负载电流 + 蓄电池电流

当发电机处于大负荷用电工况时，发电机需要和蓄电池一起为负载提供工作电流，蓄电池处于放电状态。此时

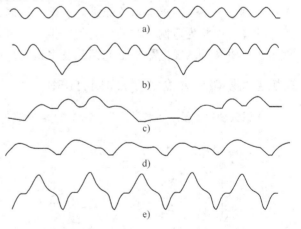

图 5-41　JFZ1813Z 发电机输出电压波形
a) 正常波形　b) 一只主整流二极管断路波形
c) 一只激磁整流二极管断路波形　d) 一只中心点二极管断路波形　e) 一相定子绕组断路波形

发电机电流 + 蓄电池电流 = 负载电流

依据此工作原理，可以使用电流卡表，测试发电机在怠速工况下的最大输出功率，从而判断发电系统的发电效能。

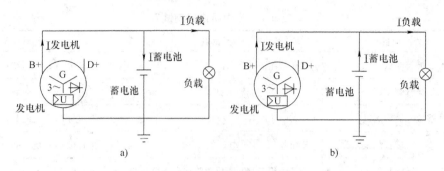

图 5-42 发电系电流方向
a) 小负荷 b) 大负荷

将发动机处于怠速工况，使用卡表测试蓄电池电流，不断增大工作负载（打开各种大灯和风扇等）直至蓄电池由充电状态转换为放电状态。记录蓄电池放电电流，并计算发电机怠速最大输出功率。

$$发电机怠速最大输出功率 = 发电机电流 \times 输出电压$$

问题

1. 11 管式发电机通常为_____（外搭铁或内搭铁）式，通常匹配_____（NPN 或 PNP）型调压器。

2. 11 管式发电机的激磁整流二极管的作用是_____和_____，而 8 管式发电机一般都需要具备独立的充电系故障灯的控制电路。

5.7 发电系电路识图范例

经过实车拆解测绘，这里为读者提供了 3 种车型的发电系电路测绘图。其中包括发电系全局电路原理图、发电系局部电路原理图、调压器局部电路原理图、发电机引脚顺序图以及实物拆解图。读者可以此为范例，对其他有代表性的发电系统进行测绘。这些测绘范例经过不断的积累，汽车医生将具备从发电系外围电路到发电机内部电路和调压器内部电路的整套测绘检修能力。

5.7.1 夏利 8 管发电机（JFT1506B）

JFT1506B 是额定工作电流为 50A 的 8 管式外搭铁交流发电机，如图 5-43 所示。

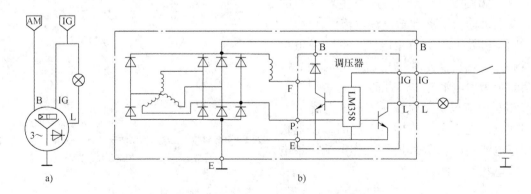

图 5-43 JFT1506B 发电系测绘
a) 发电系全局电路原理图 b) 发电系局部电路原理图

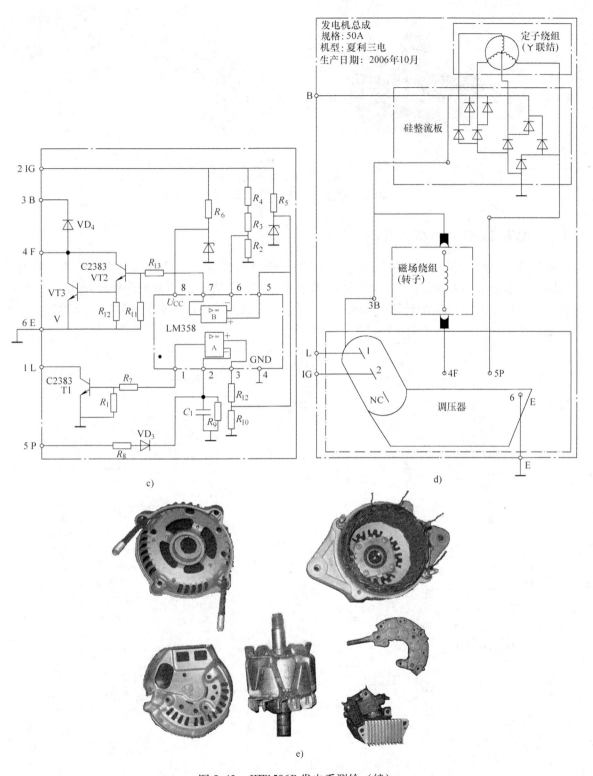

图 5-43 JFT1506B 发电系测绘（续）
c）调压器局部电路原理图　d）发电机引脚顺序图　e）发电机实物拆解图

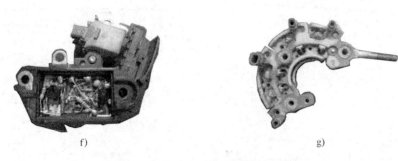

图 5-43　JFT1506B 发电系测绘（续）
f）调压器实物拆解图　g）整流板实物拆解图

5.7.2　夏利 11 管发电机（JFZ1725）

JFZ1725 是额定工作电流为 65A 的 11 管式外搭铁交流发电机。图 5-44 包括发电系全局电路原理图、发电系局部电路原理图、调压器局部电路原理图、发电机引脚顺序图以及实物拆解图。这款发电机内置的调压器属于集成电路式调压器，其内部多采用埋入电阻印制板，又称之为埋入平面电阻 PCB，或简称为平面电阻（PRT）PCB。

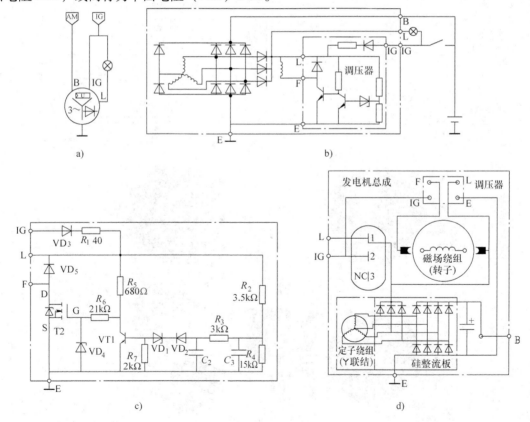

图 5-44　JFZ1725 发电系测绘
a）发电系全局电路原理图　b）发电系局部电路原理图
c）调压器局部电路原理图　d）发电机引脚顺序图

图 5-44　JFZ1725 发电系测绘（续）

e）发电机实物拆解图 1　f）发电机实物拆解图 2　g）调压器实物拆解图

5.7.3　桑塔纳 11 管发电机（JFZ1913Z）

JFZ1913Z 是大众专用的 11 管式外搭铁交流发电机。图 5-45 包括发电系全局电路原理图、发电系局部电路原理图、发电机引脚顺序图以及实物拆解图。

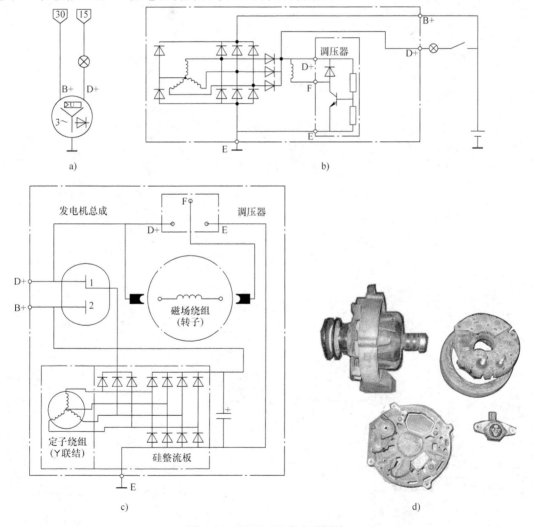

图 5-45　JFZ1913Z 发电系测绘

a）发电系全局电路原理图　b）发电系局部电路原理图　c）发电机引脚顺序图　d）发电机实物拆解图

5.8 实训

1. 发电机分类信息采集。
2. 发电系就车检查。
3. 发电机内部测试。
4. 发电机波形测试。
5. 发电系电流测试。
6. 计算机控制发电机负荷数据流读取。
7. 发电系电路测绘。

第6章 起动系电路识图与分析

起动系是为发动机起动提供气缸压力的系统，属于发动机的五大系统和两大机构。在汽车未安装起动装置之前，汽车发动机都必须摇动手柄起动，既费力又危险。1910年，利兰德的好友卡顿因为帮助一辆抛锚的凯迪拉克轿车女车主摇起动手柄，发动机产生回火，卡顿被手柄打伤额部，随后因并发症而死。由此利兰德邀请凯特林研究发动机的起动装置。1912年，凯迪拉克轿车开始使用了起动装置，起动机的问世至今仍被公认为是20世纪最具影响力的汽车革新之一。

6.1 起动机构造与原理

6.1.1 汽油发动机工作三要素

汽油发动机工作三要素：
1）油（达到合理雾化程度的油气混合物）。
2）火（正确时刻的合适强度的点火）。
3）气（压缩时达到不低于标准值的缸压）。

问题

汽油发动机工作三要素为_____、_____、_____。

6.1.2 起动的概念

汽车发动机曲轴在外力作用下，从开始转动到怠速运转的全过程称为发动机的起动。起动过程完成了汽油发动机工作三要素中气（缸压）的任务。

问题

起动机完成了汽油发动机工作三要素中的_____。

6.1.3 常用电动机分类

如图6-1所示，常用电动机可以分为一般旋转电动机和控制电动机。一般旋转电动机得电即可转动，而控制电动机的旋转需要控制器进行控制。一般旋转电动机包括直流有刷电动机和交流异步电动机。

直流有刷电动机得直流电而转动，交流异步电动机（感应电动机）得交流电而转动。直流有刷电动机以磁场为定子，以电枢为转子。当以永磁体方式产生磁场的为永磁式直流有刷电动机，当以励磁方式产生磁场的为励磁式直流有刷电动机。较为典型的永磁材料包括稀土、铁氧体、钕铁硼和铝镍钴。部分电动门窗、座椅、风扇和刮水器一般为直流永磁有刷电动机。励磁的方式分为串励式、并励式、他励式和复励式。起动机属于串励式直流有刷电动机，特点是励磁绕组与电枢绕组串联，起动力矩较大。

三相交流异步电动机得三相交流电而转动，单相交流异步电动机得单相交流电而转动。三相交流异步电动机多用于工业场合，定子绕组为星形联结或三角形联结，交换任意一对相线可以改变旋转方向。汽车中的发电动机是三相交流异步电动机的逆向应用（力和磁产生电）。单相交流异步电动机多用于家用电器中，如洗衣机、电风扇等。笼型转子三相交流异步电动机和电容分相式单相交流异步电动机相似，转子绕组都为笼型，以励磁绕组为定子，通交流电产生旋转磁场。由于笼型转子绕组在旋转的磁场中自动产生感应电流，因此属于无刷电动机。具有感应电流的转子绕组会在旋转磁场中受到安培力的作用而旋转。电容分相式单相交流异步电动机的定子绕组一般只有两个绕组，一个叫作主绕组或称为工作绕组，另一个称为起动绕组。罩极式单相交流异步电动机是利用套在一部分磁极上的短路绕组产生旋转磁场和起动转矩的单相异步电动机，具有成本低、力矩大、噪音低、运转稳、寿命长的特点，被广泛应用在电风扇、电吹风、吸尘器等小型家用电器中。串励式有刷式单相交流异步电动机比无刷式单相交流异步电动机具有更大的转动扭矩和输出功率，如手电钻。

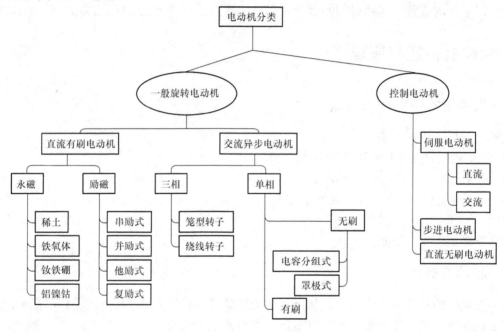

图 6-1　电动机分类

控制电动机包括步进电动机、伺服电动机和直流无刷电动机。步进电动机与伺服电动机都是按步执行转动的，伺服电动机因为比步进电动机增加了编码器，形成了精准的反馈机制，解决了步进电动机失步的问题。伺服电动机包括交流和直流伺服电动机，汽车中的怠速电动机或电子节气门为直流伺服电动机或步进电动机。直流无刷电动机自身内置了信号发生器，得直流电即可转动，广泛应用在电子产品中，如散热风扇。

6.1.4　起动系构成

如图 6-2 所示，传统内燃机车的起动方式有人力起动、辅助汽油机起动和电力起动三种。人力起动是通过手动或脚动的方式产生缸压，同时发动机负压吸引化油器喷油，由磁电机感应点火，因此"油""火""气"三要素同时产生，起动发动机。辅助汽油机起动是通过电力起动汽油机，再由汽油机带动柴油机起动，多用于大功率柴油机上，如船舶等。起动系则属于电力起动，是主流的汽车起动

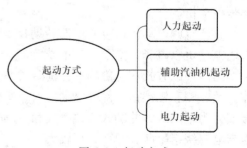

图 6-2　起动方式

方式。

起动系属于发动机两大机构和五大系统,如图 6-3 所示,起动系包括电源、点火开关、起动继电器和起动机。根据起动系电路图,如图 6-4 所示,和起动机相连接的常火线为起动电缆,起动电缆用来连接蓄电池与起动机开关的主接线柱,截面有 $25mm^2$、$35mm^2$、$50mm^2$ 和 $70mm^2$ 等多种规格,允许电流达 500~1000A。为了保证起动机正常工作,并发出足够的功率,要求在电路上每 100A 的电流电压降不得超过 0.15V。

图 6-3 起动系构成

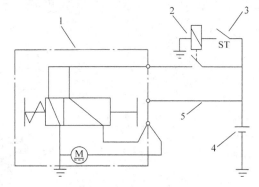

图 6-4 起动系电路图
1—起动机 2—起动继电器 3—点火开关
4—电源 5—起动电缆(30 线)

问题

1. 传统内燃机车的起动方式有三种:_____、_____、_____。
2. 起动系包括_____、_____、_____、_____四大部分。

6.1.5 起动机构成

由图 6-5 所示,起动机包括电磁开关(吸力包)、直流电动机、传动机构。电磁开关在机械方面驱动传动机构完成驱动齿轮和飞轮的啮合,在电力方面完成直流电动机的驱动。起动机的作用表现在缓慢旋转啮合、快速旋转起动、掉电分离三个方面。

起动机实物如图 6-6a 所示,起动机结构如图 6-6b 所示,电磁开关包括吸引线圈、保持线圈、回复弹簧、活动铁心、接触盘、接线柱和触点。传动机构包括拨叉、行星减速机、单向离合器和驱动齿轮。单向离合器的作用是在起动时单向离合器锁止,由驱动齿轮向飞轮传输动力,起动后单向离合器解锁,防止飞散。减速齿轮的作用是降速增扭,减小蓄电池负荷。由图 6-7 所示,直流电动机包括励磁绕组、电枢和电刷。

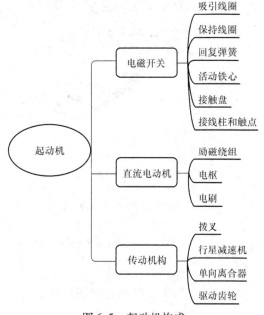

图 6-5 起动机构成

问题

1. 起动机包括_____、_____、_____三大部分。
2. 起动机的作用表现在_____、_____、_____三个方面。

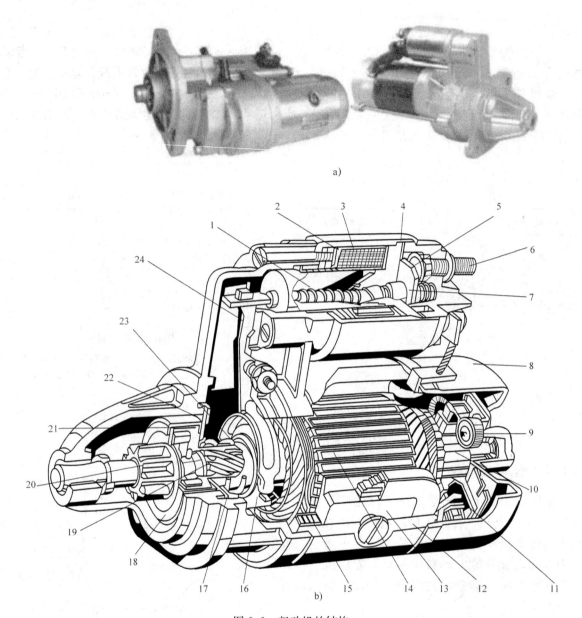

图 6-6 起动机的结构
a) 起动机实物图 b) 起动机构造图
1—回位弹簧 2—保持线圈 3—吸引线圈 4—电磁开关壳体 5—触点 6—接线柱 7—接触盘
8—后端盖 9—电刷弹簧 10—换向器 11—电刷 12—磁极 13—磁极铁心 14—电枢
15—磁场绕组 16—移动衬套 17—缓冲弹簧 18—单向离合器 19—电枢轴花键
20—驱动齿轮 21—罩盖 22—制动盘 23—传动套筒 24—拨叉

3. 驱动齿轮中单向离合器的作用是_____。

6.1.6 起动机工作原理

起动机工作需经历缓慢旋转啮合、快速旋转起动、掉电分离三个过程。为了详细说明这三个过程，需要明确起动机电路图的原理与构成。如图 6-8 所示，起动机电路图由 10 个部分构成，分别为保持线圈、吸引线圈、活动铁心、接触盘、直流电动机、回位弹簧、起动控制接线柱（50 线）、常火接线柱（30 线）、电动机接线柱和电动机引线。其中常火接线柱和电动机接线柱

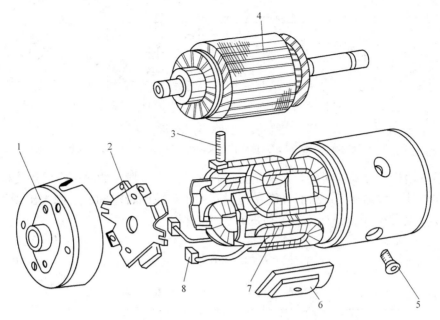

图 6-7 直流串励式电动机的结构
1—端盖 2—电刷架 3—接线柱 4—电枢
5—磁极固定螺钉 6—磁极铁心 7—励磁绕组 8—电刷

共同构成电磁开关的触点。

1）第一步：慢速旋转啮合。

打开点火开关至 ST 档位，如图 6-9a 所示，吸引线圈和保持线圈得电，活动铁心在吸引线圈和保持线圈的吸引下克服回复弹簧向右移动，拨叉推动驱动齿轮向左移动。此时串励式直流电动机由于吸引线圈的限流作用而缓慢转动，直至起动机驱动齿轮与飞轮完全啮合后，接触盘将电磁开关触点（常火接线柱和电机接线柱）接通。

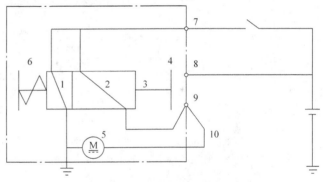

图 6-8 起动机电路图
1—保持线圈 2—吸引线圈 3—活动铁心 4—接触盘 5—直流电动机
6—回位弹簧 7—起动控制接线柱（50 线） 8—常火接线柱（30 线）
9—电动机接线柱（8 和 9 构成电磁开关触点） 10—电动机引线

2）第二步：快速旋转起动。

如图 6-9b 所示，由于接触盘将电磁开关触点（常火接线柱和电动机接线柱）接通，吸引线圈被短路而不再得电。保持线圈得电，可以克服回复弹簧将电磁开关触点保持接通。由于直流电动机得电而快速旋转，直至发动机起动。

3）第三步：掉电分离。

松开点火开关至 ON 档位，如图 6-9c 所示，吸引线圈反向得电而向左吸引活动铁心，由于吸引线圈的限流作用使得保持线圈的保持力减弱，此时活动铁心在回复弹簧作用下开始向左移动，电磁开关触点断开，驱动齿轮和飞轮开始分离。最终状态如图 6-9d 所示，吸引线圈、保持线圈、直流电动机完全掉电，驱动齿轮和飞轮完全分离。

起动机的工作流程是机电一体化的精妙配合，其中活动铁心从 ST 闭合时刻起到接触盘将触点短路的时间长度为活动铁心飞跃行程时间，其中驱动齿轮从 ST 闭合时刻起到与飞轮完全啮合的时间长度为齿轮啮合时间。为了防止啮合过程中恰好赶上驱动齿轮齿尖对顶飞轮齿尖的情况，

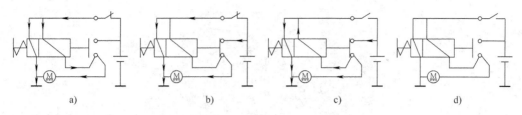

图 6-9 起动机电流分析

a）慢速旋转啮合 b）快速旋转起动 c）掉电分离 d）最终状态

要求电路满足电动机缓慢旋转啮合。在未完全啮合之前，由于拨叉的限位作用致使接触盘无法短路触点。即在设计上应确保活动铁心飞跃行程时间大于齿轮啮合时间，否则会出现"起动打齿"的现象。可以参照图6-10，详细分析起动机的工作流程。

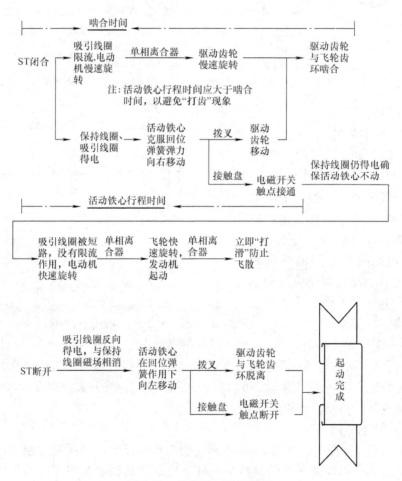

图 6-10 起动机工作流程图

6.1.7 起动机图示画法

起动机的全局图符号如图6-11a所示，起动机的局部图画法如图6-11b所示。

6.1.8 带起动保护的起动机控制电路

在怠速时,由于驾驶人误认为车辆处于熄火状态而二次起动起动机时,会因为无法啮合而打齿。为了避免这类问题的出现,如图 6-12 所示,可从发电机定子绕组的中性点取出信号控制常闭型起动保护继电器,如果发动机处于运转状态,则中性点出火控制起动保护继电器断开,致使起动继电器无法吸合,避免了二次起动起动机。

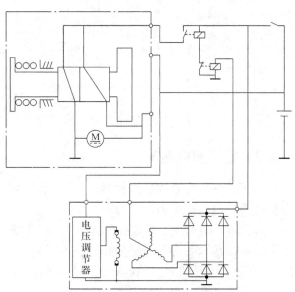

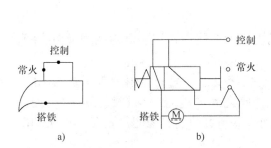

图 6-11 起动机图示画法
a) 起动机全局图 b) 起动机局部图

图 6-12 带起动保护的起动机控制电路

6.2 起动机检修

6.2.1 起动机四步检测法

应用四步法检测的前提条件是确认没有外围线路故障,即 30 线、50 线和搭铁都正常的情况下,以在线的方式(不用拆下起动机)判断起动机内部的故障点。

1) 第一步:吸引线圈的检查,如图 6-13a 所示。
① 断开常火接线。
② 断开电动机接线。
③ 将"电动机接线柱"搭铁。
④ 起动开关(ST)闭合,听到电磁开关清脆闭合音,并且"常火接线柱"与"电动机接线柱"导通,则说明吸引线圈工作正常。

2) 第二步:保持线圈的检查,如图 6-13b 所示。

在第一步基础之上,保持起动开关(ST)闭合,慢慢断开"电动机接线柱"搭铁,如果电磁开关仍吸合,则说明保持线圈工作正常。

3) 第三步:回位弹簧的检查,如图 6-13c 所示。

在第二步基础之上,将起动开关(ST)断开,如果电磁开关断开,即"常火接线柱"与"电动机接线柱"开路,则说明电磁开关回位弹簧工作正常。

4）第四步：起动电机的检查，如图6-13d所示。

① 将"常火接线柱"接火线。

② 将"电动机接线柱"接电动机连线。

③ 用导电工具短路"常火接线柱"和"电动机接线柱"，电动机如能快速旋转，则说明起动电动机工作正常。

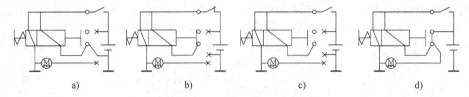

图6-13 起动机测试四步法

a）检查吸引线圈 b）检查保持线圈 c）检查回位弹簧 d）检查起动电动机

6.2.2 起动机电阻测试

为了更好地配合四步法检测，在不分解起动机的情况下，应使用万用表欧姆档对吸引线圈、保持线圈、电动机内阻进行测量。

如图6-14a所示，起动控制接线柱（50线）和电动机接线柱之间的电阻为吸引线圈电阻，如图6-14b所示，起动控制接线柱（50线）和起动机外壳之间的电阻为保持线圈电阻，如图6-14c所示，电动机引线和起动机外壳之间的电阻为串励式电动机的励磁线圈（定子）电阻和电枢（转子）电阻之和（电动机内阻）。

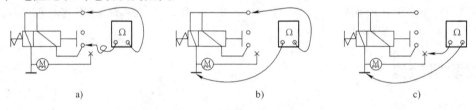

图6-14 起动机电阻测试

a）吸引线圈电阻测量 b）保持线圈电阻测量 c）电动机内阻测量

6.2.3 起动机一般故障概述

1. 起动机不工作

起动机不工作应首先排查起动机外围线路故障，即30线、50线和搭铁是否正常。线路正常的情况下可以推知为起动机故障，应运用四步法对起动机进行检测。

一些技巧值得借鉴和应用，例如点火开关打到ST档位时，不能听到起动继电器的吸合声音，则说明起动继电器或点火开关器件或线路故障；例如能够听到电磁开关吸合声音，说明电磁开关接触不良或直流电动机故障或发动机抱死；例如能够听到起动继电器的吸合声音却不能听到电磁开关吸合声音，应先排查起动机外围线路再使用四步法。

2. 起动无力

飞轮旋转速度低于3r/s，则可认为是起动无力。应使用电流卡表检测起动电流，若起动电流过小，则使用蓄电池综合测试仪检测蓄电池寿命与起动电流，若异常则更换蓄电池；蓄电池正常，则使用电压法测量起动机的起动电压，如果电压过低，则说明起动机外围线路压降过大，如蓄电池极柱松动、氧化或腐蚀；如果电压不低可能是电动机内部接触盘或电刷氧化导致压降过大；若起动电流正常，则考虑起动机或发动机机械阻尼过大导致起动无力。

3. 起动异响

起动异响这种故障现象的主要原因可能是单向离合器打滑，或者是飞轮齿圈有部分齿损坏。一般可根据声音判断，声音"轻、尖且连续"的是单向离合器打滑，应更换单向离合器；声音"沉重、间断"的是飞轮齿圈损坏。也可重新转动曲轴或将车挂上档，前后移动一下汽车，使起动机的驱动齿轮与发动机的飞轮重新啮合。如果能起动发动机，说明飞轮齿圈的齿轮啮合面部分损伤，飞轮齿圈损伤轻微的可将飞轮齿圈翻转过来，重新使用，飞轮齿圈损伤严重的应更换齿圈。

6.3 实训

1. 识读起动机铭牌。
2. 测试起动机外围线路信号。
3. 四步法测试起动机。
4. 测试起动机电阻。
5. 起动系故障排除。

第7章 点火系电路识图与分析

点火系是为发动机提供点火的系统，属于发动机的五大系统和两大机构。火的使用代表了人类文明的发展。燧人氏从鸟啄燧木出现火花而受到启示，于是折下燧木枝，钻木取火。自此人类祖先从利用自然火，进步到人工取火的时代。直至周朝，除木燧外，兼用金燧取火。木燧取火于木，而金燧取火于日，即用铜镜向日取火。金燧为尖顶杯，体积很小，可佩带腰间以备用。由于金燧在天阴或夜晚无法取到火，故古人往往是"左佩金燧，内佩木燧"。到了魏晋六朝，已经有关于"石火"的记载，即以石敲火。以石敲火之法盛行后，必须有引燃物配合。宋时，民间劈小杉条，并染上硫磺，被称作"火寸"，置之待用，一与火遇，迅即得火。清光绪初年，取火技术又进了一步，出现了一种叫"火镰"的工具。缝皮为包，安铁为刃，内装火石一片，火绒一团，如果要用火，取火绒豆许放在石上，再用铁刃撞击，能发出火星，顷刻间就得火。后来有了火柴、火镜、火石、火绒等物就逐渐衰落了。打火机盛行于20世纪之初的西方，最具代表的品牌是来自美国的ZIPPO，由于它的坚实品质和瑞士军刀一样的多用途性而风靡全球。早期打火机为火石打火，第二次世界大战后，日本成功地将压电效应使用在了打火机上。现代日常生活中使用的一次性打火机，就是利用压电陶瓷的压电原理在瞬间产生10000V左右的高压，使产生的电火花点燃气体丁烷。虽然压电陶瓷具有很好的压电效应，但由于使用寿命的原因（最高的压电陶瓷使用寿命为100万次弯折），仍无法应用在汽车点火系统中。

7.1 点火系统原理

7.1.1 点火系作用

在汽油发动机中，气缸内的混合气是由高压电火花点燃的，而产生电火花的功能是由点火系来完成的。点火系将电源的低电压变成高电压，再按照发动机点火顺序轮流送至各气缸，点燃压缩混合气；并能适应发动机工况和使用条件的变化，自动调节点火时刻，实现可靠而准确的点火；还能在更换燃油或安装分电器时进行人工校准点火时刻。在汽油发动机工作三要素中担任"火"的要素。

7.1.2 点火系三要素

点火装置均有共同的技术性能要求，即应在发动机各种工况和使用条件下保证可靠而准确地点火，为此应满足以下三个方面的要求：

1）能产生足以击穿火花塞间隙的电压。

火花塞电极之间产生火花的电压称为击穿电压。影响击穿电压的因素有：火花塞电极间隙，气缸内混合气的压力与温度，电极的温度与极性，发动机工作情况。汽车在行驶中，发动机在满载低速时击穿电压需8~10kV的高压电，起动时需19kV。正常点火一般均在15kV以上。为保证点火可靠，考虑各种不利因素的影响，通常点火装置的设计能力为30kV。

2）火花应具有足够的能量。

为保证发动机能在较高经济性和污染物排放量指标的基础上正常工作，其可靠的点火能量应达到 50~80mJ，起动时应产生大于 100mJ 的电火花能量。

3）点火时刻应适应发动机的工作情况（点火提前角）。

发动机气缸的负荷、转速和燃油品质等都直接影响到气缸内混合气的燃烧速度。为使发动机在把热能转换成机械能的过程中输出最大功率，点火系统必须在适应上述情况变化下实现最佳点火。

7.1.3 点火系分类

1. 按电源的不同分类

1）蓄电池点火系统。
2）磁电机点火系统。

2. 按储能方式分类

1）电感储能电子点火系。

火花能量以磁场形式储存在线圈中，如点火线圈。

2）电容储能电子点火系统。

火花能量以电场的形式储存在专门的储能电容器中，如 CDI（电容二极管点火）系统。

3. 按信号发生器型式分类

1）磁感应式。
2）霍尔式。
3）光电式。
4）电磁振荡式。

4. 按初级电路的控制方式分类

1）普通电子点火系统。

没有 ECU 控制的晶体管点火系统，如晶体管时代的点火系。

2）微机控制点火系统。

具有 ECU 控制的晶体管点火系统，如 ECU 时代的点火系。

5. 按高压电的配电方式分类

1）有分电器点火系。
2）免分电器点火系。

6. 按时间分类

1）19 世纪末，磁电机时代。
2）20 世纪 60 年代，白金时代。
3）20 世纪 70 年代，晶体管时代。
4）20 世纪 80 年代，ECU 时代。
5）20 世纪 90 年代，免分电器时代。
6）21 世纪，独立点火时代。

7.1.4 点火提前角

首先，点火系统应按发动机的工作顺序进行点火。一般六缸发动机的点火顺序为 1-5-3-6-2-4，四缸发动机的点火顺序为 1-3-4-2 或 1-2-4-3。其次，必须在最有利的时刻进行点火。

由于混合气在气缸内燃烧占用一定的时间，所以混合气不应在压缩行程上止点处点火，而应适当提前，使活塞达到上止点时，混合气已得到充分燃烧，从而使发动机获得较大功率。点火时刻一般用点火提前角来表示，即从发出电火花开始到活塞到达上止点为止的一段时间内曲轴转过的角度。

如果点火过迟，当活塞到达上止点时才点火，则混合气的燃烧主要在活塞下行过程中完成，即燃烧过程在容积增大的情况下进行，使炽热的气体与气缸壁接触的面积增大，因而转变为有效功的热量相对减少，气缸内最高燃烧压力降低，导致发动机过热，功率下降。

如果点火过早，由于混合气的燃烧完全在压缩过程进行，气缸内的燃烧压力急剧升高，当活塞到达上止点之前即达最大，使活塞受到反冲，发动机作负功，不仅使发动机的功率降低，并有可能引起爆燃和运转不平稳现象，加速运动部件和轴承的损坏。

实践证明，燃烧最大压力出现在上止点后 10°~15°时，发动机的输出功率最大，此时所对应的点火提前角为最佳点火提前角。

影响点火提前角的因素很多，主要有：

1）发动机转速。

发动机转速越高，最佳点火提前角越大。起动或怠速时，点火提前角应很小或不提前。转速变化时，点火提前角的调节由分电器的离心调节机构来实现。

2）发动机负荷。

同一转速下，随着发动机负荷的增大，最佳点火提前角减小。负荷变化时点火提前角的调节由分电器的真空调节机构来实现。

3）汽油辛烷值。

点火提前较小，不易产生爆燃。汽油辛烷值高，抗爆性好。因此，燃用低辛烷值汽油时，应将点火提前角减小。汽油品质改变时，点火提前角的调整由分电器的辛烷值选择器来实现。

除此之外，点火提前角还与排气净化、混合气成分、发动机压缩比、发动机水温等诸多因素有关。因此，单靠离心调节机构或真空调节机构是不能满足要求的，必须有一种更为先进的控制手段，这就是微机控制电子点火系。

7.2 点火系统的 6 个时代

7.2.1 磁电机时代

19 世纪末，点火系统进入磁电机时代，CDI（电容二极管点火）系统可作为磁电机时代的典型代表。CDI 系统适用于摩托车、飞机用汽油机、拖拉机用汽油机和小型汽油机，是汽油机点火系统中的点火电源。该系统不需任何电源，使用脚踏或手动方式点火。磁电机是永磁交流发电机，是利用装有永磁铁的飞轮转子（如图 7-1a 所示）做旋转运动建立旋转磁场，使定圈（如图 7-1b 所示）做切割磁力线运动而发电的，CDI 系统电路原理图如图 7-2 所示。它为摩托车提供充电、照

图 7-1 磁电机实物图
a) 永磁铁飞轮转子　b) 十八极磁电机定子

明、信号和点火电流。磁电机点火系统由开关、点火线圈、断电器、电容器、分电器和安全放电装置等组成，它产生高压电并分配给各气缸的火花塞。现代汽车上通常带有蓄电池，因此都采用蓄电池点火系统。

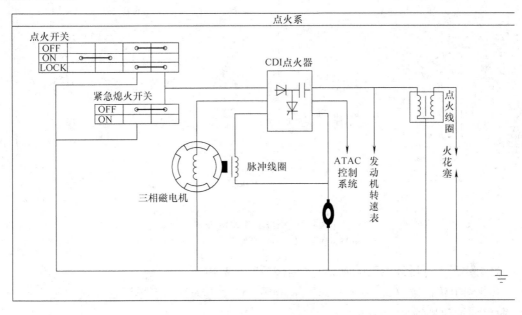

图 7-2　CDI 系统电路原理图

7.2.2　白金时代

20 世纪 60 年代，起动机代替了人工起动方式，蓄电池为起动系和点火系提供了初始能源，点火系统的发展进入到了白金时代。

1. 系统构成

如图 7-3 所示，白金时代点火系统包括点火线圈、高压线、分电器、分缸线和火花塞。点火线圈由初级线圈（低压包）和次级线圈（高压包）构成，点火线圈的作用是将电源 12V 的低压电变成 15~20kV 的高压电；分电器包括断电器、配电器、电容器和点火提前装置，断电器包括触点和凸轮，配电器包括分电器盖和分火头，点火提前机构包括真空式点火提前机构和离心式点火提前机构。白金时代的点火线圈其初级线圈一端与车上低压电源连接，另一端与开关装置（断电器）连接。次级线圈一端与初级线圈连接，另一端与高压线输入端连接（如图 7-4 所示）。

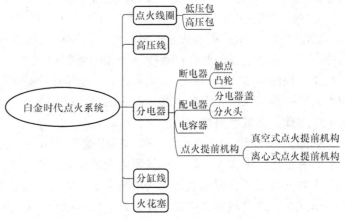

图 7-3　白金时代点火系统构成

2. 工作原理

如图 7-4a 所示，白金时代点火系统工作原理可简单描述为：

1) 触点闭合，低压线圈电流增长时间约 20ms 至最大值约 10A。

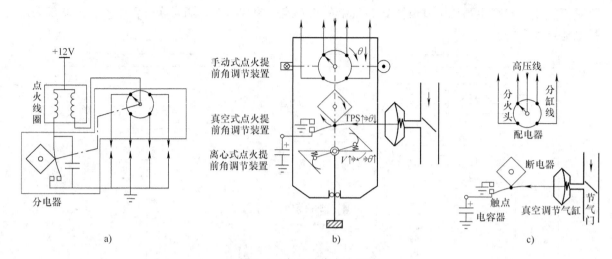

图 7-4 白金时代点火系统
a）电路原理图 b）分电器原理图 c）部件名称

2）触点分开，低压线圈因电磁感应产生 2~3kV 高电压。

3）火花塞电极间隙（0.6~1.3mm）被击穿，产生电火花，点燃混合气。

3. 断电器和电容器

白金时代的点火系统对于点火线圈低压包的通断控制依靠机械触点来完成，因此属于有触点式点火系统，为了减少机械触点被烧蚀和氧化，选用惰性金属铂（白金）为触点，因此称之为白金时代点火系统。白金间隙调整至 0.35~0.45mm，如果间隙大小不当，将会影响发动机的点火时间，造成不易起动、功率下降和怠速不稳等一系列故障，如果间隙过小，则会造成白金触点的烧蚀。一旦白金触点出现烧蚀，应使用白金砂条或金相砂纸夹在两触点之间进行打磨。此外，触点分开时，点火线圈的低压包会产生 300V 左右的自感电压，在触点间形成较大的火花，如果断电器上匹配的灭弧电容失效，会加剧烧蚀现象。

4. 点火提前机构

如图 7-4b 所示，离心式点火提前机构随发动机转速（顺时针）的提高，离心力增加，离心机构打开，将断电器的凸轮沿着顺时针方向继续推进一个角度，使得下一次的点火时间提前了，因此点火提前角增大了；相反，离心式点火提前机构随发动机转速（顺时针）的降低，离心力减小，离心机构关闭，将断电器的凸轮沿着逆时针方向推进一个角度，使得下一次的点火时间推迟了，因此点火提前角减小了。

如图 7-4c 所示，真空式点火提前机构随节气门的打开，发动机负荷增大，进气歧管真空度变小，真空压力增大，通过气缸将断电器的触点副沿着顺时针方向推进了一个角度，使得下一次的点火时间推迟了，因此点火提前角减小了；相反，真空式点火提前机构随节气门的关闭，发动机负荷减小，进气歧管真空度提高，真空压力减小，通过气缸将断电器的触点副沿着逆时针方向缩回了一个角度，使得下一次的点火时间提前了，因此点火提前角增大了。

离心式点火提前机构是通过调节断电器的凸轮角度实现对点火提前角的控制，而真空式点火提前机构是通过调节断电器的触点副的角度实现对点火提前角的控制。从上述的分析可以得出结论，点火提前角与发动机转速成正比关系，而与发动机负荷（节气门开度）成反比关系，白金时代的点火提前机构就是通过这样的机械结构获得最佳的点火提前角。

如图 7-4b 所示，对于有分电器的点火系统，可以手动调节点火提前角，逆时针提前、顺时针退后。具体调整方法是，将车停在水平路面上，从仪表盘中的水温表上观察到水箱中的冷却液温度达到90℃时，用直接档轻轻踩下油门低速行驶，然后迅速将油门踩到底，仔细听发动机的声音。如果说有强烈的爆燃声音，说明点火提前角过大，先旋松分电器上的辛烷值调整螺钉，再将分电器外壳按照顺时针拧动，使点火提前角减小。如果是完全没有爆燃声音，说明点火提前角过小，将分电器外壳按照逆时针拧动，使点火提前角增大。反复操作，直到突然踩下油门听到短暂的、轻微的爆燃声音，再将车速提高爆燃声音消失，说明点火提前角已经调整适当。

问题
急加速工况中，点火提前角是如何变化的？
参考答案：先变小而后变大。
点评：急加速工况下油门的开度增大是突变的，而发动机转速的提升是渐变的，由于点火提前角与发动机转速成正比关系，而与发动机负荷（节气门开度）成反比关系，因此点火提前角先变小而后变大。

7.2.3 晶体管时代

由于晶体管开关比机械触点开关具有更高的寿命和工作频率，因此进入20世纪70年代，晶体管时代的分电器代替了白金时代分电器。如图7-5所示，晶体管时代的点火系统包括点火模块、点火线圈、高压线、分电器、分缸线和火花塞。分电器包括配电器、凸轮轴位置传感器和点火提前装置。晶体管时代的分电器是无触点点火系统，如图7-6a所示，分电器总成中包括配电器、凸轮轴位置传感器、真空式点火提前装置和离心式点火提前装置，与白金时代分电器相比，内部取消了机械式断电器和灭弧电容

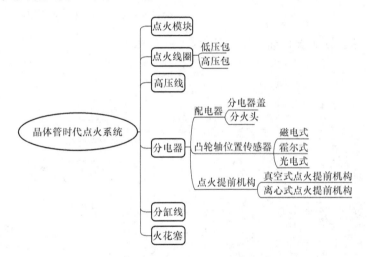

图7-5 晶体管时代点火系统构成

器，而是用外置的晶体管点火模块代替（如图7-6b所示），分电器总成内部集成有凸轮轴位置传感器，凸轮轴位置传感器可能是磁电式、霍尔式、光电式的某一种，因此分电器总成外部接线包括高压线、分缸线、凸轮轴位置信号输出线。

7.2.4 ECU时代

ECU时代点火系统构成如图7-7所示。20世纪80年代，ECU时代的分电器（如图7-8b所示）彻底取消了机械式点火提前角控制装置，而采用ECU软件查表的方式（电路原理图如图7-8a所示）对点火提前角进行更为精准的控制。ECU时代的分电器和晶体管时代分电器外部接线完全相同，包括高压线、分缸线、凸轮轴位置信号输出线。ECU时代的点火系统，点火模块有时是独立外置的，有时被集成到了ECU（电脑板）中，有时被集成到点火线圈中。某些厂商（如丰田）将点火模块和点火线圈全部集成到分电器中，这种分电器没有高压线，仅有分缸线、火线、搭铁线和点火模块的控制线。ECU时代的分电器仍然可以通过手动方式调节点火提

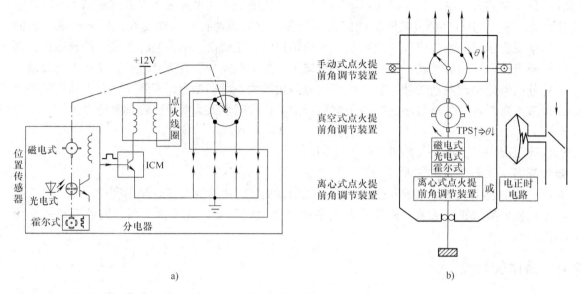

图 7-6 晶体管时代点火系统
a) 电路原理图 b) 分电器原理图

前角,逆时针提前、顺时针退后。

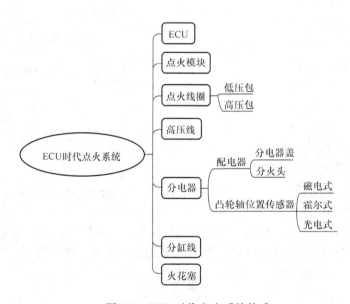

图 7-7 ECU 时代点火系统构成

7.2.5 免分电器时代

免分电器时代点火系统构成如图 7-9 所示。20 世纪 90 年代,免分电器时代的点火系统(如图 7-10 所示)为分组点火系统,彻底取消了分电器和高压线。凸轮轴位置传感器提供判缸信号(识别 1 缸压缩上止点),曲轴位置传感器提供精度信号(如 58+2 的飞轮齿形,58 个凸齿和 2 个齿缺),为点火提前角的控制提供更为精准的参考。免分电器时代为的点火系统包括 ECU、点火模块、点火线圈、位置传感器、分缸线、火花塞,点火模块有时是独立外置的,有时被集成到

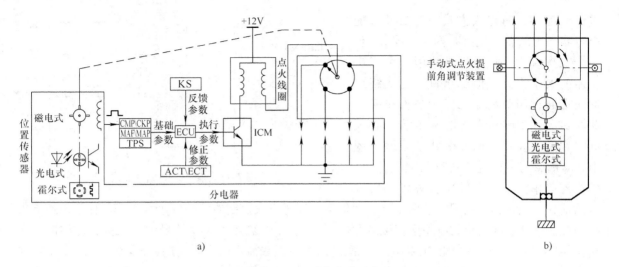

图 7-8 ECU 时代点火系统
a) 电路原理图　b) 分电器原理图

了 ECU（电脑板）中，有时被集成到了点火线圈中。免分电器时代的点火系统只能通过计算机对点火提前角进行自动控制，无法通过手动方式调节点火提前角。免分电器时代的点火系统按照配电方式可分点火线圈配电和二极管配电两种方式。

如图 7-11 所示，点火线圈配电方式是一种直接用点火线圈分配高压电的同时点火方式。几个相互屏蔽的、结构独立的点火线圈组合成一体，称为点火线圈组

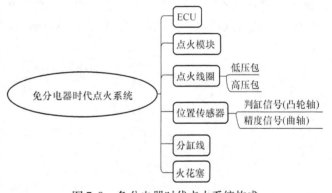

图 7-9 免分电器时代点火系统构成

件。4 缸机的点火线圈组件有两个独立的点火线圈，6 缸机的点火线圈组件有 3 个独立的点火线圈。每个点火线圈供给配对的两个缸的火花塞以高压电。点火控制器中有与点火线圈数量相等的功率晶体管，各控制一个点火线圈的工作。点火控制器根据计算机提供的点火信号，由气缸判别电路按点火顺序轮流激发功率晶体管，使其导通或截止，以此控制点火线圈初级绕组的通断，产生次级电压而点火。点火线圈配电方式点火系统是应用最广泛的一种无分电器微型计算机控制点火系统。

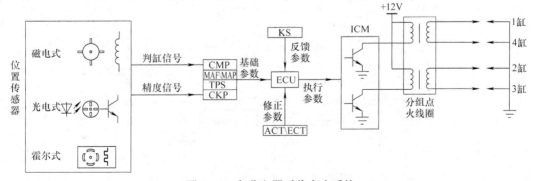

图 7-10 免分电器时代点火系统

如图 7-12 所示，二极管配电方式是利用二极管的单向导通特性，对点火线圈产生的高压电

进行分配的同时点火方式。与二极管配电方式相配的点火线圈有两个一次绕组、一个二次绕组，相当于是共用一个二次绕组的两个点火线圈的组件。二次绕组的两端通过四个高压二极管与火花塞组成回路，其中配对点火的两个活塞必须同时到达上止点，即一个处于压缩行程上止点时，另一个处于排气行程上止点。微机控制单元根据曲轴位置等传感器输

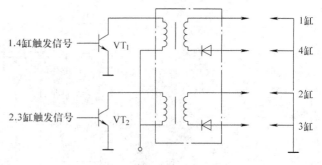

图 7-11　点火线圈配电方式

入的信息，经计算、处理，输出点火控制信号，通过点火控制器中的两个大功率晶体管，按点火顺序控制两个一次绕组的电路交替接通和断开。当 1、4 缸点火触发信号输入点火控制器时，大功率晶体管 VT_1、一次绕组 N_1 断电，二次绕组产生虚线箭头所示方向的高压电动势，此时 1、4 缸高压二极管正向导通而使火花塞跳火。当 2、3 缸点火触发信号输入点火控制器时，大功率晶体管 VT_2 截止，一次绕组 N_1 断电，二次绕组产生实线箭头所示方向的高压电动势，此时 2、3 缸高压二极管导通，故 2、3 缸火花塞跳火。二极管配电方式的主要特点是一个点火线圈组件为 4 个火花塞提供高压电，因此特别适宜四缸或八缸发动机。

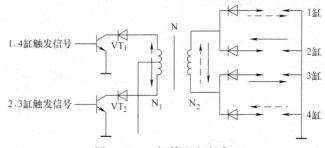

图 7-12　二极管配电方式

7.2.6　独立点火时代

独立点火时代点火系统构成如图 7-13 所示。21 世纪，点火系统发展到了独立点火时代。如图 7-14 所示，点火线圈被独立的分配给每一个气缸，分缸线已经不存在了，因此高压能量损失和电磁干扰减小到了最低。独立点火时代的点火系统包括 ECU、点火模块、点火线圈、位置传感器、火花塞，点火模块有时是独立外置的，有时被集成到了 ECU（电脑板）中，还有时被集成到了点火线圈中。主流的发展趋势中，点火模块更多地被集成到了点火线圈中。

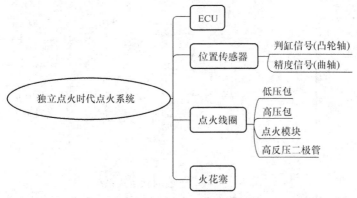

图 7-13　独立点火时代点火系统构成

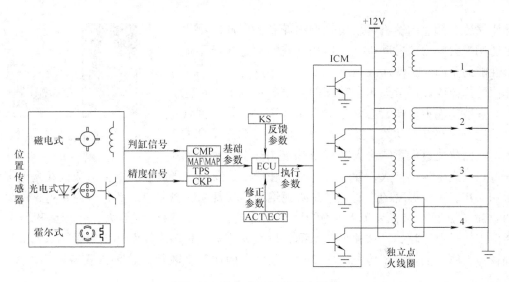

图 7-14 独立点火时代点火系统

7.3 点火系统部件

7.3.1 火花塞

火花塞的主要结构有：接线螺杆、中央电极、接地电极、金属壳体和绝缘体，其中最重要的是两个电极，火花塞实物如图 7-15 所示。

1. 火花塞规格

火花塞选用时有安装尺寸、热值和结构类型三个方面的规格。

1）安装尺寸（如图 7-16 所示）。

① 螺纹规格。

图 7-15 火花塞实物图

例如：M14×1.25。

M14 表示公称直径为 14mm 的普通螺纹，螺距是 1.25mm。家用轿车常见公称直径有 10mm、12mm 和 14mm。

② 螺纹长度。俗称它为"牙长"。

③ 壳体六角对边长度。选用火花塞拆装专用套筒时的型号。

例如：博世火花塞螺纹规格标识，如图 7-17 所示。表示公称直径为 18mm 的普通螺纹，螺距是 1.5mm。螺纹长度为 12.7mm。壳体六角对边长度为 26，即选用 26mm 火花塞套筒旋具。

2）热值。

火花塞正常工作时，下端的温度应保持在 500~600℃，落在绝缘体上的油滴能立即烧去而且不会形成积炭。高于这个温度会早燃，低于这个温度就会产生积炭。

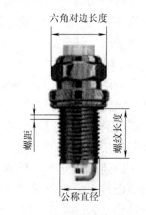

图 7-16 火花塞安装尺寸图

热值就是火花塞自身的散热能力。热值包括 1~9 九个数字；其中 1~3 为低热值，4~6 为中热值，7~9 为高热值。热值越高，散热越快，为冷型火花塞；热值越低，散热越慢，为热型火花塞。一般说来，高压缩比、高转速、高强化的内燃机采用冷型火花塞；低压缩比、低速内燃机则采用热型火花塞。因此冷型火花塞更适用于大马力的发动机上，热型火花塞更适合于不追求动力性能的家用轿车使用。

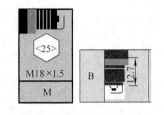

图7-17 博世火花塞安装尺寸图

热值的选择应该参考原车火花塞的热值，过高的热值意味着火花塞散热能力过强，会导致缸内热量不足，降低油气混合物的燃烧效率，时间久了还会导致积碳，影响火花塞的点火效率。而热值过低意味着火花塞散热能力较弱，火花塞下端部过热而产生炽热点火，导致提前点火和爆震的情况，严重情况下会造成火花塞电极熔断。

影响火花塞工作温度的主要位置是陶瓷绝缘体暴露在燃烧室内的部分，通常将这部分称为火花塞的裙部（如图7-18所示）。当绝缘体下端部较长时，受热面积较大，热流路程长，不易散热，因而工作时温度较高，这种火花塞称为热型火花塞，其热值数低；当绝缘体下端部较短，热流路程较短，所吸的热易于传至周围冷却介质中，因而温度较低，这种火花塞称为冷型火花塞，热值数高。

例如，型号为K6RTIP-11的火花塞热值为6。

问题

动力型大排量发动机应选用冷型火花塞，而经济型小排量发动机应选用热型火花塞。（　　）

3）结构类型。

① 电极材料。

现在市场上常见的电极材质有铜、镍合金、白金、铱金4种（白金和铱金普遍称之为贵金属），金属导

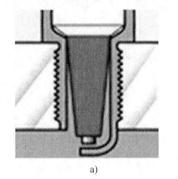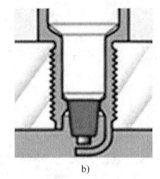

图7-18 火花塞热值与火花塞裙部长度关系
a) 热型火花塞裙部较长 b) 冷型火花塞裙部较短

电性能从左到右依次增高（铜＜镍合金＜白金＜铱金），点火需要的电压从左到右依次降低（铜＞镍合金＞白金＞铱金），所以贵金属火花塞对于发动机的负荷更小，对于降低油耗有利；另外贵金属的使用寿命也更长，当然价格也是随着性能的增加而增加的，铱金火花塞的价格普遍在单支百元以上。不同电极材料的字符为：C-铜芯、E-镍钇合金、P-铂金、S-银、I-铂铱合金、IX-铱金。

② 侧电极形式。

如图7-19所示，火花塞侧电极形式可分为单极、双极、三极、四极。火花塞上面的电极数量多并不代表性能一定好，多电极设计其中一个方面是为了延长火花塞的寿命，因为在其中一个电极过度老化后还有其他的可以继续保证正常点火，这是对于寿命较短金属材质的火花塞进行的弥补设计，并

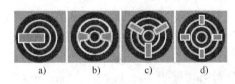

图7-19 火花塞侧电极形式
a) 单极 b) 双极 c) 三极 d) 四极

不是为了提高点火性能。而现在随着科技的发展，制造火花塞所使用的金属材料特性越来越稳定，寿命也有所增长，完全可以胜任额定的更换里程，所以多电极的设计自然也淡出了主流市场，一般情况下选择单电极火花塞。

③ 间隙。

如图7-20所示，火花塞间隙是指火花塞中心电极与接地电极间的间隙距离，一般火花塞的

间隙间距为 0.6~1.3mm。电极间隙过大，会使电弧长度变长，但能量减弱，从而会造成气缸失火；相反电极间隙过小，会使电弧能量增大，但由于火焰核离电极较近，消焰作用明显，使得混合气燃烧不完全，从而增加油耗。所以不同的发动机相匹配的火花塞间隙各有不同，选对正确的火花塞间隙才能让发动机发挥更好的功能。

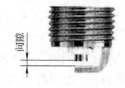

图 7-20 火花塞间隙图

例如：型号为 K6RTIP-11 的火花塞间隙为 1.1mm。

2. 火花塞更换周期

火花塞使用的材质对于它的更换周期有决定性影响，目前市场上主流的火花塞有铜芯、镍合金芯、铂金芯、铱金芯，铜芯建议每隔 2~3 万千米更换一次，镍合金的周期比铜芯稍长，在 4~6 万千米左右更换即可，而铱金和白金芯的火花塞金属特性比较稳定，抗氧化能力好，所以使用寿命会相对要长很多，白金芯建议每隔 8 万千米更换一次；铱金芯的建议每隔 10 万千米更换一次，不同材质相对应的建议更换周期如表 7-1 所示。

表 7-1 不同材质火花塞更换周期表

材质	更换周期
铜芯	2~3 万千米
镍合金芯	4~6 万千米
铂金芯	8 万千米
铱金芯	10 万千米

3. 火花塞外观检查

工作正常的火花塞，其绝缘体裙部为赤褐色或棕红色，两电极表面呈赤褐色且比较洁净。若火花塞呈下列症状，表明发动机或火花塞工作不正常。

1）火花塞电极熔化，绝缘体呈白色。

说明气缸内温度过高使火花塞烧蚀。其原因可能是气缸内积炭过多，气门间隙过小，点火时间过迟，火花塞密封圈过薄、损坏，火花塞未能按规定扭矩拧紧，发动机散热不良等。

2）火花塞电极变圆且绝缘体结疤。

说明发动机早燃，其原因是点火时间过早，汽油辛烷值过低，火花塞热值过低等。

3）火花塞绝缘体顶部碎裂。

说明发动机产生爆燃燃烧，瞬时过高的压力冲击波将绝缘体击裂。其原因是点火时间过早，汽油辛烷值过低，燃烧室内严重积炭，温度过高等。如果火花塞绝缘体顶部有灰黑色条纹，说明火花塞已裂损漏气。

4）火花塞绝缘体顶端和电极间有油性沉积物。

说明润滑油已进入气缸参与燃烧。如仅个别火花塞有沉积物，其原因为气门杆挡油圈失效；若所有火花塞都有沉积物，则为空气滤清器、曲轴箱通风装置堵塞等。

5）火花塞绝缘体顶端和电极间有黑色沉积物。

说明混合气燃烧不良，主要原因是混合气过浓，使火花塞上留下这层黑色的炭烟层。

6）火花塞绝缘体顶端和电极间有灰色沉积物。

通常是因汽油质量不符合要求，汽油中的添加剂燃烧后生产的产物，这类沉积物会降低火花塞的点火性能。

7）火花塞绝缘体裙部和电极外表潮湿，且有生油味。

说明该缸高压线无电或电能微弱。或火花塞故障，导致该缸断火。

4. 火花塞拆装

拆装火花塞需要火花塞套筒扳手。在安装时，切忌将火花塞旋拧过紧。如果有扭力扳手，对于尺寸不同的火花塞需要的力度也不一样，比如12mm的火花塞一般使用20～25N·m的力矩，而14mm的火花塞则需要25～30N·m的力矩来紧固。如果没有扭力扳手，如图7-21所示，可以用手握着火花塞套筒，将火花塞旋紧，之后再用套筒扳手旋紧1/4圈就足够了。如果火花塞没有装垫圈，而是有锥形的安装座，因为火花塞钢体直接触碰汽缸本体，所以用手扭紧后只能用扳手再旋进1/16圈，才不至损坏缸体。

  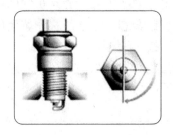

图7-21 火花塞安装流程

7.3.2 点火线圈

1. 点火线圈原理

点火线圈包括一次线圈（低压包）和二次线圈（高压包），当一次线圈接通电源时，随着电流的增长四周产生一个很强的磁场，铁心储存了磁场能；当开关装置使一次线圈电路断开时，一次线圈的磁场迅速衰减，二次线圈就会感应出很高的电压。一次线圈的磁场消失速度越快，电流断开瞬间的电流越大，两个线圈的匝比越大，则二次线圈感应出来的电压越高。点火线圈之所以能将车上低压电变成高电压，是由于有与普通变压器相同的形式，一次线圈比二次线圈的匝数比大。但点火线圈工作方式却与普通变压器不一样，普通变压器的工作频率是固定50Hz，又称为工频变压器，而点火线圈则是以脉冲形式工作的，可以看成是脉冲变压器，它根据发动机不同的转速以不同的频率反复进行储能及放能。一次线圈用较粗的漆包线，通常用0.5～1mm左右的漆包线绕200～500匝左右；二次线圈用较细的漆包线，通常用0.1mm左右的漆包线绕15000～25000匝。

2. 不同时代的点火线圈

白金时代、晶体管时代和ECU时代的点火线圈都属于单点火线圈，即不论是几缸发动机都只有一套点火线圈，如图7-22所示。

如图7-23a所示，免分电器时代的点火线圈属于分组点火线圈，点火线圈组件是由几个相互屏蔽的、结构独立的点火线圈组合成一体构成的。点火线圈组件按照配电方式可分点火线圈配电（如图7-11所示）和二极管配电（如图7-12所示）两种方式。对于点火线圈配电方式，一个点火线圈为两个火花塞提供高压电，那么4缸机的点火线圈组件有两个独立的点火线圈，6缸机的点火线圈组件有三个独立的点火线圈。对于二极管配电方式，点火线圈有两个一次绕组、一个二次绕组，相当于是共用一个二次绕组的两个点火线圈的组件。由于一个点火线圈组件为四个火花塞提供高压电，因此特别适宜于四缸或八缸发动机。有的点火线圈组件中没有集成点火控制模块

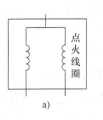 

图7-22 单点火线圈
a）电路原理图 b）实物图

（如图7-23b所示），有的点火线圈组件中集成了点火控制模块（如图7-23c所示）。

图7-23 分组点火线圈
a）电路原理图 b）不含点火模块分组点火线圈实物图 c）集成点火模块分组点火线圈实物图

独立点火时代的点火线圈被独立的分配给每一个气缸，点火模块有时是独立外置的，有时被集成到了ECU（电脑板）中，有时被集成到了点火线圈中。但是主流的发展趋势中，点火模块更多地被集成到了点火线圈中，电路如图7-24a所示，实物如图7-24b所示。没有集成点火模块的独立点火线圈明显要比集成点火模块的独立点火线圈要短一些，实物如图7-24c所示。有些生产厂家（如标志）将独立的点火线圈集成为一体，实物如图7-24d所示。独立点火线圈在控制方式上分为无反馈（如图7-24e所示）和有反馈（如图7-24f所示）两种方式，其中丰田车系习惯采用带反馈的点火系统，以便对于点火情况进行监控。

3. 高反压二极管

独立点火时代的点火线圈在一次侧断电瞬间释放磁能，在二次侧感生约30kV高电压，使火花塞点火。但点火线圈一次侧通电的瞬间，在二次侧产生正向2~3kV的高电压。为了防止线圈通电时产生的正向高电压造成误点火，在点火线圈二次侧输出端，加一高反压二极管，滤掉2~3kV的正向高电压，以避免误点火。图7-25所示为迈腾B7L点火线圈电路图，其中高反向二极管只能在万伏级电压下反向导通，而在千伏级电压下反向截止。这种集成驱动电路的独立点火线圈无法直接对于低压包和高压包进行测量，大多通过交换实验确定是否损坏。

4. 点火线圈的检修

点火线圈在常温下的电阻值为：一次绕组在1.5Ω左右；二次绕组在6kΩ左右。如果有必要可以解释得更详尽一些，对于无触点的点火系统，一次绕组电阻额定值为0.5~0.76Ω，二次绕组电阻额定值为2.4~3.5kΩ；对于有触点的点火系统，一次绕组电阻额定值为1.7~2.1Ω，二次绕组电阻额定值为7.0~12kΩ。用万用表电阻档分别测量一次、二次绕组的电阻，若测量得电阻无穷大，则为绕组有断路故障；若电阻过大或过小，则说明绕组有接触不良或短路故障。用万用表测点火线圈接线柱与点火线圈外壳之间的电阻，若电阻为零，说明绕组搭铁；若电阻小于50MΩ说明绝缘性能差。

试火过程中如能产生5mm以上蓝白色火花（黄色火花说明火弱），并有"啪啪"的响声出现，表明该点火线圈性能正常，否则，表明其性能不良，应更换。

7.3.3 高压线和分缸线

如图7-26所示，从点火线圈的输出端到分电器的输入端的连接线缆为高压线，从分电器的输出端到发动机各缸的火花塞的连接线缆为分缸线。高压线和分缸线是带有绝缘和屏蔽装置的导线，良好的绝缘性可以有效避免高压漏电现象，可靠的屏蔽性可有效地避免电磁波对于车载音响

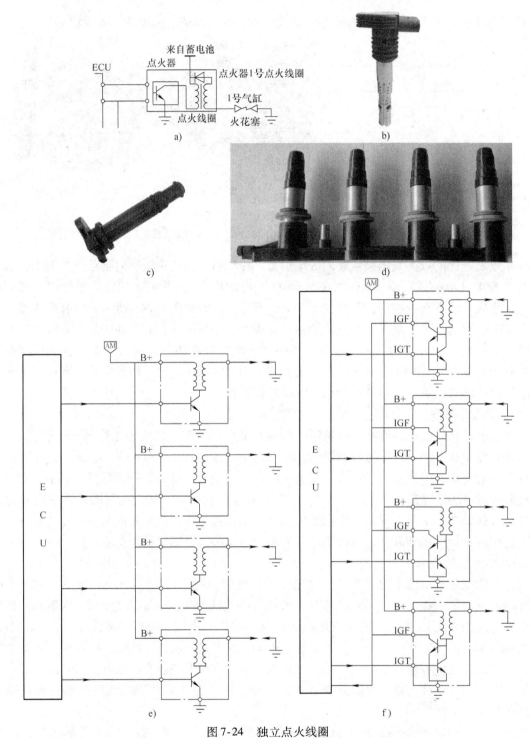

图7-24 独立点火线圈

a）集成点火模块的独立点火线圈电路原理图 b）集成点火模块的独立点火线圈实物图 c）不含点火模块的独立点火线圈实物图 d）集成点火线圈实物图 e）无反馈独立点火系统电路原理图 f）带反馈独立点火系统电路原理图

和车载计算机的干扰。

高压线和分缸线内部存在限流电阻（几百欧姆至10kΩ），设计电阻有两个目的。第一，延长火花塞的放电时间，提高点火率。当放电时，火花塞被击穿而电阻很小，由于高压通路中的电阻限制了最大电流，使同样多的电能要经过更长的时间才泄放完。第二，一旦出现意外短路现

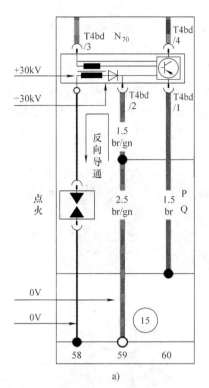 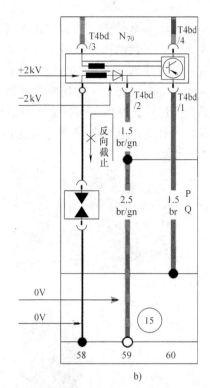

图 7-25 迈腾 B7L 点火线圈电路图
a）高反向二极管反向导通　b）高反向二极管反向截止

象，限流电阻可以把电流限制在高压系统可承受不被损坏的范围内。也存在一些无阻高压线，就是高压线电阻为零，但是它并不表示高压输出通路电阻为零，只是这个电阻被串联在其他地方，如串联于高压变压器二次线圈内，或是在火花塞中心电极内（在火花塞极柱内有一陶瓷电阻，这类火花塞又叫电阻型火花塞），或是利用点火线圈高压包作限流电阻。

7.3.4 分电器

分电器是汽油机点火系统中按气缸点火次序定时将高压电流传至各气缸火花塞的部件。20 世纪 60 年代，白金时代分电器是有触点点火系统，如图分电器总成中图 7-27a 所示，包括配电器、断电器、电容

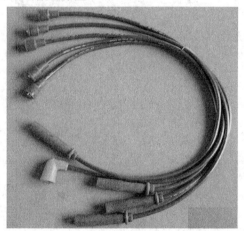

图 7-26 高压线和分缸线实物图

器、真空式点火提前装置和离心式点火提前装置，分电器总成外部接线包括高压线、分缸线、点火线圈控制线。由于晶体管开关比机械触点开关具有更高的寿命和工作频率，因此进入 20 世纪 70 年代，晶体管时代的分电器代替了白金时代分电器。晶体管时代的分电器是无触点点火系统，如图 7-27b 所示，分电器总成中包括配电器、凸轮轴位置传感器、真空式点火提前装置和离心式点火提前装置，与白金时代分电器相比，内部取消了机械式断电器和灭弧电容器，而是用外置的晶体管点火模块代替（如图 7-27d 所示），分电器总成内部集成有凸轮轴位置传感器，凸轮轴位置传感器可能是磁电式、霍尔式、光电式的某一种，因此分电器总成外部接线包括高压线、分缸线、凸轮轴位置信号输出线。20 世纪 80 年代，ECU 时代的分电器（如图 7-27c 所示）彻底取消了机械式点火提前角控制装置，而采用 ECU 软件查表的方式对点火提前角进行更为精准的控制。

ECU时代的分电器和晶体管时代分电器外部接线完全相同，包括高压线、分缸线、凸轮轴位置信号输出线。ECU时代的点火系统，点火模块有时是独立外置的，有时被集成到了ECU（电脑板）中，有时被集成到了点火线圈中。

可以从外部特点区分三个时代的分电器总成。白金分电器比晶体管分电器多了灭弧电容器，白金分电器直接对点火线圈进行控制，而晶体管分电器需通过外部的点火控制模块对点火线圈进行控制。ECU时代分电器从外表看上去比白金分电器和晶体管分电器少了真空气缸（真空式点火提前角调节装置）。

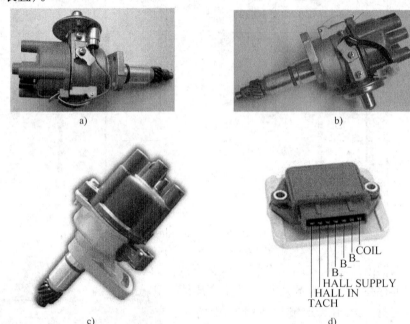

图 7-27　不同点火时代的分电器
a）白金时代分电器　b）晶体管时代分电器　c）ECU时代分电器　d）独立点火模块

问题

1. 点火系统有了ECU之后就进入到了免分电器时代？

参考答案：

错，点火系统实现ECU控制后，仍然在一段时期内使用分电器，如ECU时代分电器。

2. 化油器分电器外表会有真空气缸？

参考答案：

对，化油器点火系统都没有ECU控制，因此仍然使用机械式点火提前角调节装置。

7.4　实训

1. 识别不同时代点火系统。
2. 拆装点火线圈。
3. 测试点火线圈。
4. 拆装火花塞。
5. 识别火花塞参数。
6. 火花塞外观检查。
7. 测试火花塞。

第8章 供油系电路识图与分析

供油系统（又称为燃料供给系）属于发动机的5大系统和2大机构，是为发动机提供燃料的系统。发动机供油系统历经了化油器时代、机械喷射时代、机电混合喷射时代和现今的电控喷射（简称为电喷）时代。任何时代的供油系统都具备两个方面的作用，即良好的雾化程度和正确的空燃比控制，在电喷时代的供油系统是通过对喷油器开启时长的控制完成供油量的控制。在电喷时代，供油系按照油压的控制方式可分为恒压型、恒差型和增压型三种类型，按照喷射位置可分为气道直喷（自然吸气）和缸内直喷两种。供油系统中电路部分并不多，仅涉及油泵控制电路和喷油器控制电路，文中采用的电路诊断思路为传统的电器分析思路。

8.1 喷油器

喷油器实物如图8-1a所示，喷油器结构如图8-1b所示。喷油器本身是一个常闭阀（常闭阀的意思是当没有输入控制信号时，阀门一直处于关闭状态），由一个阀针上下运动来控制阀的开闭。当电磁线圈通电时，产生吸力，针阀被吸起，打开喷孔，燃油经针阀头部的轴针与喷孔之间的环形间隙高速喷出，形成雾状，利于燃烧充分。喷射供油的最大优点就是对燃油供给的控制十分精确，让引擎在任何状态下都能有正确的空燃比，不仅让引擎保持运转顺畅，其废气也能合乎环保法规的规范。喷油器在功能上取代了化油器的作用。

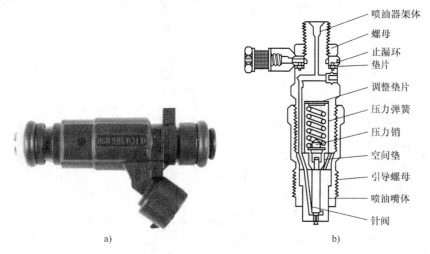

图 8-1 喷油器
a）喷油器实物 b）喷油器结构

8.1.1 喷油器分类

1. 按应用的场合不同分类

1）柴油喷油器。
2）汽油喷油器。

3）天然气喷油器。

2. 按控制方式分类

1）机械控制。

以前柴油机用的喷油器是机械控制的，机械式柴油喷油器是通过控制精密偶件实现工作的。传统柴油机三大精密偶件包括柱塞和柱塞套的耦合、针阀和针阀体的耦合、出油阀和出油阀座的耦合，喷油器的偶件（针阀、针阀体）是三大精密偶件之一。现代的柴油机电控高压喷油器属于电控喷油器，电控喷油器分为电压控制和电流控制两种。

2）电压控制。

由恒压驱动喷油器，当 ECU 下达喷油指令时，其电压信号会使电流流经喷油器内的线圈，产生磁场把阀针吸起，让阀门开启好使油料能自喷油孔喷出。电压驱动特点：针阀开启速度慢，喷油滞后时间较长，但控制电路简单。

3）电流控制。

由恒流驱动喷油器，一般为低阻喷油器。电流驱动特点：无附加电阻，回路阻抗小，针阀开启速度快，喷油器喷油迟滞时间缩短，响应性好，但是控制电路相对复杂。

3. 按电阻分类

1）高阻喷油器。

2）低阻喷油器。

正常情况下低阻值喷油器电阻值约为 2~3Ω，高阻值喷油器电阻约为 13~16Ω。高阻喷油器只能电压驱动（如图 8-2a 所示），低阻喷油器能电压（如图 8-2b 所示）或电流驱动（如图 8-2c 所示）。在测试喷油器时，高阻值喷油器可以直接和蓄电池相连（注意喷油器有正负极之分），低阻值喷油器必须串联 10Ω/5W 电阻，再与蓄电池相连，以免烧毁电磁线圈。

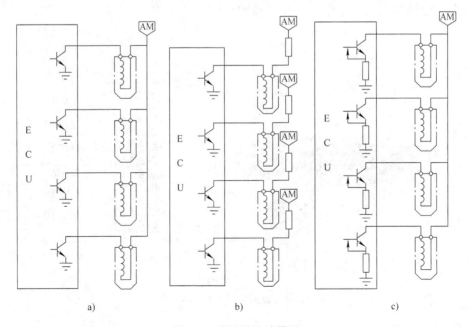

图 8-2 喷油系基础模型

a）高阻值电压驱动型 b）低阻值电压驱动型 c）低阻值电流驱动型

喷油器电磁线圈故障可用检测电阻值的方法判断，电阻值无穷大表示线圈断路，电阻值过低表示短路，电阻值比规定值高出很多说明线圈老化。

4. 按油压分类

1）低压喷油器。

低压喷油器应用于进气道直喷供油系统。

2）高压喷油器。

高压喷油器应用于缸内直喷供油系统，高压喷油器主要作用是使燃油形成细雾；正确计量出燃油量；将燃油准确地喷到燃烧室内相应区域；在正确的时刻燃油被直接压入燃烧室。单孔高压喷油器燃油喷束角为 70°，喷束倾角为 20°。这样可以在短时间内喷出很多燃油，从而满足发动机的需要。

问题

1. 喷油器按应用的场合不同分为_____喷油器、_____喷油器和_____喷油器。
2. 喷油器按控制方式分为_____控制、_____控制和_____控制。
3. 喷油器按电阻分为_____喷油器和_____喷油器。
4. 喷油器按油压分为_____喷油器和_____喷油器。

8.1.2 喷油器控制电路

在控制方式上可以是常火控铁，也可以是常铁控火，控制对象可以是低压喷油器，也可以是高压直喷喷油器，但从接线形式上只有无公共端和有公共端两种。

1）无公共端喷油器控制电路（如图 8-3a 所示）。

2）有公共端喷油器控制电路（如图 8-3b 所示）。

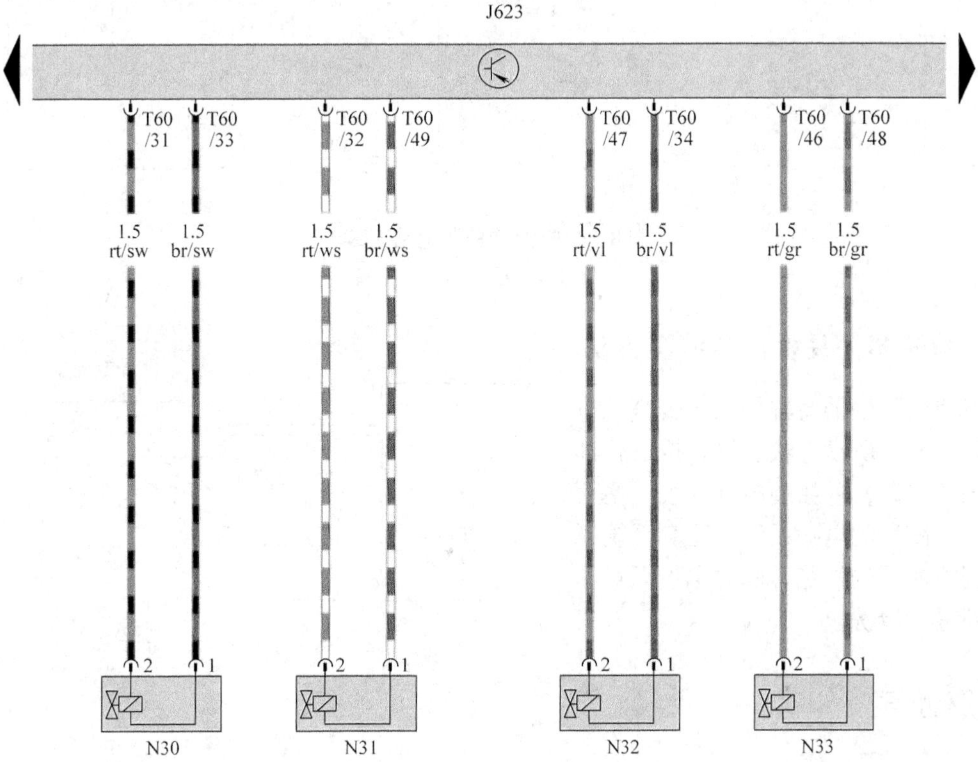

图 8-3 喷油器控制电路

a）无公共端喷油器控制电路

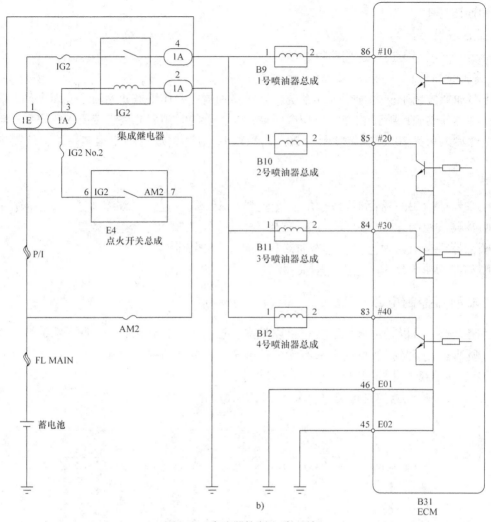

图 8-3 喷油器控制电路（续）
b) 有公共端喷油器控制电路

8.1.3 喷油器简易检测与清洗方法

可以使用化油器清洗剂和一个直流电源，按照图 8-4 所示方法连接。按下化油器清洗剂的按钮，并接通电源开关，便可以构成一套简易的电喷系统。这套系统既可以检测喷油器的性能，同时也可以对喷油器内部进行清洗。

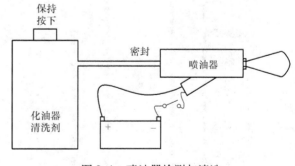

图 8-4 喷油器检测与清洗

8.2 燃油泵

燃油泵的主要任务是供给燃油系统足够的且有一定压力的燃油。燃油泵按照发展历程分为 3 种：机械膜片式燃油泵、电动式燃油泵、高压式燃油泵。机械膜片式燃油泵应用于化油器供油系统，电动燃油泵应用于电喷供油系统，燃油高压泵应用于缸内直喷供油系统。由于化油器系统已经被淘汰，因此重点介绍电动燃油泵和负责二次增压的燃油高压泵。

问题

燃油泵按照发展历程分为3种：_____式燃油泵、_____式燃油泵、_____式燃油泵。

8.2.1 电动燃油泵构造

电动燃油泵实物如图8-5a所示，电动燃油泵构造如图8-5b所示。电动燃油泵的结构由泵体、永磁电动机和外壳三部分组成。永磁电动机通电即带动泵体旋转，将燃油从进油口吸入，流经电动燃油泵内部，再从出油口压出，供给燃油系供油。燃油流经电动燃油泵内部，对永磁电动机的电枢起到冷却作用，又称为湿式燃油泵。

电动燃油泵的电动机部分包括固定在外壳上的永久磁铁和产生电磁力矩的电枢（转子线圈）以及安装在外壳上的电刷装置。电刷与电枢上的换向器相接触，其引线接到外壳上的接柱上，将控制电动燃油泵的电压引到电枢绕组上。电动燃油泵的外壳两端卷边铆紧，使各部件组装成一个不可拆卸总成。

当输油管路发生堵塞或汽油滤清器堵塞时，汽油压力超过规定值，限压阀打开，汽油流回进油侧。发动机熄火后，单向阀关闭，避免输油管路中的汽油倒流，保持油路中有一定的残余压力，以便发动机再次起动。

电动燃油泵根据泵轮结构的不同主要分为涡轮泵、滚柱泵和齿轮泵。

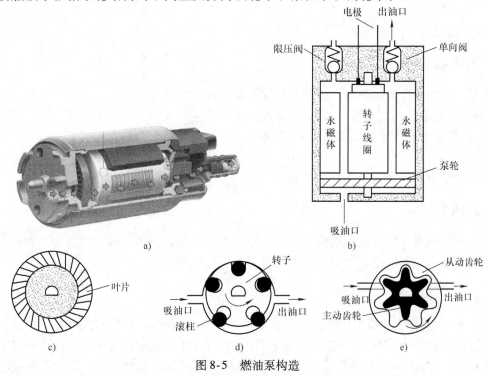

图8-5 燃油泵构造
a) 燃油泵实物 b) 燃油泵构造 c) 涡轮泵 d) 滚柱泵 e) 齿轮泵

1. 涡轮泵

如图8-5c所示，涡轮泵的特点是燃油输出脉动小，其结构非常简单，当叶轮与电动机一起转动时，由于转子的外圆有很多齿槽，在其前后利用摩擦而产生压力差，重复运转则泵内产生涡流而使压力上升，由泵室输出。这种泵由于使用薄型叶轮，所需转矩较小，可靠性高。此外由于不需消声器，故可小型化，因此这种燃油泵被广泛应用于多种车型上。

涡轮泵电动机采用12V直流电，壳体内装有正负极电极电刷。涡轮泵最大泵油压力可达

600kPa，限压阀打开，高压燃油直接流回油箱，限压阀可以防止燃油压力升高以保护电动机。

2. 滚柱泵

如图8-5d所示，滚柱泵由壳体、圆柱形滚柱和转子等组成。滚柱在转子的槽内可径向滑动，转子与壳体存在一定的偏心。

转子在直流电动机的驱动下旋转，在离心的作用下，滚柱紧压在泵体的内圆表面上，形成5个相对独立的密封腔。旋转时，每个密封腔的容积不断发生变化，在进油口时，容积增大，形成一定的真空，将经过过滤的汽油吸入泵内。在出油口处，容积变小，压力升高，汽油穿过直流电动机推开单向阀输出。

3. 齿轮泵

如图8-5e所示，齿轮泵由带外齿的主动齿轮、带内齿的从动齿轮和泵套组成。主动齿轮偏心安装在从动齿轮中，从动齿轮可以在泵套内自由转动。其工作原理与滚柱泵相似。齿轮泵与滚柱泵相比较，在相同的外形尺寸下，泵油腔室的数目较多，因此，齿轮泵输油的流量和压力波动都比较均匀。

主动齿轮被燃油泵电动机带动旋转，由于齿轮啮合，主动齿轮带动从动齿轮一起旋转。在从动齿轮和主动齿轮的内外啮合的过程中，由内外齿所围合的腔室将发生容积大小的变化，这样，若合理的设置进出口的位置，即可利用这种容积的变化将燃油以一定的压力泵出。

问题

电动燃油泵根据泵轮结构的不同主要分为＿＿＿＿泵、＿＿＿＿泵、＿＿＿＿泵。

8.2.2 燃油泵电路

燃油泵控制电路可分为继电器控制和模块控制两种。

1）继电器控制燃油泵电路（如图8-6a所示）。
2）模块控制燃油泵电路（如图8-6b所示）。

问题

燃油泵控制电路可分为＿＿＿＿控制和＿＿＿＿控制。

8.2.3 燃油泵测试

检测电动燃油泵电枢绕阻的电阻，一般电阻在10～20Ω，若阻值过大或过小，说明存在电动燃油泵电枢绕阻有短路、电刷接触不良或绕阻断路等故障。

8.2.4 高压燃油泵

迈腾1.8TSI轿车发动机采用汽油缸内直喷技术，燃油系统通过燃油高压泵（由凸轮轴驱动）把低压燃油系统内50～650kPa的低压燃油转化为3～11MPa的高压燃油，以满足不同工况的需求。燃油压力调节阀N276装在燃油高压泵上，属高频电磁阀。发动机控制单元根据装在高压油轨上的高压燃油压力传感器G247所监测到的信号，控制N276以精确调整占空比，从而得到所需的燃油压力，高压燃油的压力与活塞上行时进油阀门关闭的时刻有关。低压燃油系统的压力是由燃油箱中的电动燃油泵提供的，装在燃油箱上部的燃油泵控制单元J538根据脉宽调制信号（燃油控制电路如图8-6b所示），控制电动燃油泵工作，使低压燃油系统压力维持在50～500kPa。在发动机冷起动时，低压燃油系统的压力能达到650kPa，用以保证发动机的正常起动及工作。

增压式供油系统如图8-7a所示。增压式供油系统实物如图8-7f所示。高压燃油泵实物如图8-7e所示。高压泵一般处于进油、供油和回油3种状态之中。当然，在特殊情况下还存在"泄油"状态,如调压器失灵,为了防止系统油压过高,限压阀 DB 会打开,系统油压等于限压阀的标称压力。下面详细说明,高压泵如何通过 3 种状态调节油压的。

1. 进油

如图 8-7b 所示,在进油过程中,进油阀在针阀弹簧力的作用下打开。在高压泵活塞向下运动的过程中,泵腔的容积不断增大,泵腔内的燃油压力近似于低压系统内压力,燃油流入泵腔。

2. 供油

如图 8-7c 所示,控制单元 ECU 计算供油始点,给燃油压力控制阀 N276 发送指令,使其吸合。针阀将克服针阀弹簧的作用力向左运动;同时进油阀在弹簧作用力下被关闭,泵活塞向上运动,泵腔内建立起油压。当泵腔内的油压高于油轨内的油压时,出油阀被开启,燃油被泵入油轨内。

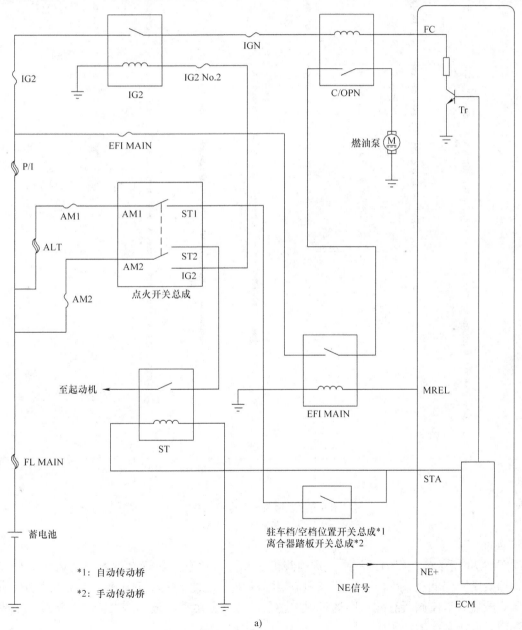

图 8-6 燃油泵控制电路

a) 继电器控制燃油泵电路

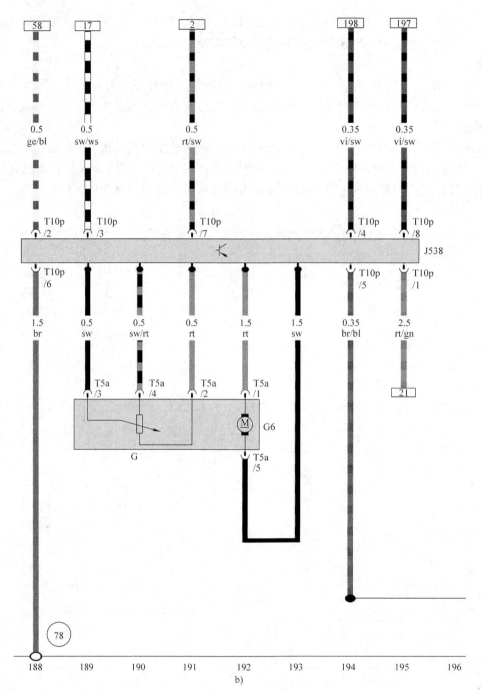

图 8-6 燃油泵控制电路（续）
b）模块控制燃油泵电路

3. 回油

如图 8-7d 所示，在回油过程中，进油阀仍处于打开状态。随着泵活塞向上运动，泵腔内过多的燃油被压回到低压系统内，以此来调节实际供油量。回油在系统中产生的液体脉动被系统中的油压衰减器和节流阀所衰减。回油过程中，泵活塞向上运动，进油阀处于打开状态。泵腔内的油压近似于低压系统的油压。

问题

高压泵一般处于_____、_____和_____3 种状态之中。

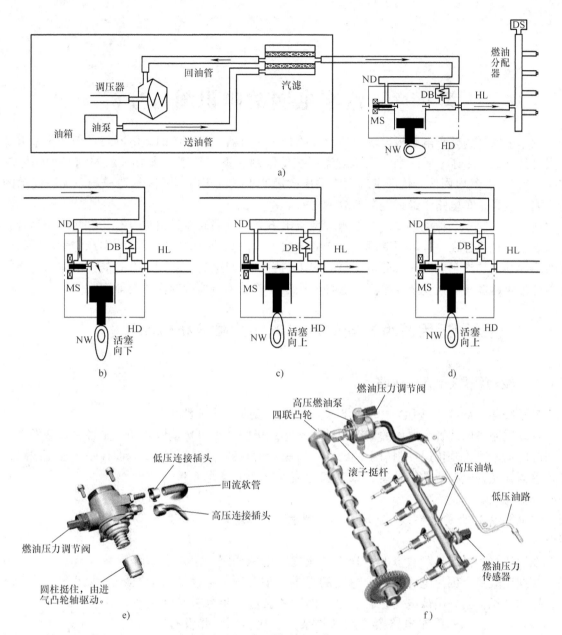

图 8-7 高压燃油泵工作原理

a）增压式供油系统　b）高压泵进油过程　c）高压泵供油过程　d）高压泵回油过程　e）高压燃油泵实物图
f）增压式供油系统实物图

ND—低压管路（约 6.5bar，来自油箱低压油泵）　NW—凸轮轴　HD—燃油高压泵　MS—流量控制阀（控制高压范围 30~110bar）
HL—高压油路　DB—压力控制阀（泄压压力约为 120bar）　DS—燃油压力传感器（可以通过数据流读取油压值）

8.3　实训

1. 测试清洗喷油器。
2. 测试电动燃油泵电阻。
3. 读取增压型供油系统油压数据流。

第 9 章　汽车电网故障识图与分析

汽车电网是为整车电脑板模块、传感器阵列、执行器提供电源的馈电网络，但是这些电源不是同时具备的，由于不同级别的汽车防盗系统的限制和不同类型点火方式的控制（如钥匙起动或一键启动），其电网信号依严密的逻辑顺序次第产生。汽车电网故障是造成汽车无法起动的主要原因，也是整车电路中最为复杂的故障之一。

现今，不同车系种类繁多，新能源车型层出不穷，电网故障又错综复杂，这些令初学者感到无从下手。是否存在一种以不变而应万变的方法可以快捷的排除电网故障？本章将学习以起源和近因图为导向的汽车电网故障分析体系。多年的实践证明这是一套行之有效的方法体系，当未来的车型种类越多，电路复杂度越高，这种方法越能够显示出独特的优势与效率。

9.1　以起源和近因图为导向的汽车电网故障分析体系

9.1.1　驱动线路与信号线路

电子线路（导线）按照功能分为两类：驱动线路与信号线路。

驱动线路可以理解为电源的馈电线路，包括正极驱动也包括负极驱动，是各种负载做功的能量来源。信号线路是传递控制信息的线路，其驱动力较弱。多见于实现以弱控强的控制线路，或者传感器输送的模拟或数字信息，或者智能模块之间的信息互传，或者各种数据总线。

根据图 9-1 所示，导线 a、b 为信号线路，导线 c、d、e 为驱动线路。

在解决整车电路排除故障的过程中，应先以电源线路入手，进而解决信号线路故障。因为电源是整个电路的根本，举个例子：手电筒不亮了，按照常识，会先确认电池是否有电，然后才会进一步分析是开关坏了还是灯坏了。当然汽车电路会更加的复杂，但根本原则并没有变化，应首先排除电网（馈电网络或驱动线路）故障，然后再根据具体的故障现象排除局部的信号线路故障。

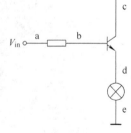

图 9-1　驱动线路与信号线路的区分实例

问题

电子线路（导线）按照功能分为两类：_____线路和_____线路。

9.1.2　起源图

起源图中的信号之间具有"起源"的因果关系，起源图包括干路图和支路图，干路图由干路信号构成，支路图由支路信号构成。起源干路的信号在逻辑上具有因果关系，在时间上具有先后顺序。某一支路上的所有支路信号，因为是通过接插件、熔断器、导线等导通连接的，所以是同时产生的。不具备持续相互导通特性的信号就是干路信号。干路和支路的构成部件是有区别的，信号发生电路是干路中的主要构成部分，在信号产生时间上或多或少的具有延时，包括开关、继电器、智能模块等。

起源图基础模式如图9-2所示，长方形代表干路信号，圆圈代表支路信号。此起源图包括由4个干路信号1~4构成的干路图，和3个支路图。其中包括由支路信号1.1和1.2构成的第一支路，这个支路图中的支路信号1.1和1.2与干路信号1是导通关系，并起源于干路信号1，在时间上信号1、1.1、1.2是同时产生的。第二支路中的支路信号2.1和

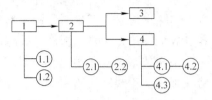

图9-2 起源图基础模式

2.2源于干路信号2，在时间上信号2、2.1、2.2是同时产生的。第三支路中的支路信号4.1、4.2、4.3源于干路信号4，在时间上信号4、4.1、4.2、4.3是同时产生的。干路图中的干路信号是次第产生的，先有的1，然后有2，最后产生3和4。

起源干路图应按照信号产生的次第关系预先绘制。但无须预先绘制完整的支路图，支路图是根据具体支路信号的缺失而绘制的。同样的，也无须预先绘制完整的近因图，近因图也是根据具体干路信号的缺失而绘制的。近因图包括信号发生器本身和若干个近因信号。干路信号是支路信号的起源，干路图中的所有干路信号的产生是相继产生的，支路图中所有的支路信号都是导通的，因此是同时产生的。

干路图中的每个信号是下一个信号的近因，不是同时产生，而是次第产生。干路图和支路图的相同之处是信号前后都有因果关系，不同之处是干路图信号是次第产生，或多或少都有延时，而支路图的信号是同时产生的。

问题

起源图包括_____图和_____图，干路图由_____信号构成，支路图由_____信号构成。

9.1.3 近因图

近因是导致事情发生的直接原因，举个例子：因为小明起晚了，所以小明迟到了，因为小明迟到了，所以老师批评了小明。在这个例子中，对于小明受到批评这件事情的近因就是小明迟到了，而小明起晚了属于间接原因，不是这件事情的近因。但小明起晚了却是小明迟到了的近因。一件事情的近因有时不止一个，而是多个。举个例子：人活着需要有水、空气、食物等，那么水、空气、食物就是人活着的近因。

某信号的近因是这个信号产生所需要具备的充分必要条件，在图9-3所示电路中，当按键S按下，继电器K吸合，灯HL点亮。对于信号e的近因图如图9-4所示，可以说当信号b、c、d具备，并且继电器K完好，那么就一定会产生信号e，或者可以说如果信号e产生，那么信号b、c、d则一定具备，并且继电器K一定完好，某信号和它的近因互为充分必要条件。

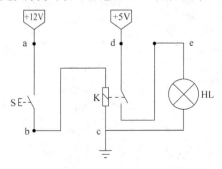

图9-3 电路实例

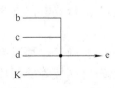

图9-4 信号e的近因图

当某个器件的外部信号完全具备，而器件本身完好的情况下，一定会有正确的信号输出。反之，当输出信号不正确时，一定属于近因故障。近因故障会包括两种情况，第 1 种是信号发生器本身故障，第 2 种是近因信号故障。对于近因信号故障也包含两种情况，第 1 种情况为前端（不一定是相邻）干路信号已生未达，其原因可能是线路断路、接插件虚接、开关失灵等。第 2 种情况则是由于线路短路引起，这种情况会包括 3 种可能。第 1 种可能是驱动线路和搭铁或常火短路，这种情况会导致熔断器的熔断和功率器件的损坏。第 2 种可能是信号线路和搭铁或常火短路，第 3 种情况可能是信号线路之间短路。后两种情况一般不会造成熔断器熔断和功率器件的损坏，在对近因信号排查中应以短路测试标准为依据。简言之，近因故障包括两种，不是器件故障就是线路故障，或者说不是件坏就是线坏。而线坏则包括断路和短路两种情况。

9.1.4　以起源和近因图为导向的汽车电网故障分析体系

从概念上明白了电网信号的起源图和近因图之后，这里正式介绍以起源和近因图为导向的汽车电网故障分析体系，这种方法能够最大限度地简化排查故障的过程。先以倒序（从后向前）检测干路信号，直到信号出现。然后根据下一个未生信号的近因图排查故障。直到干路所有信号都已产生，再根据故障现象排查相关的支路信号，这就是这种方法体系的核心内容。

接下来将结合近年来天津市高职高专院校汽车维修大赛的典型案例，来说明以起源和近因图为导向的汽车电网排故体系的具体实施方法。

1. 确保干路信号均为已生信号

沿干路图以逆序（从后向前）检测干路信号，直到信号出现。为了检测某干路信号是否存在，往往选择该干路信号下较为易测的支路信号，如熔断器或接插件等。如果支路信号存在，则说明干路信号也存在；反之，如果支路信号不存在，一定要测试到干路信号，因为所有支路信号的起源为干路信号，如果干路信号存在，而支路信号没有，则此类故障属于已生未达（即干路信号已经产生，而支路信号由于断路没有达到），典型故障案例 2 为此种情况。如某干路信号未生，而前一个干路信号已生，那么应根据这个未生干路信号的近因图排查故障，典型故障案例 1 为此种情况。近因故障会包括两种情况，第 1 种是信号发生器本身故障，第 2 种是近因信号故障，典型故障案例 4 为此种情况。

总之，当某个器件的外部信号完全具备，而器件本身完好的情况下，一定会有正确的信号输出。如果干路信号未生，那么一定是该信号的近因故障，不是器件故障就是线路故障，换句话说，不是件坏就是线坏。对于能够单独测量的器件，可以单独测量，如灯泡、继电器、电机和开关等。对于不能单独测量的器件，如智能模块、功率驱动模块等，则以先排查外部近因信号的方法，间接的推知该模块是否损坏。这些理论和方法与本书的传统电器维修思路完全一致，没有区别。

流程图 9-5 明确了这种以起源和近因图为导向的汽车电网故障分析体系，如果能够以此思路沿干路图以逆序检测和排故，不断反复这个过程，很快就能够达到

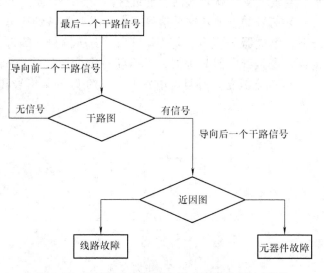

图 9-5　以起源和近因图为导向故障分析流程图

整个干路图的信号都为已生信号,这样就能够实现这个干路图的最终目标,如成功起动。

以干路信号图基础模型(如图9-6所示)为例来说明这种分析体系的运用流程。沿干路图以逆序(从后向前)检测干路信号,直到信号出现。"导向前一个干路信号"的意思是,先检测干路信号n,如果无信号,然后再导向检测"前一个"干路信号$n-1$,直到某干路信号存在为止。"导向后一个干路信号"的意思是,当$n-m$有信号,而$n-m+1$无信号时,导向测绘"后一个"干路信号$n-m+1$的近因图。在这里以干路信号$n-m+1$的近因图基础模型(如图9-7所示)为例,逐一排查干路信号$n-m+1$的近因,最终将检查出不是件坏就是线坏。

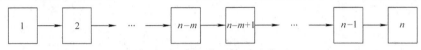

图9-6 干路信号图基础模型

当一个故障被排除之后,反复使用同样的流程排查故障,当所有的故障都被排除后,一定能够达到电网干路图中的所有干路信号均为已生信号的状态。

2. 根据故障现象排除支路信号故障

当确保所有干路信号均为已生信号后,仍有可能存在支路故障,即已生未达故障。应从具体的故障现象入手,分析缺失的支路信号从属于哪个干路信号,然后测绘相关的支路信号图,再根据该干路信号的支路图排查故障。

先排查干路信号,当确保所有干路信号均为已生信号后,再从具体故障现象入手,根据支路图排查支路信号。这种以起源和近因图为导向的汽车电网故障分析体系,可以帮助维修人员以较高的效率面对多种车型,电路越是复杂,这种方法的优势则越明显。

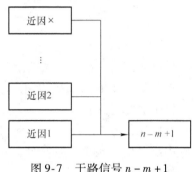

图9-7 干路信号$n-m+1$的近因图基础模型

9.1.5 起源图基础模式典型故障分析案例

应用起源图基础模式列举4个典型故障分析案例。第1个是故障存在于干路,第2个是故障存在于支路,第3个是多个故障存在于干路和支路的不同处。第4个是干路信号的近因故障为前端的支路信号。

案例1

起源图如图9-8所示,阴影代表无信号。

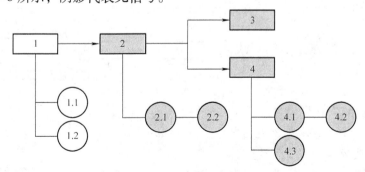

图9-8 典型故障案例1

故障原因:

由于干路信号2未生,从而导致干路信号3、4和支路信号2.1、2.2、4.1、4.2、4.3无信号。

排除故障过程:

逆序测信号4、3、2、1，发现干路信号1有信号，干路信号2无信号，所以测绘干路信号2的近因图，并逐一排查。

案例2

起源图如图9-9所示，阴影代表无信号。

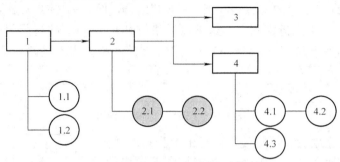

图9-9　典型故障案例2

故障原因：

支路信号2.1、2.2已生未达。

排除故障过程：

逆序测信号4、3，发现所有干路信号均为已生，根据故障现象发现支路信号2.1、2.2无信号，由于该信号属于干路信号2的支路，所以测绘干路信号2的支路图，并逐一排查。

案例3

起源图如图9-10所示，阴影代表无信号。

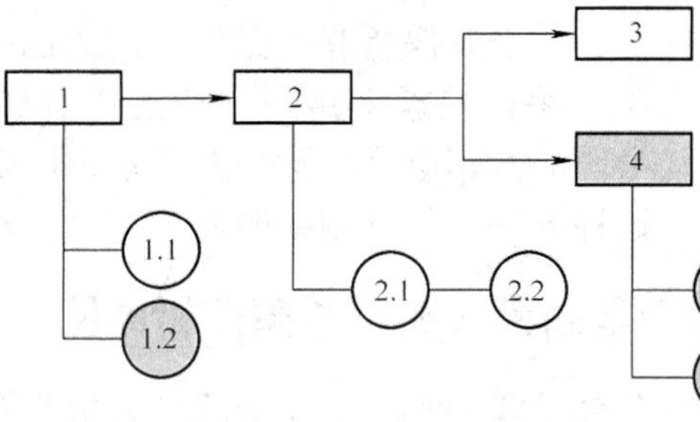

故障原因：

第1故障点为由于干路信号4未生，从而导致支路信号4.1、4.2、4.3无信号。

第2故障点为支路信号1.2已生未达。

排除故障过程：

逆序测信号4、3、2，发现干路信号2有信号，干路信号4无信号，所以测绘干路信号4的近因图，并逐一排查。

图9-10　典型故障案例3

当所有干路信号均为已生，根据故障现象发现支路信号1.2无信号，由于该信号属于干路信号1的支路，所以测绘干路信号1的支路图，并逐一排查。

案例4

起源图如图9-11所示，阴影代表无信号。

故障原因：

第1故障点为由于干路信号4未生，从而导致支路信号4.1、4.2、4.3无信号。

第2故障点为支路信号1.2已生未达。

看似为两个故障点，其实支路信号1.2

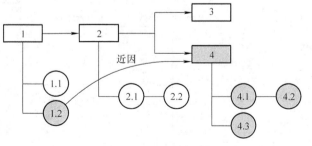

图9-11　典型故障案例4

是干路信号4的近因图中的某一个近因。所以支路信号1.2已生未达才是根本故障。

排除故障过程：

逆序测信号4、3、2，发现干路信号2有信号，干路信号4无信号，所以测绘干路信号4的近因图,并逐一排查。发现支路信号1.2作为干路信号4的近因无信号,又因为干路信号2为已生,因此支路信号1.2为已生未达。因此某些支路故障在排查干路故障的过程中也可能被排除。

9.2 迈腾电网故障案例

9.2.1 干路图绘制

根据迈腾电路原理图(如图9-12所示)绘制电网信号起源图(如图9-13所示)。

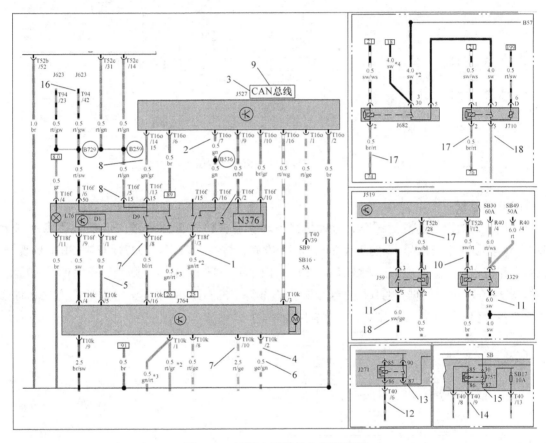

图9-12 迈腾电网信号电路原理图

9.2.2 案例分析

案例1

起动机不转。

排除故障过程:

逆序检测干路信号,干路信号12的支路信号J271/86没有,干路信号11的支路信号SC10存在,干路信号12起源于T94/69,用大头针检测信号存在,则故障为干路信号12已生未达,T94/69到J271/86线路断路。

案例2

起动机不转。

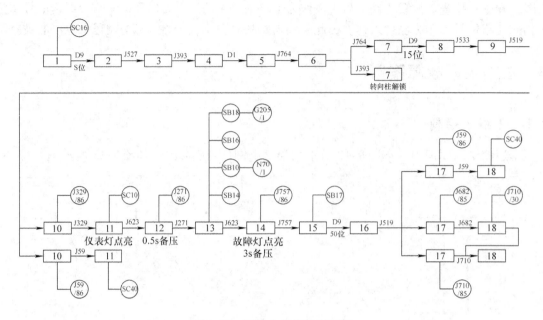

图 9-13　迈腾电网信号起源图

排除故障过程：

当案例 1 的故障被排除后试车，起动机仍不转，逆序检测干路信号，干路信号 12 的支路信号 J271/86 存在，干路信号 13 的支路信号 SB10 没有，拔掉 J271 测试 J271/87 到 SB10 线路导通，则说明干路信号 13 未生。由于干路信号 12 已生而干路信号 13 未生，则绘制干路信号 13 的近因图。如图 9-14 所示，根据信号 13 的近因图排查故障。首先以单独测试继电器的方法检测 J271 发现动头吸合但不导通，因此 J271 器件本身故障。

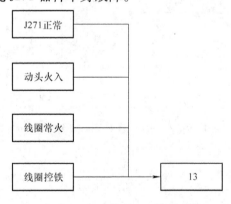

图 9-14　干路信号 13 的近因图

案例 3

油泵不转。

排除故障过程：

电路原理如图 9-15 所示，燃油泵控制单元 J538 的馈电网第 1、3 引脚为火，第 6 引脚为铁，经检测第 1 引脚无火。由于该信号属于电网干路信号 1 的支路，绘制干路信号 1 的相关支路图。如图 9-16 所示，由于 E415 第 3 引脚为火，则 30 信号已生，则该故障属于已生未达，经排查

SA6 到 SC36 导线断路。

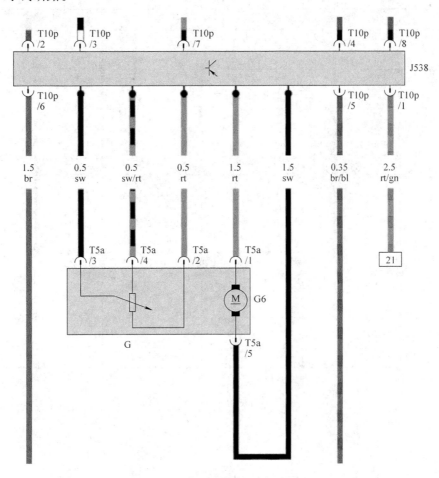

图 9-15 燃油泵控制电路原理图

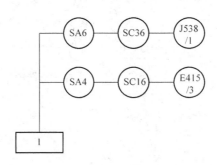

图 9-16 干路信号 1 的相关支路图

案例 4

起动机转动，但无着车迹象。

排除故障过程：

根据排气法判断无点火。根据图 9-17 所示，排查点火电路的电网信号，发现 4 支点火线圈的引脚 1 公共火没有，由于该信号属于干路信号 13 的支路，绘制干路信号 13 的相关支路图。如图 9-18 所示，由于 SB10 为火，则该故障属于已生未达，经排查 SB10 到点火线圈 N70、N127、N291、N292 的第 1 引脚公共火线断路。故障排除后，试车起动成功。

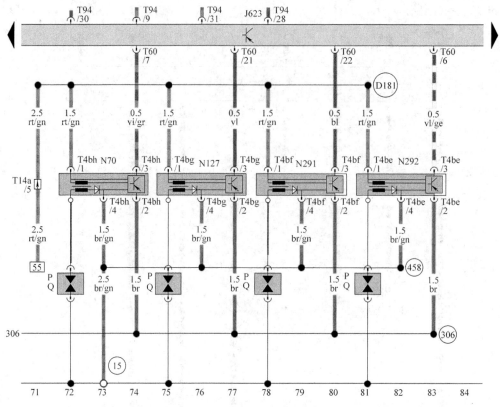

图 9-17 点火控制电路原理图

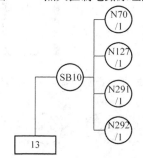

图 9-18 干路信号 13 的相关支路图

9.3 卡罗拉电网故障案例

9.3.1 干路图绘制

根据卡罗拉电路原理图（如图 9-19 所示）绘制电网信号干路图（如图 9-20 所示）。

9.3.2 案例分析

案例 1

起动机不转。

排除故障过程：

逆序测量干路信号，发现信号 10 未生，信号 9 已生，则绘制干路信号 10 的近因图。如图 9-21 所示，逐一检测信号 10 近因，发现继电器 ST 故障。排除故障后试车，起动机转但无着车迹象。

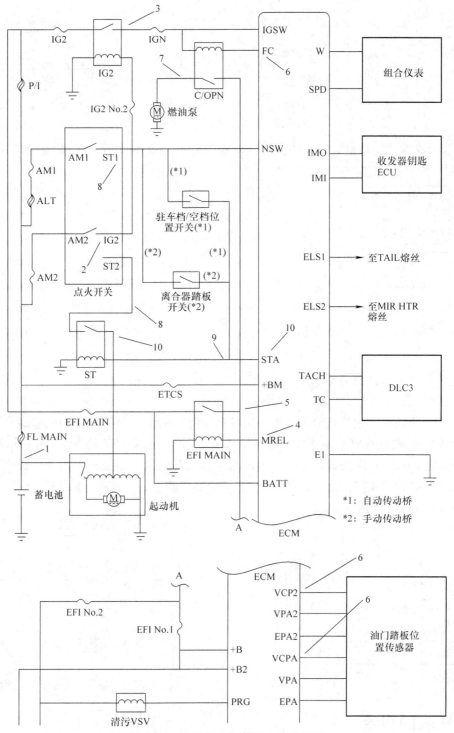

图9-19 卡罗拉电网信号电路原理图

案例2

油泵没有备压过程。

排除故障过程:

由7~1倒序测量干路信号,信号3已生,信号4未生,则绘制干路信号4的近因图。如图9-22所示,蓄电池电压施加到ECU端子的IGSW时,ECU端子MREL输出信号使电流流向EFI

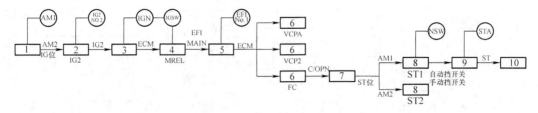

图 9-20 卡罗拉电网信号干路图

MAIN 继电器的线圈内,检测信号 4 的近因,发现继电器保险 IGN 到 A50/27 断路。排除故障后试车,油泵转动,但仍无着车迹象。

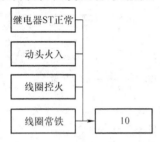

图 9-21 干路信号 10 的近因图

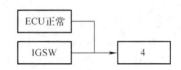

图 9-22 干路信号 4 的近因图

案例 3

起动机转,油泵转,仍不着车。

排除故障过程:

逆序测量干路信号,发现信号 5 已生,信号 6 未生,则绘制干路信号 6 的近因图。如图 9-23 所示,蓄电池电压施加到 ECU 端子的 +B 和 +B2 时,ECU 输出 +5V 的 VC 信号,检测干路信号 6 的近因,发现 +B 和 +B2 均无信号。根据识图发现支路信号 +B 和 +B2 源于干路信号 5,于是测绘干路信号 5 的相关支路图。依据图 9-24 倒序检测支路信号,发现保险 EFI No.1 到 A50/1 断路。排除故障后试车,成功起动。

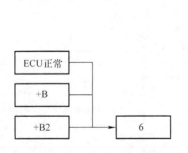

图 9-23 干路信号 6 的近因图

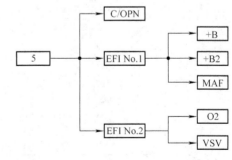

图 9-24 干路信号 5 的相关支路图

9.4 干路图的测绘

如前所述,起源支路图和近因图无需预先绘制,但是起源干路图应按照信号产生的次第关系预先绘制。由于无法从原厂电路图获得逻辑指令,因此对于智能模块干路图的绘制需要使用测绘手段。

根据图 9-25a 所示,可以判定按键 S_1 控制灯 HL_1,按键 S_2 控制灯 HL_2。能否以此思路判定图 9-25b 所示的控制方式呢?不能,因为灯 HL_1 和 HL_2 由谁来控制完全取决于 ECU 的程序设计。可以令 S_2 来控制 HL_1,令 S_1 来控制 HL_2,或者令某一个按键控制两个灯同时亮灭。汽车的原厂维修手册一般不会公开相关智能模块的程序，因此无法通过识读电路图而清楚ECU的逻辑。唯一的办法就是通过实验来检测，当发现按下S_1时HL_1亮了，则说明HL_1就是由S_1决定的。例如，进了一间教室，想把前面的灯打开，却不知道众多开关中哪个开关是控制前排灯的，于是就可以一个接一个的实验，直到找到那个开关为止。对于引脚多、控制逻辑复杂的模块，可以借助逻辑分析仪来判定。

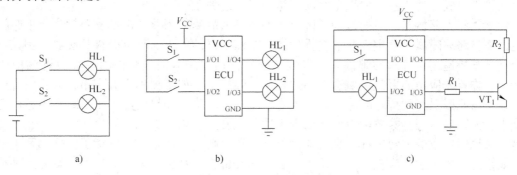

图9-25　干路图的测绘电路
a）无智能模块电路　b）智能模块电路　c）交互逻辑智能模块电路

实际上可能会遇到更加复杂的情况，一个信号的产生是由多个干路信号相继推动的，而这些干路信号都是围绕着一个智能模块交互展开的。如图9-25c所示，首先声明这个电路除了能够阐明这种情况外无任何实际意义。从事情的表层，会发现当S_1按下时，HL_1点亮。但实际控制干路如图9-26所示，当S_1按下，ECU的I/O口1为火入信号。当ECU检测到I/O口1为高电平，于是按照程序执行ECU置高I/O口3。由于NPN型晶体管VT_1处于正向偏置而导通，于是ECU的I/O口4被拉为低电平。当ECU检测到I/O口4为低电平，于是按照程序执行ECU拉低I/O口2，于是HL_1点亮。当HL_1点亮时，经测试会发现I/O1为火、I/O2为铁、I/O3为火、I/O4为铁，得到这样的信息也是有一定意义的，但仍不彻底。应该看到，首先I/O1为火入，然后I/O3为火出，接下来I/O4为铁出，最后I/O2为铁入，这才是实相。

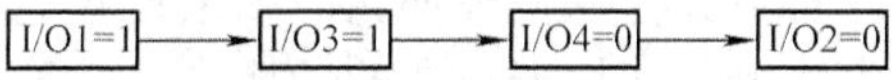

图9-26　电网信号干路图

总之，当构建智能模块的干路图和近因图时，单纯的读图、识图是远远不够的，应通过大量实验进行测绘和逻辑分析，一旦围绕智能模块的电网信号的起源和近因关系明确之后，再把它作为工具去排除故障则会是十分顺畅、高效的。

9.5　深入讨论

以起源和近因图为导向的汽车电网故障分析体系为什么能够提高排除故障的效率？其实，更多的读者完全可以跳过这部分的讨论，因为一种方法透过实践而不断地得以应用，这就已经达到目的了，不必要对于方法的本身道理进行探讨。但是生活中仍然会存在这样的维修人员，当发现一套机械装置神奇而有趣时，非要将这个机器拆解开来看个明白。当学习到一套方法时，会怀着怀疑的态度审视方法的合理性。当一个故障被排除时，没有沾沾自喜，反而会思考这个故障是如何按照逻辑被排除的，而不是瞎蒙的。如果属于这种人，那也很好，因为任何方法与理论的日趋完善无法离开这类工匠型人才的智慧与传承。

理论体系得以支撑需要一揽子概念，一揽子概念之中最为核心的是干路和支路。支路上的所有信号都是持续相互导通的，同时产生的，可以理解为支路信号实质就是一个信号，这个信号起源于干路信号。不具备持续相互导通特性的信号就是不同的干路信号。例如一只开关电路，当开关闭合时，输入信号和输出信号是相互导通的，但是当开关断开时，输入信号和输出信号则不是相互导通的，因此这两个信号是不同的干路信号，而不是同一支路上的支路信号。不同干路信号在干路上呈现串联或并联状态。如果是串联则是因果逻辑的，如果两个干路信号直接相连，则前一个信号是后一个信号的近因，如果不是直接相连，则前一个信号是后一个信号的间接原因。如果是并联，则没有因果逻辑，而是共用同一个近因。支路信号在支路上呈现串联或并联状态。如果是串联则是串联导通关系，如果是并联则是并联导通关系。

设置干路和支路概念的目的是为了区分两种典型的故障：干路故障和支路故障。干路故障属于未生，而支路故障属于已生未达。在排除故障之前正确的做出这种区分极其必要，例如我们经常会收到某某快递公司寄来的邮件。当发现某个邮件迟迟未到时，你是否首先投诉该快递公司呢？不会，你首先应做的事是确认这个邮件是否已经发出。如果根本没有寄出，或者快递员未曾揽件，该事故原因对应到排除故障应属于未生，是干路故障。如果已经寄出，或者快递员已经揽件，该事故原因对应到排除故障应属于已生未达，是支路故障。如果是未生，我们应联系发件方看看是什么原因导致的未曾发件，是货款没收到？还是缺货？还是忘记发货了？这都属于未生的近因。如果是已生未达，应查物流记录，看看货物滞留在了哪个中转站。这种处置方式是符合自然规律的，或者说任何事情，如果按照自然规律做事，就能又好又快，反之，背离了自然规律就会带来麻烦。非常普遍，我们会发现在实际的故障诊断中，不少人对于未生信号，没有直接寻找信号未生的近因，反而在盲目地查找支路范畴内哪里出现了断路，舍本逐末。同样会遇到对于已生未达信号，误认为该信号没有产生，其实就只是支路故障，却盲目地查找干路信号的近因。

数学领域中存在一种十分复杂的算法—迭代运算，对于这种问题需应用大型计算机辅助运算。自然界存在一种环状的因果逻辑，在这个链条中任何一个环节的改变会影响其他的环节，比如生物链。在仪表校调的领域中，会存在多个校调点相互影响的情况，当把A校调至最佳后，再把B校调至最佳，最后把C校调至最佳，会发现由于B、C的调整，而A已经不是最佳了，任何一个因素的调整都会使得其他因素偏离最佳点。经验欠佳的学徒，越是调整，越是偏离。而有经验的师傅，几个循环的校调下来就可达到最佳效果。在自然界会存在环状的因果链，这种问题的解决相对困难，需要经验，甚至需要灵感和天赋。但是，汽车电路问题不属于这种范畴，形式上确实有很多层级的干路信号，而不同的干路信号还会派生出很多的支路信号，任何一个干路信号都可能以某个前端干路信号或是前端支路信号为近因，任何一个干路信号和支路信号都可能是某个后端干路信号的近因。但这只是形式上的复杂，而实际上这种因果逻辑的推动效果一直是向前的而不是循环的。正是因此汽车电路仅具有形式上的复杂，汽车越是高级，这种形式上的复杂度越高，但实质上是逻辑清晰、方向一致，只要方法合理，任何故障都可以排除。对于干路信号的、逆向的、反复的执行检测程序，直至所有的干路信号都为已生，其方法具备可行性的根本原因是汽车电路属于这种单向性的逻辑结构。

方法的本身并不难，难就难在干路图的绘制，因为绘制干路图实质上是对汽车电网信号逻辑结构的一次彻底梳理。原厂资料只有电路图，逻辑结构要依靠识图分析出来，更有一些围绕智能模块的复杂逻辑是要靠实际测绘得出。因此，读者应在实践中不断提升这种技能素养，在纷乱之中探索信号的起源之流。

9.6 实训

1. 测绘科鲁兹电网干路图。
2. 以起源和近因图为导向排除迈腾电网故障。
3. 以起源和近因图为导向排除卡罗拉电网故障。
4. 以起源和近因图为导向排除科鲁兹电网故障。

第 10 章　汽车防盗系统识图与分析

10.1　防盗的分类

汽车防盗系统主要包括防止非法进入驾驶舱和非法驾驶车辆，如图 10-1 所示，其防盗的主要手段为机械防盗与电子防盗。

机械防盗是指借助机械装置锁止汽车驾驶操控部件，如方向盘锁和排档锁等。最为传统的盗车方式是利用专用工具将车门锁钩开，非法进入驾驶舱。然后用导线短接的方式为 IG 线、ACC 线和 ST 线供电，这样就可以跳过点火开关而起动汽车。最后暴力扭破方向盘锁，开走汽车。简而言之，就是要经过钩锁、对线、破锁 3 个步骤，这对于一名熟悉盗窃的惯犯来说，3 分钟足以。

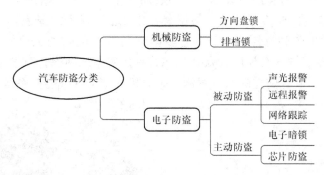

图 10-1　汽车防盗分类

利用机械防盗装置虽然可以有效的延缓盗窃作案时间，但是近年来一些高科技的微型电动切割工具为盗窃分子提供了可乘之机，况且对于驾驶员来说每次停车都要给方向盘和排档上锁也是一件非常烦人的工作，大多数司机很难长期坚持。如图 10-2 所示，根据警方统计，过半的车辆盗窃就发生在街道路边，驾驶员因为疏于防范而没有为方向盘上锁。

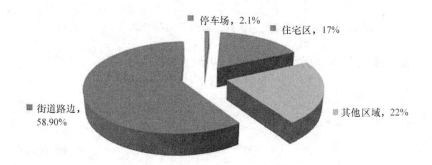

图 10-2　机动车盗抢场所分布

电子防盗系统可以使车辆方便、快速进入防盗模式，根据工作原理可分为被动防盗与主动防盗。被动防盗是指车辆通过某些感应装置，如振动、气流、超声波等内部监控系统，一旦判定有人非法进入驾驶室，就启动声光报警吓跑盗窃分子，或启动远程报警通知车主。还可以通过无线互联网将被盗车辆的实时位置信息发送到车主的手机上。但由于这种防盗方式不能够阻止盗贼起动车辆，因此称为被动防盗。

主动防盗可以有效制止车辆被非法驾驶。分为加装电子暗锁和芯片防盗两种方式。加装电子暗锁是指在车内隐蔽处设置开关控制油路或电脑板供电,使得车辆无法起动。但是这种方式对于一名具有汽车电器维修经验的盗窃分子来说仍是形同虚设。

俗话说,一把钥匙开一把锁,钥匙一旦被盗窃分子复制,便取得了车辆的一切控制权。这种情况困扰着所有的机械钥匙,既包括房屋钥匙,也包括汽车钥匙。因此警方提醒车主不要将车钥匙借给不熟悉的人以防复制,警方也会提醒车主一旦发现车辆的加油盖丢失,很可能车钥匙已经被复制了,因为加油盖的钥匙和车钥匙往往是同一把钥匙。

芯片防盗方式可以有效解决钥匙被复制的情况,当钥匙芯片数据与车载计算机预存数据相符,计算机才会通知相关系统开始工作,允许发动机起动。芯片防盗系统被生产厂商预装到车里,大大提高了安全系数。但是魔高一尺,道高一丈。一些所谓的技术流派的盗窃分子与汽车生产厂商进行了一场长久的、激烈的"攻防转换"。在这场"攻"与"守"的较量中,一些生产厂家被打得溃不成军,但多数知名生产厂家不断地推出新型防盗技术理念,让盗窃分子无计可施。如图10-3所示,根据警方数据,2014年,某发达省被盗抢汽车品牌分布,这里隐去了其中的生产厂商名字,很明显占据市场份额较高的大众汽车,其在被盗抢汽车品牌占有率中不到1%,这充分说明大众公司在芯片防盗系统的设计理念是先进的、实用的。所以,这里选取大众作为芯片防盗的典型案例,来分析大众的5代防盗系统的发展。

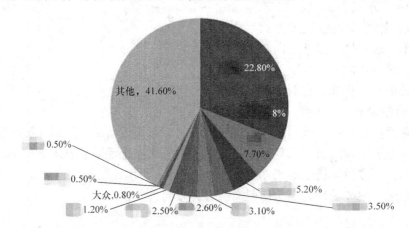

图10-3 2014年某发达省被盗抢汽车品牌分布(警方数据)

大众的5代防盗系统的发展历程如图10-4所示。

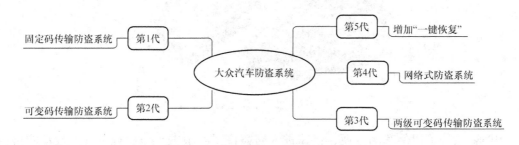

图10-4 大众的5代汽车防盗系统

第1代:(大约从1993年开始)固定码传输防盗系统。

第2代:可变码传输防盗系统。

第3代:两级可变码传输防盗系统。

第4代:(大约从2003年开始)网络式防盗系统。

第5代：（大约从2011年开始）增加"一键恢复"网络式防盗系统。

第2代防盗、第3代防盗、第3.5代防盗，都有传统意义上的防盗灯，如图10-5所示，大多是一个小汽车和一个小钥匙的图标。而3.5代防盗主要是速腾、朗逸、途安、斯柯达老明锐（1.4和2.0排量）。

第4代防盗、第5代防盗，没有传统意义上的防盗灯，第5代防盗大多数都是智能的钥匙。

图10-5 防盗灯

第4代防盗大多数是水晶标的遥控器。防盗灯常见的都是：NO KEY、没发现钥匙、防盗系统激活、防盗系统故障、SAFE等几种。

A5 2011年是第5代防盗，迈腾2012年还是第4代防盗，CC是采用第4代防盗，A6L 2012年是第5代防盗，A7、A8 2011年后的是第5代防盗，途锐2011年后的是第5代防盗，2007～2008年的多数是第3.5代防盗，2009年后基本都是第4代防盗，2011年之后有第4代的、有第5代的。

问题

1. 汽车防盗系统主要包括防止_____和_____，其防盗的主要手段为_____防盗与_____防盗。

2. 电子防盗主要包括主动防盗与被动防盗，芯片防盗属于_____防盗。

10.2 汽车防盗系统发展

10.2.1 第1代防盗系统

防盗止动系统（防盗止动器）就是防止非法利用汽车自身动力将车辆盗走，通俗一点讲，就是防止非法起动发动机。大众、奥迪公司选用的防盗止动器都是由西门子公司开发的。

第1代防盗止动器，在1993年推广使用，其钥匙芯片与防盗止动器之间的传输方式为固定码，被称为固定码传输防盗系统。第1代防盗系统构成如图10-6a所示，包括芯片钥匙、读写线圈、防盗止动器和发动机控制单元。固定码传输防盗系统流程如图10-6b所示，点火开关ON时，防盗止动器通过改变线圈中磁场能量，向钥匙芯片传输数据提出质询。钥匙中的信号发生器便会以脉冲形式发送固定码，被辨认线圈感应识别后，若输入的固定码在防盗止动器中有登记，便可确认为已授权钥匙。若输入的固定码没有在防盗止动器中登记，则禁止发动机控制单元起动引擎。接下来发动机控制单元会把上一次起动后，由防盗止动器生成的并存储在发动机控制单元内部的可变码传送到防盗止动器中进行比较，如果相同，防盗止动器便向发动机控制单元解锁，允许发动机控制单元起动引擎；如果不同，则禁止发动机控制单元起动引擎。这样做的目的是为了防止盗窃分子用一套已经匹配好了的钥匙芯片和防盗止动器去替换原有的钥匙芯片和防盗止动器，而起动引擎。值得一提的是，这些认证流程会在用钥匙起动发动机的瞬间完成，完全不会耽误车主的操作时间，便捷高效。

10.2.2 第2代防盗系统

但是第1代钥匙芯片存在明显的漏洞，通过某些技术手段可以拦截到通信数据，并将固定码解密出来，然后写入到空的钥匙芯片中，因此大众第1代防盗止动器很快被1997年推广的第

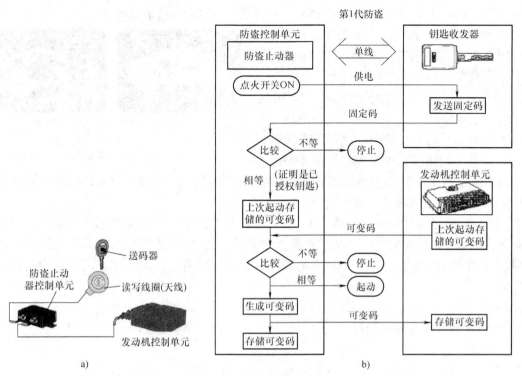

图 10-6 第 1 代防盗系统
a) 第 1 代防盗系统构成 b) 固定码传输防盗系统流程

2 代防盗止动器所取代，钥匙芯片与防盗止动器之间的传输方式为固定码+可变码，被称为可变码传输防盗系统。第 2 代与第 1 代防盗系统在对固定码的传输与识别方面完全相同。除此之外，如图 10-7 所示，第 2 代防盗系统的防盗止动器随机产生一个变码，这个码是钥匙和防盗控制单元用于计算的基础。在钥匙芯片和防盗止动器内有一套密码术公式列表和一个相同且不可改写的 SKC（隐秘的钥匙代码），经钥匙和防盗止动器分别计算后，钥匙将计算结果发送给防盗止动器，防盗止动器将收到的结果与自己的计算结果进行比较，如果相同，则钥匙确认完成，该钥匙合法，允许发动机控制单元起动引擎；若不相同，则禁止发动机控制单元起动引擎。

第 2 代比第 1 代多了可变码的对比。尽管通信数据仍然可以通过某些技术手段拦截，并将固定码和可变码解密出来，但是被拦截到的可变码因为已经使用过一次而永远作废了。就像是超市里的自动存储

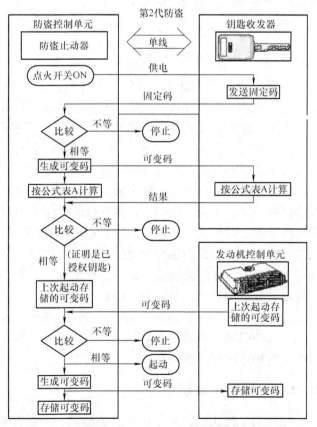

图 10-7 第 2 代防盗系统（可变码传输防盗系统流程）

柜，其生成的密码只能使用一次就会失效，那张使用过的密码条被任何人拿去已经毫无意义了。第 2 代最突出的特点是，即使原车钥匙丢失或被盗，也不用担心车辆会丢失，只要到特约服务站将剩余的钥匙重新做一下匹配，丢失的钥匙就会自动失效，免去了车主的提心吊胆或因更换全车钥匙而造成的经济损失。

10.2.3 第 3 代防盗系统

可变码的应用对于汽车防盗体系的健全有着革命性的意义，不到一年的时间，大众公司便推广了两级可变码传输防盗系统，即第 3 代防盗系统，其传输方式为固定码 + 两级可变码。为了防止盗窃分子用一套已经匹配好了的钥匙芯片、防盗止动器和发动机控制单元去替换原有的钥匙芯片、防盗止动器和发动机控制单元，而起动引擎。如图 10-8a 所示，第 3 代防盗系统将防盗系统控制单元与组合仪表集成在一起，这在一定程度上增加了偷盗难度。如果要检测防盗系统或进行钥匙匹配，则需要从仪表系统进入，而二代防盗系统则需要从防盗盒进入。

如图 10-8b 所示，第 3 代与第 2 代防盗系统在对钥匙芯片的固定码 + 可变码的传输与识别方面完全相同。当点火钥匙被确认完成后，发动机控制单元随机产生一个变码。在发动机控制单元和防盗止动器内有另一套密码术公式列表和一个相同的 SKC。防盗止动器返回这个计算结果到发

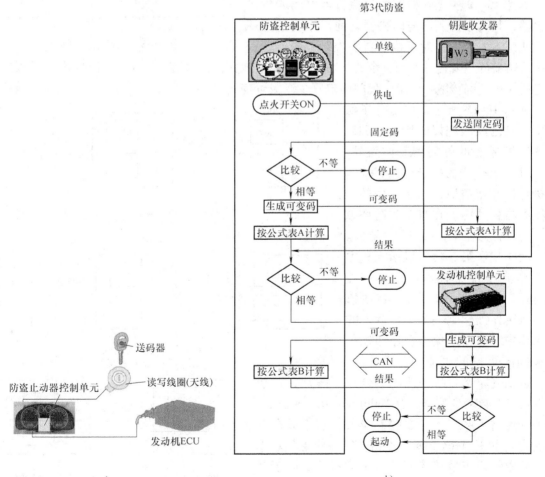

图 10-8 第 3 代防盗系统
a) 第 3 代防盗系统构成 b) 两级可变码传输防盗系统流程

动机控制单元内,并与其计算结果进行比较(这个数据由 CAN 总线进行传递),如果结果相同,允许发动机控制单元起动引擎;若不相同,则禁止发动机控制单元起动引擎。

10.2.4　第 4 代防盗系统

即便是大众第 3 代防盗系统较其他厂商的防盗系统有着明显的技术优势,但是仍然会有 3 方面的问题构成了隐患。

1)如果盗窃分子用一套匹配好的全车防盗系统进行替换,结果会怎样?

2)如果 4S 站使用专有设备为非法车辆提供匹配服务,结果会怎样?怎样能够约束 4S 站的特权?

3)变码防盗系统所真正依靠的是每次起动时不一样的密令,这种密令只能使用一次便作废。但是这个密令的产生并不是随机的,而是有着十分复杂的算法。一旦这种算法(密码术公式列表和 SKC)被成功破解,将意味着什么?

这里尽量不涉及破解防盗系统的技术细节,只澄清促使防盗系统不断发展完善的动因。如图 10-9 所示,这种控制方式是不具备防盗功能的,只需要设法给控制器上电,执行器就可以动作。

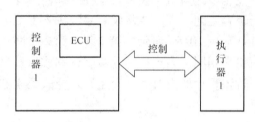

图 10-9　无防盗控制系统

如图 10-10 所示,控制器与执行器之间增加了防盗器,只有当控制器与防盗器之间以密令的方式相互认证,才能取得对于执行器的控制权限,这就是芯片防盗的主要任务。而密令的认证方式在不断地完善,由第 1 代的固定码传输,到第 2 代的固定码 + 可变码传输,到第 3 代的固定码 + 双级可变码传输。

如图 10-11 所示,盗窃分子可以用一套已经匹配好的控制器和防盗器替换原有的控制器和防盗器,取得对于执行器的控制权限,或者将执行器直接盗取,用于其他的控制器和防盗器中。在汽车的防盗领域,第一种为盗车,第二种为盗件。

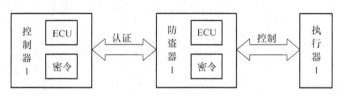

图 10-10　带防盗器控制系统

第 4 代和第 5 代防盗系统其中的一个典型特点就是"整合"与"分散"。如图 10-12 所示,将防盗器与执行器固化到一个不可拆装的整合体中,可以避免防盗器和控制器被同时更换的可能。在奥迪 A6 上,自动变速器与防盗器就结合在了一起,这包括 6 档 09L 自动变速器以及 Multitronic 01J 变速器。这种变速器上装备了一个控制单元,它集成在变速器内(称为 Mechatronik),由于安装位置相对安全,所以快速盗取该控制单元不太可能。由于是由变速器控制机构来提供动力的,所以这个防盗

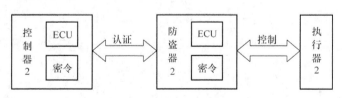

图 10-11　获取控制权

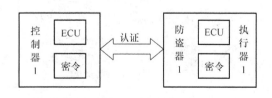

图 10-12　嵌入式防盗系统(密令独立)

器可为车辆提供最佳的防盗功能。自动变速器作为人类高科技的典型代表,实现了机、电、液、控的一体化,现如今更是机、电、液、控与防盗单元的一体化。

除了防盗器与执行器之间的整合,同时还要做到 ECU 与密令存储器之间的整合(如图 10-13 所示),因为某些车型的防盗系统将密令存储在了一些完全没有加密的普通 E^2PROM 芯片中,如 93C66、95080、95320 等型号,通过普通的编程器就可以读出,这往往成为技术型盗窃分子的突破

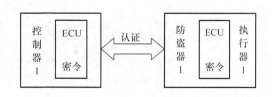

图 10-13 嵌入式防盗系统(密令整合)

口。虽然很多车型已经将 ECU 与密令存储器整合到了某款单片机中,但是,这款单片机的加密级别很低或是根本没有被加密,同样可以使用某些专用的编程器读取密令,如型号为 5M48H 的 CPU。因此作为生产商要时刻关注某些芯片的保密级别和破解情况,随时更新产品。

如图 10-14 所示,将上述"整合"之防盗理念"分散"开来,使更多的控制器加入防盗体系,使更多的执行器受到保护,系统部件组成与安装位置如图 10-15 所示,这就是第 4 代和第 5 代的"防盗锁止"和"部件保护"功能(如图 10-16 所示)。部件保护功能终身完整记录控制器的信息,并且只有在 FAZIT(车辆查询和中央识别)数据库上学习完毕之后,才能获得完整的功能(必须联网并获得进入权限)。部件保护是控制单元的电子安全系统,因此控制单元在被盗之后无法用于其他车辆,有效地防止窃取或不合法的使用控制器。信息系统和舒适系统的大多数控制单元均集成在部件保护中。带有部件保护功能的控制单元均有车辆专用编码。如果控制单元没

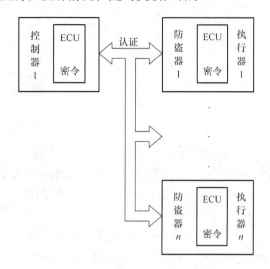

图 10-14 嵌入式防盗系统(整合与分散)

有与某辆车进行匹配,则这个控制单元的功能将受到限制。第 3 代系统中各部件的防盗密码已被部件保护功能所取代。

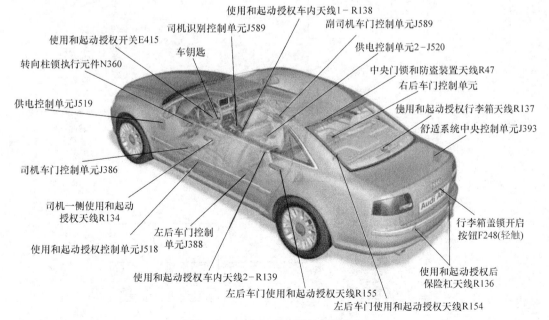

图 10-15 WFS4 防盗系统部件位置

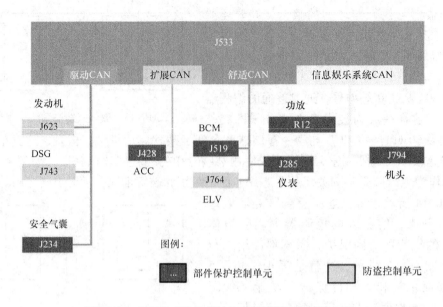

图 10-16　WFS4 "防盗锁止" 和 "部件保护" 功能

大众公司在 2003 年推广了第 4 代防盗系统（WFS4），将更多的部件纳入到了防盗体系，做到联防联控，如果想通过更换防盗体系实施盗窃会非常困难。防盗系统的组成包括防盗止动器（被集成到了舒适系统中）、发动机控制单元、自动变速器控制单元、钥匙芯片、进入和起动许可开关、方向盘锁执行元件等。

如图 10-17 所示，中央数据库 FAZIT（车辆查询和中央识别）是第 4 代防盗系统的重要组成部分。这个数据库存储了控制单元所有与防盗相关的数据，这些控制单元将 "防盗锁止" 和 "部件保护" 功能联成一体。相关控制单元与 FAZIT 的匹配只有通过在线连接才能实现。这种在线匹配的方式有效地避免了 4S 站使用专有设备为非法车辆提供匹配服务。

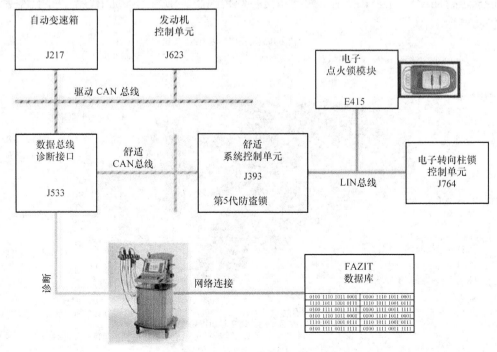

图 10-17　WFS4 防盗系统构成

196

10.2.5 第5代防盗系统

第5代防盗系统与第4代防盗系统功能基本一致，只是在使用诊断仪进行有关防盗器方面的工作程序简化了，具有"一键恢复"的强大功能。

10.3 迈腾WFS4解析

2013～2015年，教育部举办的全国高等职业学院汽车维修技能大赛，故障诊断项目选用车型为迈腾2012款公务版，其防盗系统为典型的WFS4，围绕着基础电源设置的故障点成为热门，现象为起动机不转。

根据图10-18所示，迈腾WFS4防盗系统由电子点火模块E415、电子转向柱锁止装置控制单元J764、转向柱电子装置控制单元J527、舒适系统控制单元J393、发动机控制单元J623、车载电网控制单元J519、数据总线诊断接口J533构成。其防盗解锁流程可以概括为下列顺序：

其中30是常火线，15是经过点火开关控制的小容量火线（小火），31是搭铁线，75是受X卸荷继电器控制大功率电源线（大火）。

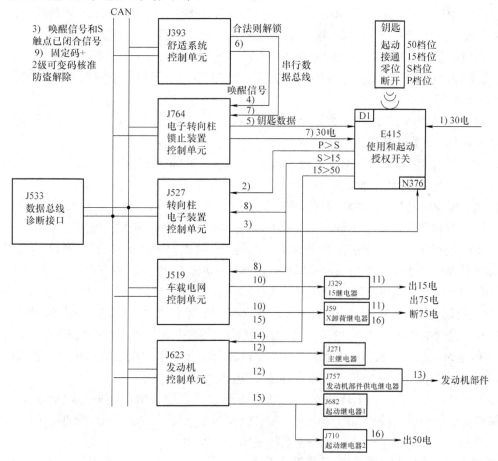

图10-18 迈腾WFS4解锁流程

1）当钥匙P位时，30电经SC16熔断器供给使用和起动授权开关E415上的T16f/3号引脚。

2）当钥匙 S 位时，S 触点电（T16f/16）供给转向柱电子装置控制单元 J527 上的 T16o/7 号端子。

3）当 J527 接收到钥匙插入的 S 电信号后，通过舒适 CAN 总线发送唤醒信号和 S 触点已闭合信号给舒适编写系统中央控制单元 J393。换档杆在 P 档，N376 解锁。只要换档杆在 P 档以外位置，即对 N376 输出 12V 电压，N376 有电流流过，产生的电磁力吸合点火钥匙，防止钥匙拔出。

4）J393 通过串行数据总线（T6an/5）将唤醒指令传输到电子转向柱锁止装置控制单元 J764 上的 T10k/2 端子，唤醒 J764。

5）J764 读取来自 E415 上 D1 读写线圈的数据。

6）此后又把此数据通过串行数据总线（T10k/2）传输回到 J393，由 J393 进行钥匙识别。

7）当确认钥匙为合法钥匙时，J393 通过 T6an/3 端子给 J764 上的 T10k/10 端子供 30 电，用以解除转向柱电机锁。电机解锁后，J764 上的 T10k/6 端子输送 30 正电给 E415 上的 T16f/8 端子。

8）当钥匙 15 位时，电子点火开关 D9 分别接通 J527（由 E415 的 T16f/13 到 J527 的 T16a/14）及 J519（由 E415 的 T16f/5 到 J527 的 T52c/14）的 15 信号，仪表灯点亮。

9）J764 及 J393 确定点火钥匙合法后，通过 CAN 总线把此信息传递给数据总线诊断接口 J533（网关），发动机控制单元 J623 接收 J533 信号后，防盗解除，车辆正常起动。

10）防盗解除后，J519 通过 T52b/12 和 T52b/28 端子输出火。

11）J519 通过 T52b/12 端子控制 15 继电器 J329 出 15 电，J519 通过 T52b/28 端子控制 X 卸荷继电器 J59 出 75 电。

12）因为来自 J329 的 15 电，经由熔断器 SC10 输入到 J623 的 T94/87 端子，所以 J623 通过 T94/69 和 T94/28 端子输出铁。

13）J623 通过 T94/69 端子控制主继电器 J271 吸合，J623 通过 T94/28 端子控制 J757 吸合，将来自 J271 的正电为发动机部件供电。

14）当钥匙 50 位时，接通 J519（由 E415 的 T16f/6 到 J623 的 T94/42）的 50 信号。

15）J519 通过 T52b/28 端子输出铁，J623 通过 T94/9 和 T94/31 端子输出铁。

16）J519 通过 T52b/28 端子控制 X 卸荷继电器 J59 禁止 75 电输出。同时 J623 通过 T94/9 和 T94/31 端子控制起动继电器 1 J682 和起动继电器 2 J710 出 50 电，起动发动机。

如图 10-19 所示，使用和起动授权开关 E415 共有 5 个档位，分别为 P0、P1、P2、P3、P4。P0、P1 位是钥匙未插入时的 P 档。P2 位为 S 零位档，在这个档位下，完成所有的 WFS4 的防盗系统认证和转向柱的解锁。P3 档位是 15 线的接通档，在这个档位下全车电源接通，仪表灯光点亮。P4 档位是 50 线的接通，在这个档位下起动机转动，并且卸荷继电器 J59 在这个档位下断开 75 供电线，暂时去掉大功率负载，使电源全力供应起动系统。

如图 10-20 所示，迈腾 WFS4 系统的在认证与解锁过程中，推动不同层次的电网信号的生成。在前面关于电网信号的识图与分析中，随着汽车防盗系统的不断升级与完善，读者在对于电网信号干路图的测绘中应重点分析防盗体系的逻辑推动作用。

汽车防盗系统的检测与维修涉及范围十分宽广，其中硬件的匹配是重要的部分，包括新增钥匙、钥匙全丢、发动机控制单元更换、变速器控制单元更换、舒适系统控制单元更换等常见情况的在线匹配。由于本书对于汽车电路讨论的范围只限制在线路故障内，即便是器件有故障，也是在先排除线路故障的基础上，再推知器件可能存在故障。

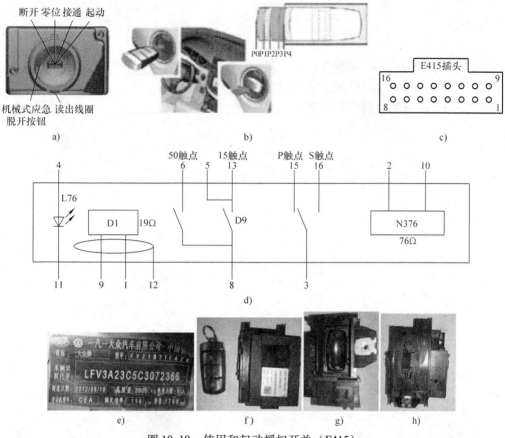

图 10-19 使用和起动授权开关（E415）

a）操作面板 b）档位图（P0、P1—P 档；P2—S 零位档；P3—15 线接通档；P4—50 线起动档）
c）管脚顺序图 d）电路局部原理图 e）车型铭牌 f）实物俯视图 g）实物正视图 h）实物后视图

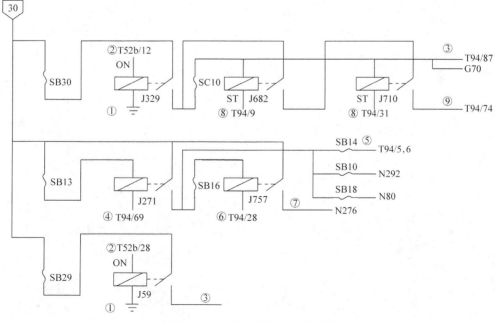

图 10-20 迈腾 WFS4 电网信号

10.4 实训

1. 区分不同车型为第几代防盗系统。
2. 测绘迈腾 WFS4 系统的电网信号干路图。
3. 测绘 WFS3 系统的电网信号干路图。

第11章 汽车总线识图与分析

随着汽车各系统向自动化和智能化转变，汽车总线（automotive bus）也变得日益复杂。传统的电气系统大多采用点对点的单一通信方式，相互之间少有联系，这样必然会形成庞大的布线系统。据统计，一辆采用传统布线方法的高档汽车中，其导线长度可达2000m，电气节点可达1500个，而且该数字大约每10年就将增加1倍。这进一步加剧了粗大的线束与汽车上有限的可用空间之间的矛盾。无论从材料成本还是工作效率看，传统布线方法都不能适应现代汽车的发展。另外，为了满足各电子系统的实时性要求，需对汽车公共数据（如发动机转速、车轮转速、节气门踏板位置等信息）实行共享，而每个控制单元对实时性的要求又各不相同，需对不同数据设置不同的优先级别。因此，传统的电气网络已无法适应现代汽车电子系统的发展，于是新型汽车总线技术便应运而生。

11.1 汽车总线分类

目前，绝大多数车用总线都被SAE（美国汽车工程师协会）下属的汽车网络委员会按照信息量、通信速度、可靠性等方面将汽车总线分为A、B、C、D和专用数据总线5类。

LIN总线是A类的典型代表，低速CAN总线属于B类，高速CAN总线属于C类，面向媒体网络的MOST总线和无线的Bluetooth规范属于D类。专用数据总线目前主要包括安全总线、X-by-Wire总线、诊断总线。其中用于安全气囊系统的Byteflight总线属于安全总线，著名的汽车分布式控制总线FlexRay属于X-by-Wire总线，用于数据流提取和故障诊断的OBDⅡ协议属于诊断总线。

从各类总线的发展趋势看，K线作为传统的诊断总线将会被CAN线取代，由LIN总线构成的LIN网络作为CAN网络的辅助网络可有效降低生产成本。MOST总线具有最高的单节点成本和通信速率，而LIN总线具有最低的单节点成本和通信速率。总线的选择应综合考量通信速率与单节点成本，CAN总线主要应用在动力和车身方面，FlexRay总线主要应用在信息娱乐和多媒体方面，MOST总线主要应用在安全系统方面。

问题

1. 车用总线都被SAE分为_____、_____、_____、_____和_____总线5类。
2. 专用数据总线目前主要包括_____总线、_____总线、_____总线。
3. LIN总线是_____类总线的典型代表，_____总线属于B类总线，_____总线属于C类总线，面向媒体网络的_____总线和无线的_____规范属于D类。
4. 著名的汽车分布式控制总线_____属于X-by-Wire总线，用于数据流提取和故障诊断的_____协议属于诊断总线。

11.2 网关

至今，仍无法找到任何一个总线协议可以同时满足汽车网络对于成本和性能的要求。因此，汽车制造商仍将继续沿用多种协议的解决方案。如图 11-1 所示，并不代表其中的所有协议都会同时应用在同一款车上，这仅仅是为了对于汽车总线的全面了解而构建的汽车总线基础模式。在本书第 3 章中的构建了多种关于单元电路的基础模式，透过这种模式，读者可以找到任何一款车在同一单元的共性之处。

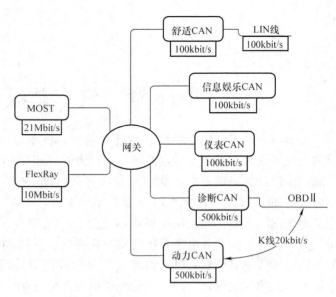

图 11-1　汽车总线基础模式

不同的总线有着各自不同的协议，协议就好比是语言，而网关就像一个翻译官，通过同声传译可以实现不同语言的交流。不同的总线有着各自不同的通信速度，而网关就像一个车站，不论高速车还是低速车，都可以在车站内落客和接客。因此，网关是实现不同总线之间通信的枢纽。

目前汽车上普遍采用的汽车总线有局部互联协议 LIN 和控制器局域网 CAN，正在发展中的汽车总线技术还有高速容错网络协议 FlexRay、用于汽车多媒体和导航的 MOST 以及与计算机网络兼容的蓝牙、无线局域网等无线网络技术。通过网关可以实现如 MOST、FlexRay、高速 CAN、低速 CAN、LIN 之间的通信，通过网关还可实现 OBD II 的诊断通信。如图 11-2 所示，这是一套实现不同功能的 CAN 总线和 MOST 总线交互的网关系统实物图。

在业内，如果想学习车载网络，就要先从网关入手。比如，一提到大众车载网络，就自然会想到大名鼎鼎的 J533。如图 11-3 所示，围绕着迈腾网关 J533 需要掌握几项重要的能力点。这些能力点的掌握实质上就是对车载网络核心排查故障能力的增强，其中的部分内容在后文的 CAN 总线排查故障中会具体介绍。

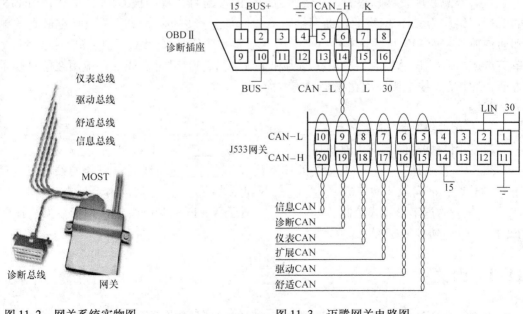

图 11-2　网关系统实物图　　　　图 11-3　迈腾网关电路图

1) 区分各路 CAN 总线对于 J533 的引脚。
2) 区分各路 CAN 总线的颜色。
3) 区分各路 CAN 总线的终端设备。
4) 依据短路和断路测试标准对各路 CAN 总线进行 ISO 故障测试，每路总线 8 个测试项。
5) 测试各路 CAN 总线的显性电压和隐性电压。
6) 测试各路 CAN 总线的波形。
7) 测试各路 CAN 总线和终端设备的通信。

问题

1. 在汽车总线基础模式中，_____是实现不同总线之间通信的枢纽。
2. 在大众车系中，一般_____是网关单元。

11.3 CAN 总线

在当前的汽车总线网络市场上，占据主导地位的是 CAN 总线。CAN 是控制局域网络（Control Area Network）的简称，是由德国博世公司在 20 世纪 80 年代初为了解决现代汽车中众多的控制与测试仪器之间的数据交换问题而开发的一种串行数据通信协议。它的短帧数据结构、非破坏性总线性仲裁技术及灵活的通信方式适应了汽车的实时性和可靠性要求。其总线规范已被 ISO 国际标准组织制订为国际标准。CAN 总线的介质可以是双绞线或是光纤，通信速率可达 500kbit/s，通信距离可达 10km。

11.3.1 CAN 总线的分类

由于通信速率的不同，CAN 总线可分为高速 CAN（通信速率达 500kbit/s）和低速 CAN（通信速率达 100kbit/s）。如图 11-4 所示，由于作用范围的不同，CAN 总线又可分为动力 CAN、舒适 CAN、信息娱乐 CAN、仪表 CAN、诊断 CAN 等，因此汽车制造商普遍应用多路总线系统。仪表、信息、舒适为低速 CAN，由 30 线激活；动力、诊断为高速 CAN，由 15 线激活。

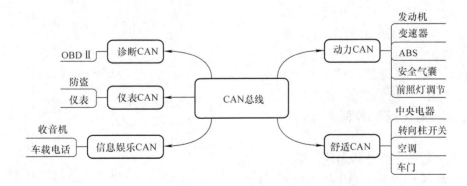

图 11-4 多路 CAN 总线系统基础模式

Audi 有 3 种 CAN 总线系统：CAN – Antrieb、CAN – Komfort、CAN – Infotainment。CAN – Antrieb 在以下几方面不同于 CAN – Komfort 和 CAN – Infotainment：传输速率、传输数据电压和缺少单线工作功能。总线系统通过自诊断反映其不同之处。

问题

1. 由于通信速率的不同，CAN 总线可分为_____CAN 和_____CAN。

2. 由于作用范围的不同，CAN 总线又可分为_____CAN、_____CAN、_____CAN、_____CAN、_____CAN。

3. _____、_____、_____为低速 CAN，由 30 线激活；_____、_____为高速 CAN，由 15 线激活。

11.3.2 逻辑、模拟、显性、隐性、静电平、动电平

总线上的电平信号为模拟电平，经过运算放大器的处理转换为数字信号（0 或 1）为逻辑电平。如图 11-5 所示，CAN 总线的收发电路模块就是完成将模拟电平和逻辑电平相互转换的任务。例如，对于驱动 CAN 总线，在显性状态下，CAN_H 的模拟电平为 3.5V，CAN_L 的模拟电平为 1.5V，经运放转换后生成逻辑电平为 0（即逻辑 0），见图 11-6。

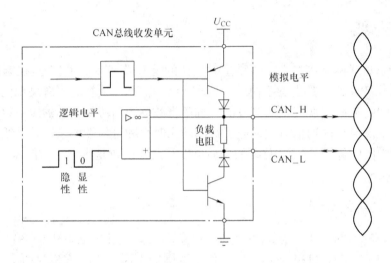

图 11-5 CAN 总线电平转换电路

CAN 总线为逻辑 1 时处于隐性状态，CAN 总线为逻辑 0 时处于显性状态。由图 11-6 所示，当 CAN 总线上的所有节点（站）都不发送信号时，即发送晶体管均处于截止状态时，CAN 总线就处于逻辑 1 的隐性状态，为什么叫隐性呢？因为 CAN 总线的所有发送模块耗电最低，所以叫隐性。

CAN 总线无论处在显性状态还是隐性状态，其 CAN 高和 CAN 低的总电压为恒定 5V，无论有无通信，从双绞线整体看来无任何磁场波动，这个重要特性可确保对内不会造成损耗，对外不会产生电磁干扰。

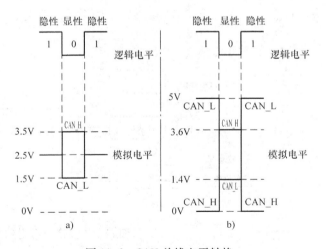

图 11-6 CAN 总线电平转换
a) 驱动 CAN 总线 b) 舒适、信息娱乐 CAN 总线

CAN 总线在隐性状态下，CAN_H 线和 CAN_L 线的模拟电平为隐性电平或静电平。为什么叫静电平呢？还是因为 CAN 总线在隐性状态下的，所有发送晶体管处于截止状态，CAN_H 线和 CAN_L 线处于静止状态，所以叫静电平。相反，CAN 总线在显性状态下，CAN_H 线和 CAN_L 线的模拟电平为显性电平或动电平。

静电平和动电平是多少电压呢？这个问题答案并不固定，CAN 总线的功能不一样，电平值也不一样。例如，驱动 CAN 总线 CAN_H 和 CAN_L 的静电平均为 2.5V，CAN_H 的动电平为 3.5V，CAN_L 的动电平为 1.5V。舒适 CAN 总线或信息娱乐 CAN 总线，CAN_H 的静电平为 0V，CAN_L 的静电平为 5V，CAN_H 的动电平为 3.6V，CAN_L 的动电平为 1.4V，见图 11-6。

CAN2.0B 规范定义了这两种互补的逻辑数值：显性和隐性。当同时传送显性和隐性位时，总线呈现显性状态；当同时传送显性状态位时，总线呈现显性状态；当同时传送隐性状态位时，总线呈现隐性状态。显性数值表示逻辑 0，隐性数值表示逻辑 1。可以这样理解，CAN 总线上的所有节点是逻辑"与"的关系，即只要有一个节点处于显性，那么整个 CAN 总线则处于显性，只有当所有节点都处于隐性时，整个 CAN 总线才处于隐性。

当 CAN 总线上的一个节点（站）发送数据时，它以报文的形式广播给网络中所有节点，对每个节点来说，无论数据是否是发给自己的，都对其接收。每组报文开头的 11 位字符为标识符，定义了报文的优先级，这种报文格式称为面向内容的编制方案。同一系统中标识符是唯一的，不可能有两个站发送具有相同标识符的报文，当几个站同时竞争总线读取时，这种配置十分重要。

问题

1. 总线上的电平信号为_____电平，经过运算放大器的处理转换为数字信号（0 或 1）为_____电平。
2. CAN 总线为逻辑 1 时处于_____状态，CAN 总线为逻辑 0 时处于_____状态。
3. CAN 总线在_____状态下，CAN_H 线和 CAN_L 线的模拟电平为静电平。CAN 总线在_____状态下，CAN_H 线和 CAN_L 线的模拟电平为动电平。
4. 对于 CAN 总线，当同时传送显性和隐性位时，总线呈现_____状态；当同时传送显性状态位时，总线呈现_____状态；当同时传送隐性状态位时，总线呈现_____状态。
5. CAN 总线上的所有节点是逻辑_____的关系。
6. CAN 总线无论处在显性状态还是隐性状态，其 CAN 高和 CAN 低的总电压为恒定_____V。

11.3.3 CAN 总线命名

CAN 数据总线有两条导线，其中一根名为 CAN_H，另一根名为 CAN_L。命名为 CAN 高是因为在显性状态下 CAN_H 电平要比 CAN_L 电平高约 2V。但是在隐形状态下，CAN_H 不一定比 CAN_L 高，比如对于驱动 CAN 总线，在隐性状态下 CAN_H = CAN_L = 2.5V；对于舒适 CAN 总线和信息娱乐 CAN 总线，在隐性状态下 CAN_H = 0V，CAN_L = 5V。简单来说，为什么命名为 CAN_H 和 CAN_L，是因为在显性状态下 CAN_H 电压比 CAN_L 电压高，见图 11-6。

问题

1. CAN 数据总线有两条导线，其中一根名为_____，另一根名为_____。
2. 在隐性状态下，CAN_H 电压比 CAN_L 电压高。（　　）

11.3.4 CAN 总线颜色

CAN 总线底色是橘黄色的，驱动 CAN_H 为黑条（即橘底黑条），舒适 CAN_H 为绿条（即橘底绿条），信息 CAN_H 为紫条（即橘底紫条），仪表 CAN_H 为蓝条（即橘底蓝条），诊断 CAN_H 为红条（即橘底红条），5 种总线的 CAN_L 均为棕条（即橘底棕条）。

问题

1. CAN 总线底色是_____色的。

2. 驱动 CAN、舒适 CAN、信息 CAN 的 CAN_L 线色均为_____底_____条。

11.3.5　CAN 总线终端电阻

CAN 总线系统由若干个 CAN 节点（站）和 2 条数据传输线和 2 个终端电阻构成，每一个 CAN 节点（站）内部整合了一个 CAN 控制器和一个 CAN 收发器。设置 CAN 总线终端电阻，是为了防止数据在线端被反射，以回声的形式返回，影响数据的传输。

1. 终端电阻的 3 种布局

在 CAN 总线中，终端电阻有 3 种布局方式：独立式终端电阻、集成式终端电阻和分配式终端电阻。

独立式终端电阻如图 11-7a 所示，是在 CAN 总线的两个终端各并联 1 个 120Ω 电阻，形成总电阻为 60Ω。如图 11-7b 所示，一些 CAN 网络会将数据总线终端电阻集成在 CAN 节点设备内，这种情况属于集成式终端电阻。如图 11-7c 所示，对于大众车系一般采用分配式终端电阻，即发动机控制单元内的"中央末端电阻"（66Ω）和其他控制单元内的高欧姆电阻（2.6kΩ）。CAN 总线整体的负载电阻值取决于 CAN 设备的数量以及内部的负载电阻值。例如，发动机控制单元在驱动 CAN 总线的 CAN_H 线和 CAN_L 线之间加载了一个 66Ω 的电阻，其他控制单元各加载了一个 2600Ω 的电阻，使总负载电阻为 54～66Ω。

$$驱动 CAN 总线总负载电阻 = 66//2600//2600Ω = 62.8Ω$$

由于驱动 CAN 总线由 15 线供电，因此使用万用表欧姆档测量时应先断掉 15 供电，然后测试驱动 CAN 总线 CAN_H 线和 CAN_L 线之间的电阻。

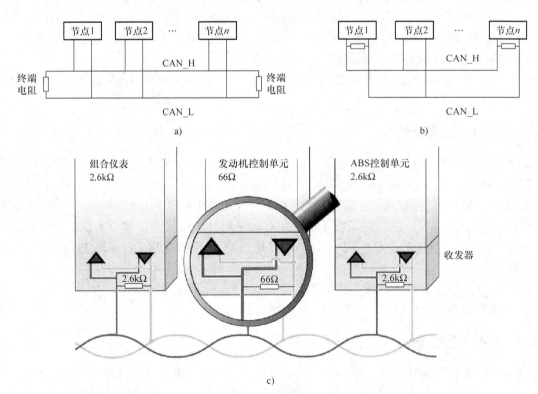

图 11-7　CAN 总线终端电阻
a）独立式终端电阻　b）集成式终端电阻　c）分配式终端电阻

2. 终端电阻的测量

舒适 CAN 总线 CAN_H 和 CAN_L 之间没有终端电阻，测试舒适 CAN 总线的负载电阻为无穷大；驱动 CAN 总线 CAN_H 和 CAN_L 之间有终端电阻。

步骤如下：

1）拆下蓄电池的电瓶线。

2）等待约 5min，直到所有的电容器充分放电。

3）使用万用表欧姆档测量 CAN_H 和 CAN_L 之间总的负载电阻。

4）将一个带有终端电阻的控制单元插头拔下，检测总的阻值是否发生变化，阻值变大为正常。

5）把该控制单元插头插好，再将第 2 个有终端电阻的控制单元插头拔下，检测总的阻值是否发生变化，阻值变大为正常。

3. 测试项目

应通过实际测量不断累积不同车型的 CAN 总线电阻值，以便作为数据比对的基础。大众配备了多种关于 CAN 总线的专用检测工具，价格十分昂贵，其实本质上就是对接口测试点的延长线，例如 VGA1958/38，如图 11-8 所示。而这里推荐大家使用大头针对网关进行掉电的非分解的电阻测试，例如迈腾的 J533。从网关可以取得驱动、舒适、信息、仪表、诊断 CAN 总线的各项测试数据，常规测试清单如下：

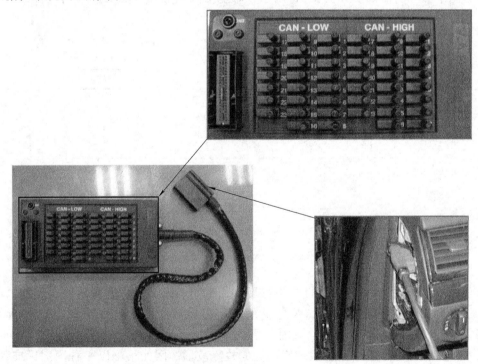

图 11-8 CAN 总线测试专用工具 VGA1958/38

1）CAN_H 和 CAN_L 之间总的负载电阻。

2）CAN_H 和搭线铁之间的电阻。

3）CAN_H 和火线之间的电阻。

4）CAN_L 和搭线铁之间的电阻。

5）CAN_L 和火线之间的电阻。

6）某些 CAN 设备的终端电阻。

问题

在 CAN 总线中，终端电阻有 3 种布局方式：_____、_____和_____。

11.3.6 CAN 总线数据流分析

通过专用检测仪 5054 读取某控制单元数据块，可以观察有哪些控制单元与之发生信息交流以及工作状态是否正常。如果某控制单元显示 1，表示正在被执行自诊断的控制单元上接收信息；如果显示 0，则表示正在被执行自诊断的控制单元没有从该控制单元上接收信息，原因是组合仪表之间的连线断路或没有安装该控制单元。

11.3.7 CAN 总线波形分析

使用双通道示波器测试 CAN_H 和 CAN_L 的波形，然后根据 CAN 总线类型、拓扑布线类型、测试点的选取、节点的插拔等因素分析故障。

11.3.8 CAN 总线故障点

CAN 总线故障分为线路故障和器件故障，线路故障包括短路故障、断路故障、反接故障。器件故障是指节点本身故障。如图 11-9 所示，根据 CAN 总线故障基础模型，将 CAN 总线系统故障细分为以下几个故障点。

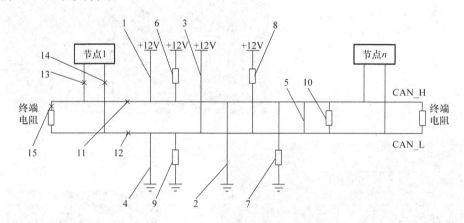

图 11-9 CAN 总线故障基础模型

由于不同 CAN 总线具有不同特性，例如驱动 CAN 和舒适 CAN 具有不同的显性电压和隐性电压特性，又比如舒适、信息娱乐 CAN 总线具有独特的单线通信模式，因此不同 CAN 总线在相同的故障点下会有不同的波形表现。又因为不同车系对于 CAN 总线采用不同的拓扑布线方式，如 T 形分支式连接或星形联结，会表现出不同的故障波形。因此很难以一种固定标准判断故障，应根据不同的情况灵活采用数据流法、电阻法、波形法，期间选取不同节点进行插拔测试。在这里仅仅从这些故障点的基本特征进行较为粗线条的总结，并提出相应的诊断方法。事实上，CAN 总线不但广泛应用于传统的燃油汽车，更是双模混合动力汽车和纯电动汽车的主体网络。如果希望真正掌握 CAN 总线故障诊断的技能，应首先掌握数据帧的协议和优先级的判别，这些知识都来自数字电路和单片机。

1. 短路故障

短路故障包括两类：直接短路和通过连接电阻短路。在实际中经常出现，由于破损的线束导致的短路。破损的线束靠近接地或者正极，经常还带有潮气，这将使该处产生连接电阻。

1）CAN_H 对 B+ 短路故障（故障点 1）。

诊断方法：

波形法，CAN_H 为 B+。

电阻法。

2）CAN_H 对 Gnd 短路故障（故障点 2）。

诊断方法：

波形法，CAN_H 无信号。

电阻法。

3）CAN_L 对 B+ 短路故障（故障点 3）。

诊断方法：

波形法，CAN_L 信号为 B+。

电阻法。

4）CAN_L 对 Gnd 短路故障（故障点 4）。

诊断方法：

波形法，CAN_L 无信号。

电阻法。

5）CAN_H 对 CAN_L 短路故障（故障点 5）。

诊断方法：

波形法，CAN_H 和 CAN_L 信号波形重叠。

电阻法。

6）CAN_H 通过电阻对 B+ 短路故障（故障点 6）。

诊断方法：

波形法，CAN_H 信号隐性幅值（低电平）升高，电阻越小，升高幅值越大。

电阻法。

7）CAN_H 通过电阻对 Gnd 短路故障（故障点 7）。

诊断方法：

波形法，CAN_H 信号幅值下降，电阻越小，下降幅值越大。

电阻法。

8）CAN_L 通过电阻对 B+ 短路故障（故障点 8）。

诊断方法：

波形法，CAN_L 信号隐性幅值（高电平）升高，电阻越小，升高幅值越大。

电阻法。

9）CAN_L 通过电阻对 Gnd 短路故障（故障点 9）。

诊断方法：

波形法，CAN_L 信号幅值下降，电阻越小，下降幅值越大。

电阻法。

10）CAN_H 通过电阻对 CAN_L 短路故障（故障点 10）。

诊断方法：

波形法，CAN_H 和 CAN_L 信号的隐性幅值相互靠近，电阻越小，越靠近，电阻越大，越分离。

电阻法。

2. 断路故障

1）CAN_H 断路故障（故障点 11）。

波形法，CAN_H 无信号。

电阻法。

数据流法。

2）CAN_L 断路故障（故障点 12）。

诊断方法：

波形法，CAN_L 无信号。

电阻法。

数据流法。

3）节点 CAN_H 断路故障（故障点 13）。

诊断方法：

波形法，CAN_H 无信号。

电阻法。

数据流法。

4）节点 CAN_L 断路故障（故障点 14）。

诊断方法：

波形法，CAN_L 无信号。

电阻法。

数据流法。

5）终端电阻开路故障（故障点 15）。

诊断方法：

波形法。

电阻法。

数据流法。

3. 接反故障（故障点 16）

如果所有节点的 CAN_H 线和 CAN_L 线都接反，那么 CAN 总线系统完好无故障。所以接反故障只能是某个或某几个节点接反。

诊断方法：

波形法。

电阻法。

数据流法。

4. 节点故障（故障点 17）

诊断方法：

数据流法。

问题

1. CAN 总线故障分为＿＿＿＿故障和＿＿＿＿故障。

2. 线路故障包括＿＿＿＿故障、＿＿＿＿故障、＿＿＿＿故障。

3. 短路故障包括两类：＿＿＿＿短路和＿＿＿＿短路。

11.3.9 CAN 总线维修

如果 CAN 总线导线有破损或断路需接线时，如图 11-10a 所示，每段接线长度应小于 50mm，每两段接线之间长度应大于 100mm；如果需要在中央接点处维修，则严禁打开接点，如图 11-10b 所示，只允许在距接点 100mm 以外断开导线。另外，每条 CAN 总线导线长度不应超过 5m，否则导线所传输的脉冲信号会失真。

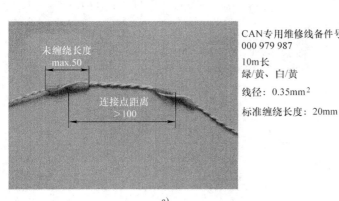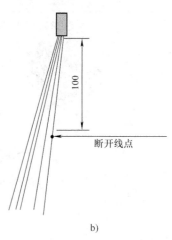

图 11-10 CAN 总线维修
a）接线长度和连接点距离 b）中央节点的维修

问题

1. 如果 CAN 总线导线有破损或断路需接线时，每段接线长度应小于 _____ mm，每两段接线之间长度应大于 _____ mm。

2. 如果需要在中央接点处维修，则严禁打开接点，只允许在距接点 _____ mm 以外断开导线。

3. 每条 CAN 总线导线长度不应超过 _____ m，否则导线所传输的脉冲信号会失真。

11.4 LIN 总线

11.4.1 LIN 总线构成

如表 11-1 所示，LIN（Local Interconnect Network）总线是低成本的单线通信，通信速率可达 20kbit/s，通信距离可达 40m。如图 11-11 所示，LIN 通信采用单主控制器/多从设备的模式。LIN 总线系统主要由 LIN 主控制单元、LIN 从属控制单元、LIN 数据线组成。

表 11-1 LIN 总线与 CAN 总线对比

	LIN	CAN
工作方式	单主/多从	多主/多从
节点数	16	110
线制	单线	双线（可变成单线工作模式）
线色	紫色	橙色

（续）

	LIN	CAN
工作电压	12V	5V
通信速率	20kbit/s	1Mbit/s
通信距离	40m	10km

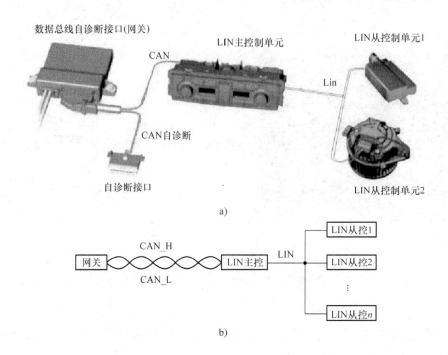

图 11-11 LIN 总线构成
a) LIN 总线实物连接　b) LIN 总线基础模式

11.4.2 LIN 总线应用

LIN 总线面向"传感器/执行器控制"的低速网络，主要应用于电动门窗、座椅调节、灯光和刮水器等低速设备控制。以门窗控制为例，在车门上有门锁、车窗玻璃开关、车窗升降电机、操作按钮等，只需要 1 个 LIN 网络就可以把它们连为一体。而通过 CAN 网关，LIN 网络还可以和汽车其他系统进行信息交换，实现更丰富的功能。目前 LIN 已经成为国际标准，被大多数汽车制造商和零部件生产商所接受。由 LIN 总线构成的 LIN 网络作为 CAN 网络的辅助网络，其具体应用范例可参考图 11-12。

11.4.3 LIN 总线电平

LIN 总线的隐性电平为 12V，显性电平为 0V。

问题

1. LIN 总线系统主要由_____、_____、_____组成。
2. LIN 协议在同一总线上的最大节点数量为_____，系统中两个电控单元之间的最大距离为_____ m。

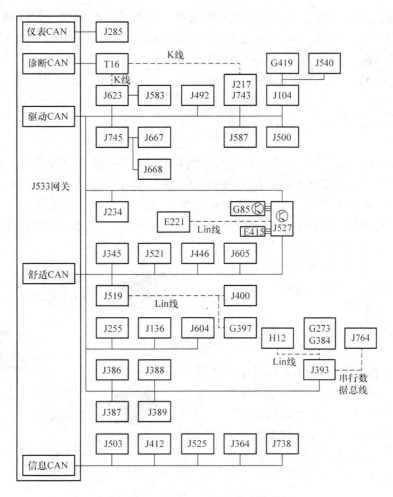

图 11-12 CAN、LIN 网络应用范例

3. LIN 总线作为 CAN 总线的_____网络。
4. LIN 总线的隐性电平为_____V，显性电平为_____V。

11.5 FlexRay 总线

FlexRay 通信协议运用于可靠的车载网络中，是一种具备故障容错的高速汽车总线。FlexRay 总线典型的应用领域就是直接替换 CAN 总线，以满足带宽要求。它已经成为同类产品的基准，将在未来引导汽车电子产品控制结构的发展方向。

FlexRay 可以应用在无源总线和星形网络拓扑结构中，也可以应用在两者的组合拓扑结构中。因此 FlexRay 总线的网络拓扑结构主要分为总线形、星形、总线星形混合形 3 种。最大通信速率为 10Mbit/s。在需要更高带宽、更短延迟时间或确定性行为，而同时容错功能并非必需的情况下，这种无源总线拓扑非常有用。

作为一种灵活的车载网络系统，FlexRay 总线具有高速可靠及安全的特点。它不仅能简化车载通信系统的架构，而且有助于汽车电子单元获得更高的稳定性和可靠性。在宝马 X5 的电子控制减震系统中，首次采用了控制系列车内 LAN 接口规格的 FlexRay 总线。此次实际应用预示着 FlexRay 总线在高速车载通信网络中的大规模应用已经指日可待。

FlexRay 总线在物理上通过两条分开的总线通信，两条总线的数据速率均是 10Mbit/s，CAN 总线最高速率为 1Mbit/s，而 FlexRay 总线速率可达到 20Mbit/s。因此在车载网络的应用中 FlexRay 总线带宽可能是 CAN 总线带宽的 20 倍之多。

问题：FlexRay 总线的网络拓扑结构主要分为_____型、_____型、_____型 3 种。

11.6 MOST 总线

MOST（Media Oriented System Transport）总线是面向媒体的系统传输总线。这一技术被应用于大众、奥迪汽车中，用来传递多媒体互动的系统数据。在物理层上，传输介质本身是带有塑料保护套的内芯为 1mm 的 PMMA（聚甲基丙烯酸甲酯）光纤，OEM 供应商可以将一束光纤像电线一样捆成光缆。但光纤弯曲部位的弯曲半径必须大于 25mm，否则无法实现正常传递。光纤传输采用 650nm 红色 LED 发射器，最高通信速率为 24.8Mbit/s，具有高级别的抗干扰性能，因此光学 MOST 总线是传输复杂多媒体数据的适当手段。

MOST 的定义是非常普通的，允许采用多种拓扑结构，包括星形和环形。如图 11-13 所示，大多数汽车装置都采用环形布局。一个 MOST 网络中最多可以有 64 个结点。总线是完全同步的，设计师可将网络内的任何设备指定为主设备，其他所有结点都从主设备处获得自己的时钟，网络完全是即插即用的。

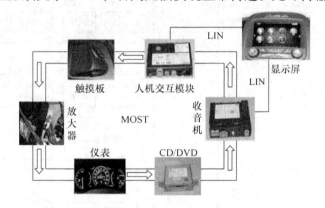

图 11-13　MOST 总线环形布局

问题

1. 光纤弯曲部位的弯曲半径必须大于_____mm，否则无法实现正常传递。
2. 大多数汽车装置都采用_____布局。
3. 一个 MOST 网络中最多可以有_____个结点。

11.7 实训

1. 测量 CAN – Hig 和 CAN – Low 波形。
2. 用解码器读取某控制单元数据块，并判断状态是否正常。
3. 测量 CAN 总线终端电阻。
4. 按规范处理 CAN 总线破损或接线。

参 考 文 献

［1］李春明．汽车电器与电路［M］．北京：高等教育出版社，2003．
［2］凌永成．汽车电气设备［M］．北京：北京大学出版社，2007．
［3］钱强．汽车网络结构与检修［M］．北京：清华大学出版社，2015．
［4］周晓飞．汽车诊断技能［M］．北京：化学工业出版社，2017．
［5］邹群．博世汽车交流发电机的现状与发展趋势［J］．汽车电器，2002，1003－8639 增刊－0001－02．
［6］张宗荣．电装系列汽车发电机电压调节器电路和功能［J］．汽车电器，2010，1003－8639 09－0026－04．
［7］李伟．大众车第四代防盗系统结构［J］．汽车维护与修理，2010（4）．
［8］王圣惟．浅析汽车点火系统发展［N］．科技创新导报，1674－098X（2011）11（b）－0049－01．
［9］丁垚．桑塔纳2000电动门窗延时和左前门窗自动下降电路［J］．汽车电器，2006，1003－8639 08－0032－04．